어떻게 나답게 살 것인가

내 삶의 의미를 찾는 네 가지 질문

어떻게 나답게 살 것인가

에밀리 에스파하니 스미스 지음

김경영 옮김

RH Korea

삶의 의미는 무엇일까?
무척 단순하지만 세월이 흐를수록
사람을 궁지로 몰아넣는 질문이다.
이 물음을 밝힐 위대한 계시는 단 한 번도 없었다.
대신 일상의 사소한 기적, 밝은 불빛,
어둠 속에서 예기치 못하게 켜진
성냥불과 같은 순간들이 있었을 뿐이다.
그때가 바로 그런 순간이었다.

_ 버지니아 울프

머리말 당신은 당신 자신으로 살고 있습니까

이렇게 열심히 사는데 왜 행복해지지 않을까? 009 ┃ 행복한 삶 vs. 의미 있는 삶 011
행복보다 더 소중한 가치 014 ┃ 나답게 살기 위해 지금 찾아야 할 것 017
작지만 확실한, 나만의 의미로 단단하게 사는 법 021

나다움을 지키기 위해 무엇에 의지할 것인가

PART **1**

1장 의미, 나다운 삶을 여는 열쇠

누구도, 한 번도 답하지 못한 질문 030 ┃ 나에게는 삶의 의미를 부여할 힘이 있어 035
허무주의 극복하기 041 ┃ 이케아 효과 045 ┃ 인생에서 가장 소중한 것 050
삶을 지탱하는 네 개의 기둥 055

2장 내 곁에 있는 사람에게 집중하고 있는가? _유대감

긴밀한 공동체의 중요성 061 ┃ 애정 어린 관계가 사람을 살린다 068
소속감, 유대감을 찾아라 074 ┃ 신뢰와 지지로 가득한 공동체 이루기 079
일상 속 사소한 순간을 놓치지 않기 085 ┃ 집중, 연민 그리고 다가가기 093

3장 누구도 아닌 내가 해야 할 일은 무엇일까? _목적

자기 일을 천직이라고 말하는 사람들 100 | 사는 이유가 꼭 거창해야 할까? 104
자기 이해로 시작되는 나다운 삶 112 | 나에게 주어진 소명을 인지하는가 120

4장 내 인생이 정말 별로일까? _스토리텔링

변화를 이끌어내는 이야기의 힘 131 | 스토리텔링으로 진짜 나를 찾아가기 136
긍정이라는 무기로 삶을 편집하기 142 | 반사실적 사고의 효과 149
세상과 나를 연결하는 스토리텔링 156

5장 나를 뛰어넘는 기쁨을 누려보았는가? _초월

천장을 뚫고, 나를 뛰어넘다 165 | 경외감의 놀라운 효과 171
허상에서 벗어나기 177 | 조망 효과, 관점의 극적인 변화 184
관대함이 탄생하는 순간 188 | 죽음으로써 비로소 존재하는 것 192

내 삶을 어떤 의미로 채울 것인가

PART 2

6장 역경을 넘어 더 단단해지는 힘

상실에서 의미로 206 | 나를 죽이지 못한 것은 나를 강하게 만든다 213
시련 극복과 5가지 성장 신호 220 | 시련을 직시해야 성장한다 223
회복탄력성이 강한 사람들의 비밀 229 | 의미를 늘 기억한다는 것 238

7장 더불어 의미를 세우는 일의 힘

의미 공동체 세우기 246 | 긍정적 변화를 불러오는 마중물 252
의미는 생의 모든 순간을 빛나게 한다 262 | 귀 기울여줄 단 한 사람이면 족하다 270

맺음말 생의 마지막까지 나를 지켜내는 힘

의미와 죽음, 동전의 양면 280 | 마지막 순간 무엇을 남기고 싶은가 285
삶의 방식은 오직 나만이 선택할 수 있다 289

당신은 당신 자신으로
살고 있습니까

이렇게 열심히 사는데 왜 행복해지지 않을까?

수십 년 전, 일부 사회과학자들은 '좋은 삶을 사는 방법'을 연구하기 시작했다. 대다수가 '긍정심리학'[1]이라는 분야의 연구자들이었다. 긍정심리학은 펜실베이니아 대학교의 마틴 셀리그만Martin Seligman 교수가 창시했는데, 셀리그만 교수는 긍정심리학자로 수십 년간 일한 뒤 이 분야가 위기를 맞았다고 결론 내렸다. 셀리그만은 자신과 동료들이 우울증, 무기력증, 불안감을 치료할 수 있지만, 그러한 고통을 이겨내도록 돕는 일이 반드시 좋은 삶을 살도록 돕는 일은 아님을 깨달았다. 심리학자들은 인간의 마음을 치료하고 연구했지만, 진정 인간의 삶을 풍요롭게 만드는 게 무엇인지에 대해서는 서의

무지했다. 그래서 1998년, 셀리그만은 동료들에게 무엇이 삶을 충만하고 살 가치가 있게 만드는지 연구해보자고 제안했다.

사회과학자들은 셀리그만 교수의 요청을 듣기는 했지만, 대부분 더 명백하고 측정하기 쉬워 보이는 주제에 몰두했다. 바로 행복이었다. 행복의 이점, 행복의 원인, 매일의 삶에서 더 행복해지는 방법을 연구했다.[2] 1980년대 후반부터 1990년대 초반까지 행복에 관한 연구물이 매해 수백 건씩 쏟아졌고, 2014년에 이르러서는 연간 발표되는 연구 자료가 1만 건을 넘었다.[3] 긍정심리학은 '좋은 삶'을 연구할 목적으로 만들어졌지만,[4] '행복에 대한 실증적 연구'가 성행하면서 행복이 긍정심리학의 공식적인 얼굴이 되어버렸다.

대중은 즉각 반응했다. 주요 언론매체들은 행복에 대한 연구 결과를 요란스레 기사화했다.[5] 곧이어 기업들이 연구 결과를 상품화했다. 스타트업을 세우고 응용 프로그램을 만들어 일반인들이 연구 결과를 실생활에 적용할 수 있게 했다. 곧이어 유명인, 개인 코치, 동기부여 강사들이 쏟아져 나왔고, 그들은 하나같이 행복이라는 복음 전파에 열을 올렸다. 구글 검색 결과로 측정한 자료에 따르면 2000년대 중반 이후 행복에 대한 관심은 3배로 증가했다.[6] 2006년 세계적 베스트셀러가 된 책 《시크릿》의 저자 론다 번Rhonda Byrne은 이렇게 말한다. "인생에서 원하는 것을 얻는 지름길은 지금 행복하고, 또 행복하다고 느끼는 것이다!"[7]

하지만 행복 열풍에는 큰 문제점이 하나 있다. 약속을 지키지 못했다는 것이다. 행복 산업은 계속 성장 중이지만 우리 사회는 과거 어느 때보다 불행하다.[8] 실제로 사회과학자들은 슬픈 역설을 밝혔다. 행복을 좇는 일이 실제로는 사람들을 불행하게 만든다는 사실이다.[9]

행복한 삶 vs. 의미 있는 삶

철학자들은 오래전부터 행복의 가치에 의문을 제기했다. 19세기에 철학자 존 스튜어트 밀은 이렇게 말했다. "배부른 돼지가 되기보다는 배고픈 인간이 되는 것이 나으며, 행복한 바보가 되기보다는 불행한 소크라테스가 되는 것이 낫다."[10] 20세기에 하버드 대학교 철학과 교수 로버트 노직Robert Nozick[11]은 이렇게 보탰다. "행복한 소크라테스가 되어 행복과 깊이 둘 다 가지면 더할 나위 없이 좋겠지만, 깊이를 얻으려면 행복은 어느 정도 포기해야 한다."

노직은 행복에 대해 회의적이었다. 그는 사고 실험을 고안해 자신의 주장을 역설했다. 노직은 '원하는 경험을 모두 할 수 있는' 탱크 속에 산다고 상상해보라고 했다. 영화 〈매트릭스〉 속 장면 같다. "노련한 신경 심리학자가 당신의 뇌를 자극하면, 당신은 지금 위대한 소설을 쓰거나 친구를 사귀거나 재미있는 책을 읽는 중이라고 생각하고 느낄 수 있다. 당신은 끝없이 탱크 속을 떠다닐 것이다. 뇌에 전극을 매단 채로." 노직은 이렇게 묻는다. "평생 이 기계에 연결된 채 삶의 경험들을 사전 설정하고 살겠습니까?"

행복이 진정으로 삶의 최종 목표라면 사람들은 대부분 탱크 속에서 행복하게 사는 삶을 택할 것이다.[12] 쉽고 편할 테니까. 상처, 슬품, 그리고 사랑하는 사람을 잃는 고통의 스위치가 꺼질 테니까. 영원히. 늘 행복하고 심지어는 중요한 사람이 된 듯한 기분을 느낄 수 있다. 가끔씩 탱크 밖으로 나와 어떤 경험을 머릿속에 설정할지 미리 결정할 수도 있다. 하지만 탱크 속에서 사는 삶이 고민되거나 고통스럽다면 선택해서는 안 된다.[13] "평생의 행복에 비견되는 잠깐의 고통은 무엇이며, 자신의 결정이 최선이라면 (그것이 자기가 선택한 길이라면) 어째서 고통을 느끼는가?" 노직이 물었다.

남은 평생을 탱크 속에서 살면서 매 순간 행복하게 살기로 결정했다면 좋은 삶을 사는 것인가? 그 삶은 자신과 자녀들을 위해 선택한 것인가? 우리 대부분이 그렇듯 행복이 삶의 가장 중요한 가치라면 탱크 속 삶은 우리의 모든 욕구를 충족해야 하지 않을까?

그래야 마땅하다. 하지만 사람들은 대부분 탱크 속 행복한 삶을 선택하지 않을 것이다. 왜일까? 그 속에서 느끼는 행복이 공허하며 거저 얻는 것이기 때문이라고 노직은 말한다. 탱크 속에서 행복할 수도 있지만 행복해야 할 진짜 이유가 없다. 행복한 기분을 느낄 수는 있지만 삶이 실제로 행복하지는 않다. '탱크 속을 떠다니는' 사람은 '눈에 잘 보이지 않는 하나의 방울'에 불과하다. 삶을 가치 있게 만들어줄 정체성도 계획도 목표도 없다. "우리는 어떤 일을 보고 느끼는 스스로의 감정보다 더 많은 것을 신경 쓰며 살아간다. 삶에는 행복 말고도 중요한 것이 많다." 노직은 이렇게 결론 내렸다.

노직은 2002년에 사망하기 전 마틴 셀리그만 등의 학자들과 손을 잡고 긍정심리학의 목표와 비전을 구체화하는 작업을 했다. 그들은 일찌감치 행복에 대한 연구가 매혹적이며 언론 친화적이라는 사실을 눈치챘고, 자신들이 몸담은 긍정심리학이라는 학문이 셀리그만의 말대로 '행복학'이 되는 것을 의식적으로 피하고자 했다. 대신 깊이 있고 충만한 삶을 사는 방법에 초점을 맞추려고 노력했다. 지난 몇 년 동안 실제로 점점 더 많은 연구자들이 그 부분에 집중하고 있다. 행복을 넘어 무엇이 삶을 살 가치가 있게 만드는지 연구 중이다. 그들은 중요한 사실 한 가지를 알아냈다. 행복한 삶과 의미 있는 삶은 다르다는 것.[14]

이 차이는 철학이 이미 오래전에 발견한 사실이다. 철학자들은 이미 오래전에 좋은 삶을 사는 두 가지 방법을 발견했다.[15] 첫째는 헤도니아hedonia, 즉 오늘날 우리가 말하는 행복이다. 지그문트 프로이트가 주장한 이론이기도 하다.[16] 프로이트에 따르면 인간은 "행복해지려 애쓴다. 행복해지고 그 행복을 유지하고 싶어 한다." 프로이트가 말한 이 '행복 원칙'은 거의 모든 사람의 '삶의 목적을 결정한다'. 고대 그리스의 철학자이자 소크라테스의 제자 아리스티포스Aristippos는 헤도니아, 즉 행복을 좇는 것이 좋은 삶의 열쇠라고 생각했다.[17] "삶의 기술은 쾌락을 느끼는 데 있다. 가장 큰 쾌락은 지적이지도, 늘 도덕적이지도 않다." 몇십 년 뒤 에피쿠로스Epikuros가 어느 정도 비슷한 생각을 대중화했는데, 좋은 삶은 쾌락에서 찾을 수 있으며 쾌락은 걱정 등 신체적, 정신적 고통이 부재한 상태라고 정의했다. 이러한 생각은 중세에 와서 시들해졌지만, 18세기에 공리

주의 창시자인 제러미 벤담Jeremy Bentham이 등장하면서 다시 인기를 얻었다. 벤담은 쾌락 추구가 우리의 중요한 원동력이라고 믿었으며, 이 유명한 말을 남겼다. "자연은 인간을 고통과 쾌락이라는 두 군주의 지배 아래 두었다. 두 군주만이 우리 인간이 무엇을 할지 지시하고 또 결정한다."[18]

행복보다 더 소중한 가치

이러한 전통과 궤를 같이하여 오늘날 많은 심리학자는 행복을 긍정적인 정신 상태이자 감정 상태라고 정의한다. 한 예로 사회과학 연구에서 행복을 평가할 때 흔히 사용하는 방법이 있다.[19] 개인에게 자부심, 열정, 관심 같은 긍정적 감정을 얼마나 자주 느끼는지, 반대로 두려움, 초조함, 수치심 같은 부정적 감정을 얼마나 자주 느끼는지 질문한다. 부정적 감정에 비해 긍정적 감정의 비율이 높을수록 더 행복하다고 본다.

하지만 우리 감정은 당연히 일시적이다. 노직의 사고 실험에서 밝혀진 것처럼 감정이 전부는 아니다. 우리는 신문을 읽으면서 기쁨을 느끼고 아픈 가족을 간호하면서 스트레스를 받지만, 가족의 병간호가 더 중요하다는 데 대부분 동의한다. 그 순간은 행복하지 않을 수 있지만, 그렇게 하지 않는다면 나중에 그 결정을 후회할 것이다. 즉 의미가 있기 때문에 할 가치가 있는 것이다.

의미는 좋은 삶으로 향하는 또 다른 길이다.[20] 그리스의 철학자

아리스토텔레스[21]와 아리스토텔레스가 이야기한 '인간 번영human flourishing'이라는 뜻의 고대 그리스어 '에우다이모니아eudaimonia'를 생각하면 이해하기 쉽다. '에우다이모니아'는 보통 '행복'으로 번역되며,[22] 따라서 아리스토텔레스는 종종 행복을 최고선이자 우리 삶의 가장 중요한 목표로 여겼다고 평가받는다. 하지만 실제로 아리스토텔레스는 쾌락과 '쾌락을 좇는 삶'을 사는 사람들에게 심한 폭언을 퍼부었다.[23] 그런 사람들을 두고 '노예 같고 천박하다'고 말하며, '사람들 대부분'이 선택하는 쾌락의 길은 인간보다는 '짐승에게 더 어울린다'라고 주장했다.

아리스토텔레스에게 '에우다이모니아'는 잠깐 지나가는 긍정적 감정이 아니다. 그보다는 실제로 행동하는 무언가이다. '에우다이모니아'의 삶을 살기 위해서는 도덕적, 지적으로 뛰어난 내면의 자질을 기르고 잠재력을 살려야 한다고 아리스토텔레스는 주장했다.[24] 즉 능동적인 삶이다. 자신의 일을 하고 사회에 기여하는 삶, 공동체에 참여하는 삶, 그리고 결국 재능을 낭비하기보다는 잠재력을 실현하는 삶.

심리학자들은 아리스토텔레스가 말한 차이를 이해했다.[25] 그들은 '헤도니아'를 '행복'으로 정의한다면[26] '에우다이모니아'는 '착하게 살고 선행하는 것',[27] 그리고 '자신의 심오한 원칙'에 부합하는 방식으로 자기 안에 있는 최선의 모습을 찾아 개발하는 것[28]으로 정의할 수 있다고 주장한다. 훌륭한 인격을 지키는 삶을 뜻한다. 그러한 삶은 큰 이익으로 돌아온다. 그들은 이렇게 말했다. "즐거움을 키우고 고통은 피하는 삶을 목표로 삼을수록, 깊이와 의미, 공동체가 결여된 삶을 살 확률이 높다."[29] 한편 의미를 추구하는 삶을 살고자 하는 사람들은 궁극적으로 더 충만하고 행복한 삶을 산다.

플로리다 대학교의 로이 바우마이스터 Roy Baumeister 교수를 주축으로 한 심리학자 팀은 18세부터 78세까지의 미국인 약 400명에게 의미 있는 삶을 살고 있다고 생각하는지 질문했다.[30] 이 사회과학자들은 다른 변수들과 함께 응답자들의 대답을 검토했다. 다른 변수는 스트레스 수준, 소비 패턴, 자녀 유무 등이었다. 검토 결과 의미 있는 삶과 행복한 삶은 어떤 부분에서는 중복되며[31] '서로 동력이 되지만, 어떤 부분에서는 완전히 달랐다.'

바우마이스터 교수 팀은 행복한 삶은 편안한 삶이라는 결론을 얻었다. 즉 행복한 삶은 대체로 기분이 좋으며 스트레스와 걱정거리가 적다. 또 신체 건강하고, 필요하고 원하는 것을 살 수 있는 삶이다. 여기까지는 예상한 대로다. 하지만 놀랍게도 행복만 추구하는 일은 이기적 행동에 속한다. 즉 행복을 좇는 사람들은 '주는 사람'보다는 '받는 사람'이 되고자 한다.

연구자들에 따르면 '의미 없는 행복'은 '비교적 피상적이고 자기중심적이며 심지어 이기적이기까지 한 삶의 특징이다. 그런 삶은 만사 순탄하고, 필요와 욕구가 쉽게 충족되며, 어렵거나 벅찬 일은 피한다.

반대로 의미 있는 삶을 살면 '주는 사람'이 되기 쉬우며, 자신과 관계없는 일에 관여하고 기여한다. 삶의 더 큰 의미를 갖는다는 것은, 다른 사람에게 줄 선물을 사고 아이들을 돌보고 심지어는 투쟁하는 행위와도 관련이 있다. 연구자들은 투쟁이란 쟁취하고자 하는 신념이나 이상이 있다는 증거라고 말한다. 이런 행위들을 하려면 더 큰 무언가에 투자해야 하므로, 의미 있는 삶은 행복한 삶보다 더 높은 차원의 걱정, 스트레스, 불안감을 동반한다. 한 예를 보자. 아이를 낳아 기르는 것은 의미 있는 삶이라고 할 수 있지만, 잘 알다시피 육아는 행복 수준을 낮춘다. 연구에 참여한 부모들에게서 직접 확인한 사실이다.

즉 의미와 행복은 상충할 수 있다.[32] 하지만 의미 있는 일 역시 장래에 더 심오한 형태의 행복으로 이어질 수 있다.

나답게 살기 위해 지금 찾아야 할 것

어린 시절, 매주 목요일과 일요일 저녁이면 한 무리의 구도자들이 몬트리올 시내에 있는 우리 부모님 댁의 큰 방에 모였다. 당시 부모님은 집을 수피 예배당으로 꾸려 사용했다. 수피즘Sufism은 이슬람교 중에서도 신비주의를 믿는 분파로, 우리 가족은 니마툴라히 수피 종단 소속이었다. 니마툴라히 종단은 14세기에 이란에서 창단해 지금은 세계 각지에 예배당을 두고 있다. 일주일에 두 번, 데르비시dervish(세마춤을 추는 수도 탁발승-옮긴이)[33]들은 바닥에 앉아 몇 시간 동안 명상을 했다. 두 눈을 감고 턱을 가슴으로 당긴 채 신의 이틈이나 은총을 조용히 묵상했다. 그러는 동안 이란의 전통 수피 음악이 연주되었다.

수피 예배당에서 보낸 삶은 매혹적이었다. 우리 집 벽에는 아랍어 문자가 새겨 있었는데, 모두 아버지가 직접 나무를 파서 조각한 것이었다. 차가 쉼 없이 끓으며 공기 중에 베르가모트 향기를 뿜어댔다. 명상이 끝나면 수피들은 차를 마셨다. 어머니는 장미수, 사프란, 카드라몸과 꿀을 넣어 만든 이란식 과자나 대추야자를 곁들여 냈다. 가끔 내가 차를 나르기도 했는데, 유리잔과 접시, 각설탕이 가득 담긴 쟁반을 쏟지 않도록 조심조심 가져가 데르비시 한 사람 한 사람 앞에 무릎을 꿇고 내려놨다.

우리 가족이 처음 몬트리올로 이사 왔을 때 북미 전역에서 수피들이 몰려와 며칠씩 머무르며 법률 사무소였던 우리 집을 격주로 열리는 명상 모임 마즐리스^{majlis}에 적합하도록 개조했다. 어느 날 밤에는 노숙인 남성 하나가 문을 두드려 밥을 주고 재워준 적도 있다. 또 언젠가는 아버지가 한 데르비시의 스카프를 칭찬하자, 그가 기뻐하며 그 스카프를 아버지에게 선물로 줬다(그 뒤로 우리 가족은 데르비시들의 물건을 칭찬할 때 무척 신중을 기하게 됐다).

특별한 행사, 이를테면 수피 지도자인 셰이크^{sheikh}나 새로운 데르비시가 종단에 들어오는 날에는 캐나다와 미국에서 온 수피들이 며칠간 예배당에 머물며 명상실에 있는 얇은 방석 위에서 잤다. 사실 그들은 자리가 나는 곳이면 어디서든 잤다. 밤에는 사방에서 코고는 소리가 울리고 날이 밝으면 화장실 앞에서 긴 줄을 서야 했지만, 누구도 개의치 않는 듯했다.

데르비시들은 늘 유쾌하고 정감이 넘쳤다. 주말에는 대개 명상을 했지만, 다프daf라는 프레임 드럼과 현악기 타르tar 따위의 페르시아 악기로 전통 수피 음악을 연주하며 시간을 보내기도 했다. 늘 그 음악에 맞춰 수피 시를 노래했다. 나는 낡아빠진 페르시아 양탄자 위에 앉아 시와 음악을 들었다. 데르비시처럼 각설탕을 차에 적셔 입안에 머금은 채, 역시 데르비시처럼 명상하려고 애쓰면서.

수십억 명의 사람들은 여전히 종교에서 의미를 찾는다. 하지만 선진국에서 종교는 더는 예전만큼의 권위를 갖지 못한다.[34] 특정 종교에 몸담은 사람도, 종교가 삶의 중요한 부분이라고 믿는 사람도 줄었다.[35] 종교는 한때 의미를 찾는 유일한 길이었지만, 지금은 수많은 길 중 하나에 불과하다.[36] 문화도 시대도 완전히 변화하면서 많은 사람이 목적을 잃고 표류하고 있다. 종교의 유무를 떠나 수백만 명의 사람들에게 이 땅에서 의미를 찾는 일은 참으로 절박해진 동시에 과거 어느 때보다 힘들어졌다.

시간이 흐르고 우리 가족은 수피 예배당으로 사용하던 집을 떠났다. 미국으로 온 뒤로는 정신없이 바빠서, 명상하고 노래하고 차를 마시는 의식을 잊고 지냈다. 하지만 나는 의미를 찾는 여정을 멈추지 않았다. 십 대 시절의 고민이 나를 철학으로 이끌었다. 어떻게 하면 의미 있는 삶을 살 수 있을까 하는 질문은 한때 철학의 중요한 원동력이었다. 아리스토텔레스와 니체를 포함한 사상가들은 무엇이 풍요로운 삶을 만드는지 나름대로 생각을 제시했다.

하지만 나는 대학에 들어가고 나서야 강단 철학에서는 그러한 탐구를 거의 포기했다는 사실을 발견했다.[37] 대신 대학은 의식의 본성, 컴퓨터 철학 등 난해하거나 기술적인 문제들을 다루고 있었다. 나 역시 대학생활에 취해 나를 철학으로 이끈 그 질문을 잊고 지냈다. 학교 친구들은 대부분 직업적 성공에 목을 맸다. 친구들은 보이스카우트의 공훈 배지를 받으려고 치열하게 경쟁하면서 자랐다. 좋은 대학, 우등 졸업, 전문 대학원 또는 월스트리트의 일자리를 보장하는 배지. 수강 신청을 하고 교외 활동을 선택할 때도 이 목표를 염두에 뒀다. 졸업할 때쯤 발 빠른 이 친구들은 이미 전공보다 전문 분야의 지식을 더 습득한 상태였다.

나는 제3세계 국가의 공중위생을 개선하고, 통계 모델링 기법으로 선거 결과를 예측하고, 문학 텍스트를 '해체하는' 일을 하는 전문가들을 만났다. 하지만 그들은 무엇이 삶을 의미 있게 만드는지에는, 돈을 벌거나 번듯한 직업을 갖는 것보다 더 중요한 목적에는 별 관심이 없었다. 가끔 친구들과 대화하는 시간 말고는 이런 문제를 이야기하거나 진지한 대화를 나눌 장소도 없었다.

그들만의 문제는 아니었다. 대학 등록금이 치솟고 학위가 경제적 안정을 얻는 입장권이 된 지금, 대부분의 사람들은 교육이 반드시 필요하다고 생각한다. 도덕적, 지적 성장의 기회가 아닌 좋은 일자리를 위한 디딤돌로 말이다.

학생들에게 어떻게 살아야 할지 가르치는 일은 한때 미국 대학의 중요한 목표였다.[38] 미국 역사 초기의 대학생들은 고전과 신학 교육을 엄격하게 받았다. 많은 교수가 자신들에게 학생들을 이러한 탐구로 이끌 의무가 있으며, 또 그것이 가능하다고 생각했다. 하지만 20세기 초반 상황이 달라졌다. 미국 남북전쟁이 끝난 뒤 미국 교육계에 연구 중심 대학이 최초로 등장했다. 독일 대학을 모델로 한 연구 대학들의 최우선 과제는 학문 개발이었다. 그런 학문을 활성화하기 위해 고유한 학문 분야가 생기고, 각 학문에는 나름의 엄격하고 체계적이고 객관적인 '방법'이 있었다. 교수들은 이러한 학문 분야 안에서 고도로 전문화된 분야를 연구했으며, 학생들 역시 집중 분야 즉 전공을 선택해 대학 졸업 후 취업을 준비했다.

이러한 분위기는 의미 있게 사는 방법을 교육기관에서 가르치고 배울 수 있다는 생각을 바꿔놓았다.[39] 교수들은 학생들이 삶의 의미에 대한 답을 찾도록 이끄는 일이 자기 권한과 지식을 벗어난다고 믿었다.[40] 결국 '어떻게 살아야 할까'라는 질문에 답하려면 추상적이고 개인적이며 도덕적인 가치를 논해야 한다. 객관적 지식 축적을 전문으로 하는 대학에서 할 일은 아니었던 것이다.

작지만 확실한, 나만의 의미로 단단하게 사는 법

하지만 최근 재미있는 일이 벌어지고 있다. 의미는 대학, 그리고 특히 예상치 못한 곳, 바로 사회과학계에서 다시 자리를 잡아가는 중이다.[41] 앞서 언급한 바우마이스터와 후타 같은 심리학자들이 제시하는 삶의 방식은 근본적으로 좋은 삶을 새롭게 정의한다. 이 심리학자들의 연구를 보면 의미를 좇는 삶이 개인의 행복을 좇는 삶보다 훨씬 더 성취감이 크다는 점[42]과 사람들이 어떤 방식으로 삶의 의미를 찾고 있는지를 알 수 있다. 미국 전역, 그리고 세계의 교육자, 기업인, 의사, 정치인, 그리고 평범한 사람들은 행복이라는 복음이 아닌 의미로 눈을 돌리기 시작했다. 심리학 자료를 더 깊이 살펴보면 이런 사람들을 더 쉽게 찾을 수 있다.

나는 연구자들을 인터뷰하고 의미를 좇아 사는 사람들의 이야기를 수집하면서, 나에게 처음 이 길을 걷게 한 수피들을 떠올렸다. 의미의 본보기인 수피들은 대개 소박한 삶을 살았다. 대다수는 의미를 좇아 분투했다. 하지만 그들의 첫 번째 목표는 다른 사람들을 위해 더 나은 세상을 만드는 것이었다. 한 위대한 수피가 한번은 이렇게 말했다. 데르비시가 자애라는 길의 첫걸음만 내딛고 더는 나아가지 않는다고 해도, 그는 다른 사람들에게 헌신함으로써 인류에 기여한 것이다. 의미 있는 삶을 사는 데 집중하는 사람들도 마찬가지다. 그들은 크든 작든 세상을 바꾼다. 숭고한 목표와 이상을 좇음으로써. 그들은 자기 힘으로 의미 있는 삶을 일궈냈다. 이는 남은 우리에게 딱한 가지 질문을 던진다. 어떻게 하면 우리도 그들처럼 살 수 있을까?

이 책 앞부분에서는 의미를 좇아 사는 사람들을 소개할 생각이다. 자신의 공동체에서 성취감을 찾는 중세 마니아들을 만나보고, 동물원 사육사를 만나 삶의 목적이 무엇인지 들어볼 계획이다. 또 사지마비 환자가 과거에 입은 정신적 외상을 통해 자신의 정체성을 새롭게 찾아가는 과정을 따라가볼 것이다. 심지어 그 일이 자신의 천직이었다는 전직 우주 비행사를 따라 우주로 떠날 것이다.

어떤 이야기는 평범하다. 또 어떤 이야기는 비범하다. 나는 의미를 좇아 사는 사람들을 찾다가 그들의 삶에서 중요한 공통점을 발견했다. 이러한 특징은 연구에서 사실로 밝혀지고 있다. 바로 의미의 원천은 멀리 있지 않고 사방에 존재하며, 이 원천을 이용해 우리는 더 풍요롭고 만족스러운 삶을 살 수 있고 다른 사람들 역시 그렇게 살도록 도울 수 있다는 것이다.

이 책은 그러한 의미의 원천이 무엇이며, 우리가 어떻게 그 원천을 이용해 삶의 깊이를 더할 수 있는지 보여준다. 그 과정에서 의미 있는 삶이 우리 자신, 학교, 일터, 크게는 우리 사회에 어떻게 이로운지 배울 수 있을 것이다.

의미는 대단한 '계시'가 아니다. 가던 길을 멈추고 신문을 파는 노점상에게 인사를 건네고 우울해 보이는 직장 동료에게 손을 내미는 일이다. 사람들의 몸매 관리를 돕고 아이에게 좋은 부모나 멘토가 되는 일이다. 반짝이는 밤하늘 아래에서 감탄하며 별을 보거나, 친구들과 함께 '중세 기도회' 모임에 나가는 일이다. 고통을 겪는 참전 군인들을 위해 커피숍을 여는 일이다. 사랑하는 사람의 이야기를 귀 기울여 듣는 일이다. 식물을 돌보는 일이다.

이런 행위들은 그 자체만으로는 사소하다. 하지만 모이면 세상을 밝히는 빛이 된다. 우리를 살게 하는 힘은, 소박하지만 매우 확실한, 작은 의미에서부터 온다.

Part 1

나다움을 지키기 위해
무엇에 의지할 것인가

The Power of Meaning

의미,
나다운 삶을
여는 열쇠

• • •

나의 삶의 모든 순간은,
내 삶은 나에게 일어날 수 있는
모든 일과는 별개로 이전처럼 무의미하지도 않을뿐더러
의심할 나위 없이 선한 의미를 지니고 있어.
나에게는 그런 의미를 부여할 힘이 있어.

-톨스토이,《안나 카레니나》중에서

1930년 어느 가을날, 저명한 역
사학자이자 철학자 윌 듀런트Will Durant[1]는 뉴욕 레이크 힐에 있는 집
마당에서 나뭇잎을 쓸고 있었다. 그때 근사하게 차려입은 한 남자가
다가왔다. 남자는 자기가 살아야 하는 '타당한 이유 한 가지'를 알려
주지 않으면 자살하겠노라고 말했다.

　아연실색한 듀런트가 남자를 안심시킬 말을 찾아보려 애썼지만,
그의 마음을 움직이지 못했다. "일자리를 찾아보라고 했지만 이미
일을 하고 있었고, 맛있는 음식을 먹어보라고 했지만 배가 고프지
않다고 했죠. 딱 봐도 제 말은 크게 도움이 되지 않았어요."

　듀런트는 작가이자 지식인으로 1981년에 96세의 나이로 사망했

으며, 대중 철학서와 역사서의 저자로 유명하다. 1926년 발표한《철학 이야기The Story of Philosophy》는 베스트셀러에 올랐으며, 40여 년에 걸쳐 아내 아리엘 듀런트와 공동 집필한 시리즈 도서《문명 이야기 The Story of Civilization》중 열 번째 책《루소와 혁명Rousseau and Revolution》으로 퓰리처상을 받았다. 생전에 듀런트는 관심 분야가 방대한 사상가였다. 문학, 종교, 정치에 관한 글을 유려하게 썼으며, 1977년에는 미국 정부가 개인에게 수여하는 최고 훈장인 대통령 자유훈장을 받기도 했다.

어릴 때부터 가톨릭 신자였던 듀런트는 예수회 학교에 다녔고, 성직자가 될 생각이었다. 하지만 대학에 들어가서 찰스 다윈과 허버트 스펜서의 책을 읽은 뒤 무신론자가 되었다. 두 학자의 사상은 '부모에게 물려받은 신학'을 '잊게 만들었다.' 신앙을 버린 뒤 오랜 시간 동안 '의미'라는 문제를 고민했지만 흡족한 답을 찾지는 못했다. 불가지론자이자 경험주의 철학자인 듀런트는 자기가, 사람들이 삶을 포기하려는 순간에도 무엇이 그들에게 삶의 이유가 될 수 있을지조차 알지 못한다는 사실을 나중에야 깨달았다. 당대 지식인이었던 듀런트는 1930년, 자살을 계획하며 자신을 찾아온 남자에게 납득할 만한 답을 주지 못했다. 대공황으로 직결된 증권시장 붕괴가 일어난 다음 해였다.

누구도, 한 번도
답하지 못한 질문 ╱

그 일을 계기로 듀런트는 당대 위
대한 문학가, 철학가, 과학자들에게 편지를 쓰기로 결심했다. 인도의
민족운동 지도자 마하트마 간디Mohandas Gandhi, 여성 교육자 메리 E.
울리Mary E. Wooley, 미국의 문예비평가 헨리 루이스 멩켄H. L. Mencken,
미국의 시인 에드윈 알링턴 로빈슨Edwin Arlington Robinson에게, 격동의
시대를 살면서 어떻게 삶의 의미와 성취감을 찾았는지 질문했다. 듀
런트는 편지를 이렇게 시작했다. "잠시 하던 일을 멈추고 저와 철학
놀이를 하지 않으시겠습니까? 저는 우리 세대가 늘 질문할 준비는
되어 있지만 한 번도 답하지 못한 질문을 하고자 합니다. 우리 인간
이 사는 의미 또는 가치는 무엇일까요?" 듀런트는 그들에게 받은 답
장을 모아 1932년, 《삶의 의미에 대하여On the Meaning of Life》라는 제
목의 책을 발표했다.

듀런트의 편지는 왜 당대의 많은 사람이 실존적 진공 상태에 산
다고 느끼는지 탐구한다. 인간은 수천 년 동안 초월적이고 초자연적
인 세계가 존재한다고 믿었다. 신과 정령들이 사는, 일상적 경험의
세계 밖에 존재하는 세계. 사람들은 자주 이런 영적 세계의 존재를
느꼈고, 그 느낌은 평범한 세계에 의미를 부여했다. 하지만 듀런트
는 그런 세계, 즉 보지도 만지지도 못하는 세계에 대한 믿음이 좋게
말하면 순진무구하고 나쁘게 말하면 미신적이라는 사실을 현대의

철학과 과학이 증명했다고 주장한다. 그 과정에서 많은 사람이 꿈에서 깼다.

듀런트는 편지에서, 의미의 전통적 원천이 사라진 일이 어째서 그토록 비극적인지 설명한다. "천문학자들은 인간사가 별의 궤도에서 짧은 한순간에 불과하다고 말합니다. 지리학자들은 문명이 빙하기와 빙하기 사이 불안정한 시간에 불과하다고 하고, 생물학자들은 모든 생명이 전쟁 즉 개인과 집단, 나라와 연합, 종족 간 생존경쟁이라고 합니다. 또 역사학자들은 '진보'는 망상이며, 그 영광의 끝은 반드시 쇠퇴라고 이야기합니다. 심리학자들은 의지와 자아는 유전과 환경의 무력한 노리개이며, 한때 청렴한 사람은 뇌가 일시적 발광을 일으킨 것에 불과하다고 말합니다." 한편 철학자들은 진실에 대한 생각을 논증하는 데 집중해, 삶은 무의미하다는 진실을 논증했다. "삶이란 철학의 관점에서 크게 보면 지구상에 인간이라는 곤충의 일시적 번식, 즉 행성의 금세 아물 습진이었다."

듀런트는 책에서 다리에서 투신자살하려는 남자를 말리는 경찰관 이야기를 한다. 남자와 경찰관은 대화를 나눈다. 그런 뒤 함께 다리에서 뛰어내린다. 듀런트는 다음과 같이 이야기한다. "과학과 철학이 우리를 여기까지 데려왔습니다." 듀런트는 위대한 학자들에게 편지를 통해 당시 허무주의를 해결할 답을 구한다. 자신의 말문을 막은 절망한 낯선 남자에 대한 답. 듀런트는 무엇이 그들의 삶을 가치 있게 만드는지 묻고, 무엇이 그들을 앞으로 나아가게 하며 영감과 힘, 희망과 위안을 주는지 실문한다.

듀런트의 질문들은 그 어느 때보다 중요하다. 절망과 고통은 증가하는 정도가 아니라 전염병 수준으로 번지고 있다. 미국에서 우울증을 앓는 사람들은 1960년부터 현저히 늘었으며,[2] 1988년부터 2008년 사이 항우울제 소비는 400퍼센트나 늘었다.[3] 이 수치는 단지 정신 의료기관 이용률이 증가해서만은 아니다. 세계보건기구WHO에 따르면,[4] 전 세계의 자살률은 제2차 세계대전 이후 60퍼센트 급등했다. 어떤 인구 계층은 특히 취약하다. 미국에서 15세부터 24세까지의 자살률은 20세기 중후반에 세 배로 뛰었다.[5] 2016년에는 전체 인구 중 자살률이 거의 30년 만에 가장 높았으며, 중년 성인의 경우 1999년 이후 40퍼센트 이상 증가했다.[6] 매년 미국인 4만 명이 스스로 목숨을 끊으며,[7] 전 세계의 자살 인구는 매해 100만 명에 이른다.[8]

왜 이런 일이 벌어지고 있는 걸까?

2014년, 버지니아 대학교의 시게히로 오이시Shigehiro Oishi 교수와 갤럽의 에드 디너Ed Diener는 공동 연구를 통해 이 질문에 답했다.[9] 세계 132개국 14만 명이 동원된 대규모 연구였지만 연구 과제는 간단했다. 몇 해 전 갤럽의 연구자들은 연구 응답자들에게 삶에 만족하는지, 삶에 중요한 목적이나 의미가 있다고 느끼는지 질문했다. 오이시와 디너는 나라별로 데이터를 분석하고, 행복 수준과 의미를 재산, 자살률, 다른 사회적 요인 같은 변수와 상호 연관시켰다.

연구 결과는 놀라웠다. 북유럽처럼 부유한 지역에 사는 사람들은 사하라 사막 이남 아프리카처럼 가난한 지역에 사는 사람들보다 행복 수준이 높았다. 하지만 의미에 관해서는 달랐다. 프랑스와 홍콩 같은 부유한 지역은 의미지수가 제일 낮은 반면, 토고와 니제르 같은 가난한 지역은 의미지수가 제일 높게 나왔다. 연구 결과 행복지수는 가장 낮은 국가들이었다. 제일 충격적인 결과는 자살률이었다. 부유한 국가는 가난한 국가보다 자살률이 현저히 높았다. 예를 들어, 국내총생산이 3만 4000달러인 일본의 자살률은 1인당 국내총생산이 400달러인 시에라리온보다 두 배 이상 높았다.[10]

이러한 추세는 전혀 앞뒤가 맞지 않아 보였다. 부유한 국가의 국민들은 더 행복한 경향이 있으며, 풍토병, 극심한 빈곤, 오랜 내전에 시달리는 시에라리온 같은 국가에 비하면 생활수준도 실로 천국이나 다름없었다. 그렇다면 왜 그들은 스스로 목숨을 끊을까?

행복과 자살의 이상한 관계는 다른 연구에서도 확인되었다.[11] 덴마크와 핀란드 같은 행복한 국가들 역시 자살률이 높다. 일부 사회과학자들은 국민들 대다수가 행복지수가 높은 국가에서 불행한 사람은 훨씬 더 고통스럽기 때문이라고 본다. 또 어떤 사람들은 이런 국가들의 행복 수준이 과장되었다고 이야기한다. 이들 국가에서 가장 불행한 국민들은 자살을 선택함으로써 스스로 인구에서 제외되기 때문이다.

하지만 오이시와 디너의 연구는 다른 설명을 내놓는다. 수치를 고속 처리한 뒤 두 사람은 눈에 띄는 경향을 발견했다. 행복지수와 불행지수로는 자살을 예측할 수 없었다. 사살의 원인이 된 변수는 의미, 더 엄밀히 말하면 의미의 부족이었다. 일본처럼 의미지수가 제일 낮은 국가의 자살률이 가장 높았다.

이들 국가에 사는 사람들 대다수가 직면하는 문제는 80년 전 듀런트에게 살아야 할 이유를 물었던, 자살하려던 남자와 같은 것이다. 남자는 생활수준이 전반적으로 좋았는데도 인생은 살 가치가 없다고 생각했다. 오늘날 수백만 명이 같은 생각을 한다. 미국인 10명 중 4명은 만족스러운 삶의 목적을 찾지 못한다. 그리고 미국인의 4분의 1, 그러니까 약 1억 명은 무엇이 삶을 의미 있게 만드는지 분명하게 알지 못한다.[12]

물론 이 문제의 해결책이 미국이 시에라리온처럼 되는 것은 아니다. 현대성은 의미 있는 삶을 약화시킬 수 있지만 나름의 이점이 있다. 하지만 현대사회를 살아가는 사람들이 어떻게 하면 만족감을 느낄 수 있을까? 의미 있는 삶과 현대 생활 사이의 골을 메우지 못한다면 우리는 계속 표류하다가 큰 재앙을 맞을 것이다. 종교학자 휴스턴 스미스Houston Smith는 이렇게 말했다.

"모든 사람은 이따금 인생이 살 만한 가치가 있는지 자문한다.[13] 삶이 힘들 때 계속 살아야 할 이유가 있느냐는 질문과 같다. 그렇지 않다고 결론 내리는 사람들은 자살은 아니더라도 조금씩 잠식해 들어오는 세월의 적막감, 즉 우울과 권태와 절망에 무릎 꿇음으로써 삶을 포기한다."

나에게는 삶의 의미를
부여할 힘이 있어 ╱

러시아의 소설가 레프 톨스토이가 그런 경우였다.[14] 1870년대, 50세에 접어든 톨스토이는 실존적 우울증이 너무 심각하고 심신이 피폐해져 끝없는 자살 충동에 시달렸다. 삶이 완전히 무의미하다는 생각 때문에 공포에 사로잡혔다고 톨스토이는 스스로 결론 냈다. 다른 사람들이 보기에 톨스토이의 우울증은 이해하기 힘들었을지도 모른다. 귀족이었던 톨스토이는 모든 것을 가졌으니까. 부유하고 유명했으며 결혼해서 자녀도 여러 명 뒀다. 두 편의 대작 《전쟁과 평화》와 《안나 카레니나》는 1869년, 1878년에 각각 출간되어 큰 호평을 받았다. 전 세계에서 당대 가장 위대한 소설가로 인정받은 톨스토이는 자신의 작품들이 세계문학의 고전에 오르리라 믿어 의심치 않았다.

대부분 사람들은 훨씬 낮은 수준에서 만족했을 것이다. 하지만 톨스토이는 가장 큰 명성을 얻었을 때, 이러한 성취가 무의미한 삶의 덫에 불과하다고 결론 내렸다. 톨스토이에게는 이 모든 것이 무의미했다.

1879년, 낙담한 톨스토이는 이러한 정신적 위기를 주제로 한 자전적 이야기 《참회록》을 집필하기 시작했다. 책에서 톨스토이는 대학생 시절부터 후에 군인 시절까지, 방탕하게 살았던 날들의 이야기를 시간순으로 풀어놓는다. "거짓말, 절도, 혼음, 음주, 폭력, 살인…

저지르지 않은 범죄가 없었다. 그러한 만행에도 불구하고 나는 칭찬을 받았고, 동료들은 나를 비교적 도덕적인 사람이라고 생각했고, 심지어 지금까지도 나를 그렇게 본다." 아마 약간의 과장이 더해졌으리라.[15] 삶의 이 시기 동안 '허영심, 이기심, 자존심', 즉 명성과 돈을 얻고 싶은 욕망에 이끌려 글을 쓰기 시작했다고 톨스토이는 말한다.

그는 곧 러시아와 유럽의 문학인, 지식인들과 어울렸다. 지식인 무리들은 진보라는 개념을 놓고 세속의 교회를 지었다. 톨스토이는 이 교회의 신자가 되었다. 하지만 두 가지 극적인 경험을 통해 톨스토이는 인간과 사회가 완벽해질 수 있다는 믿음이 얼마나 헛된 일인지 깨달았다. 첫 번째 경험은 1857년 파리에서 한 남자가 단두대에서 처형당하는 장면을 목격한 것이었다. 톨스토이는 이렇게 말했다. "머리가 몸에서 떨어져 나가 상자 안으로 쿵 하고 떨어지는 소리를 난생처음 들었을 때, 존재나 진화에 대한 어떤 합리적 이론도 그런 행위를 정당화할 수 없다는 사실을 머리가 아닌 존재 전체로서 깨달았다." 두 번째 경험은 형 니콜라이가 결핵으로 허무하게 죽은 사건이었다. "형은 1년 넘게 앓다가 고통스럽게 죽었다. 왜 살았는지, 심지어 왜 죽는지조차 이해하지 못한 채."

이런 일들이 톨스토이를 흔들어놓기는 했지만 산산이 부수지는 못했다. 1862년, 톨스토이는 결혼을 했고 가정생활에 집중하느라 이런 의심들을 잊고 지냈다. 《전쟁과 평화》 집필도 한몫했다. 결혼한 직후 책을 쓰기 시작했으니까.

톨스토이는 무엇이 삶을 의미 있게 만드는지 항상 관심이 많았으며, 이 문제는 그의 글을 관통하는 주제이기도 하다. 작가의 분신으로 널리 알려진 《안나 카레니나》의 레빈Levin은 작품 속에서 이 문제를 놓고 씨름한다. 레빈은 결국 자신의 삶이 무의미하지 않다고 결론 내린다. "나의 삶의 모든 순간은, 내 삶은 나에게 일어날 수 있는 모든 일과는 별개로 이전처럼 무의미하지도 않을뿐더러 의심할 나위 없이 선한 의미를 지니고 있어. 나에게는 그런 의미를 부여할 힘이 있어."

하지만 《안나 카레니나》의 집필을 마친 뒤 톨스토이는 더 비관적으로 변했다. 의미에 대한 질문은 톨스토이가 한 모든 행동에 그림자를 드리웠다. 머릿속 목소리가 질문하기 시작했다. 어째서지? 어째서 나는 여기에 있지? 내가 하는 모든 일의 목적은 무엇이지? 나는 왜 존재하는 거지? 세월이 흐를수록 목소리는 더 크고 집요해졌다. 톨스토이는 《참회록》에 이렇게 썼다. "사마라 집과 아들의 교육, 책 집필로 바빠지기 전에 내가 왜 이런 일들을 하는지 알아야 했다." 책의 다른 곳에서는 내용은 다르지만 같은 질문을 던진다. "오늘과 내일, 내가 하는 일은 어떤 결과를 낳을까? 나의 생은 어떤 결과를 낳을까? 나는 왜 살아야 할까? 나는 왜 무언가를 기대하고 무언가를 해야 할까? 또 다르게 이야기해보자. 나의 삶에는 죽음을 향해 가면서도 훼손되지 않을 의미가 있는가?" 자신의 '존재' 이유를 답할 수 없었기에 톨스토이는 자신의 삶은 무의미하다고 결론지었다.

"물론 나는 고골리, 푸시킨, 셰익스피어, 몰리에르보다 더 유명해질 거야. 세상의 어떤 작가들보다 유명해지겠지. 그게 뭐 어쨌다는 거지." 톨스토이는 염세주의로 가득 찬 전도서의 저자라도 된 기분이었다. "헛되고 헛되며 헛되고 헛되니 모든 것이 헛되도다! 해 아래에서 수고하는 모든 수고가 사람에게 무엇이 유익한가. 한 세대는 가고 한 세대는 오되 땅은 영원히 있도다."(전도서 1장 2~4절) 우리가 확실히 아는 유일한 진실은 삶의 끝은 죽음이며, 고통과 슬픔으로 끝난다는 것이라고 톨스토이는 믿었다. 우리와 우리에게 소중한 모든 것, 즉 사랑하는 사람들과 삶의 업적과 정체성은 결국 사라질 것이다.

그러던 톨스토이는 마침내 허무주의에서 벗어났다. 평온한 삶을 살며 의미를 발견한 사람들을 찾기 시작했다. 자기 주변 사람들, 즉 귀족과 지식인들은 대부분 껍데기뿐인 삶을 살며, 삶의 의미에 대해서는 무지했다고 톨스토이는 말했다. 그래서 자기 삶의 테두리 밖에 있는 사람들의 삶을 관찰하면서, 수많은 평범한 사람들이 자신이 그토록 천착했던 문제의 답을 찾은 듯 보인다는 사실을 깨달았다. 톨스토이가 보기에 이 '단순한 사람들', 즉 배우지 못한 농부들은 신앙에서 의미를 찾았다. 바로 하느님과 기독교의 가르침에 대한 믿음 말이다.

톨스토이는 대학 시절에 종교를 버렸지만, 중년에 의미를 찾는 과정에서 다시 종교로 돌아왔다. 농부들에게 그토록 중요한 신앙이 궁금해진 톨스토이는 이슬람교, 불교를 포함해 다양한 종교와 영적 전통을 공부했다. 이러한 영적 항해를 하는 동안 실천적 기독교인이 되었다. 처음에는 자신이 태어난 러시아 동방정교회에 정착했지만, 나중에는 기본적 가르침만 지키는 자신만의 기독교를 믿으며 살기 시작했다. 또한 예수의 산상수훈(예수가 산 위에서 제자들과 군중 앞에서 행한 설교—옮긴이)을 따르는 데 집중했다.

톨스토이는 '신앙'을 애매모호하게 정의한다. 그는 신앙을 근본적으로 '삶의 의미에 대한 비논리적인 지식'으로 본다. 하지만 분명한 점은 신앙이 개인을 자기 밖에 있는 더 크고, 심지어는 '무한한' 무언가와 이어준다는 믿음이다. 톨스토이의 전기 작가 중 한 명은 이렇게 표현했다. "특정 신앙이 우리에게 어떤 답을 줄 수 있는지와는 무관하게 신앙의 모든 답은 유한한 인간 존재에 무한한 의미를 부여한다. 고통, 빈곤, 죽음에도 훼손되지 않는 의미다." 톨스토이는 기적이나 교회의 성체를 믿지는 않았지만 '하느님이 인도하는 삶'을 사는 데서 의미를 찾았다. 톨스토이에게 하느님이 인도하는 삶이란 타인, 특히 가난한 자들에게 예수처럼 헌신하는 삶을 뜻했다.

톨스토이는 《참회록》을 완성하고도 의미에 대한 탐구를 멈추지 않았다. 생의 마지막 몇 십 년 동안에도 계속 의미를 찾았다. 소박한 생활을 하고, 술과 고기를 끊고, '경', '백작' 같은 귀족 칭호를 거부하고, 제화 기술을 배웠다. 육체노동이 고결하다고 믿었기 때문이다. 이웃에 사는 농부들의 어려운 생활을 개선하는 데 많은 시간을 쏟고, 심지어는 재산을 가난한 사람들에게 나눠주려고 했다(그러나 톨스토이의 아내가 완강히 거부했다). 또 사유제산제 폐지, 평화주의, 익에 대한 무저항주의 원칙 등 진보적 주장을 폈다. 이런 믿음 덕분에 톨스토이에게는 그의 가르침을 종교 지도자의 가르침처럼 여기는 추종자들이 있었다.

하지만 말년은 순탄치 않았다. 의미 있는 삶을 살고자 하는 노력은 톨스토이의 삶을 뒤흔들어 놓았다. 러시아 정부는 톨스토이를 과격분자로 점찍고, 러시아 동방정교회는 톨스토이를 제명했다. 결혼 생활 역시 결딴났다. 아내와 끝없는 다툼에 지치고 더 영적인 삶을 갈망하던 톨스토이는 1910년 10월, 집을 나와 기차를 타고 코카서스 산맥으로 향했다. 남은 생을 종교적 고독 속에서 살고 싶었기 때문이다. 뜻대로 되지는 않았다. 톨스토이는 여행 중 폐렴으로 사망한다. 하지만 톨스토이의 생각들은 계속해서 세상에 그의 흔적을 남겼다. 소설을 통해서만이 아니었다. 악에 대한 톨스토이의 무저항 원칙은 인도에서 간디의 선거운동으로 이어졌고, 마틴 루터 킹 주니어의 흑인 인권 운동에 불을 지피기도 했다.

톨스토이는 삶의 의미를 신앙에서 찾았다. 하지만 많은 사람이 신을 믿지 않으며, 종교적 가르침에서 감동을 받지도 않는다. 또 어떤 이들은 종교가 있다 해도 여전히 이 땅에서 의미 있는 삶을 사는 방법에 대한 답을 찾는다. 종교만으로는 부족해서일 것이다. 우리 유한한 존재에 의미를 부여하는 무한한 무언가, 즉 신앙에 기대지 않고 삶의 의미를 찾을 수 있을까? 오늘날 많은 사람이 답해야 할 질문이다.

톨스토이는 불가능하다고 답했을 것이다. 하지만 비종교인들에게도 신앙을 대신할 의미를 찾는 다른 길, 신앙이 부여하는 의미를 보완할 방법이 있을 것이다.

허무주의 극복하기 /

우리는 의미 있는 삶을 살 수 있다. 우리가 얻으려고 애쓰는 모든 것, 사랑하는 모든 것과 사람들, 나의 유산, 즉 나의 현재 모습과 미래에 되고 싶은 모습이 어느 날 모두 사라지고 잊힌다 하더라도 말이다. 프랑스의 소설가이자 지식인 알베르 카뮈Albert Camus[16]가 철학 에세이 《시시포스 신화The Myth of Sisyphus》에서 이를 증명했다.

물론 이십 대 후반에 이 에세이를 쓴 카뮈는 의미라는 문제에 천착했을 것이다. 카뮈는 톨스토이와 달리 부유한 집안 출신이 아니었다. 카뮈의 아버지는 농장 일꾼이었다. 어머니는 한쪽 귀가 들리지 않는 문맹으로, 제1차 세계대전 기간에 공장에서 일하다 나중에는 청소부 생활을 했다. 두 사람은 1910년에 결혼했고, 그해에 톨스토이가 사망했다. 3년 뒤, 카트린은 몽도비Mondovi, 지금의 드레앙Dréan 이라는 알제리의 작은 해안 마을에서 카뮈를 낳았다. 제1차 세계대전이 시작된 뒤 카뮈의 아버지 뤼시앙은 프랑스 군에 징집되었다. 뤼시앙은 오랫동안 전투에 참여하지 않다가 한 달 뒤 대학살이 일어난 마른 전투에서 부상을 입고 얼마 지나지 않아 사망한다. 알베르 카뮈가 채 한 살도 되기 전이었다.

16년쯤 뒤 카뮈의 삶은 또 한 번 시련을 맞는다. 카뮈는 1930년에 결핵 진단을 받았다. 결핵은 가난한 알제Algiers(알제리의 수도) 사람들에게는 죽음을 뜻했다. 당시 십 대였던 카뮈는 필연적 죽음과 삶을 향한 미약하고 일시적인 의지와 사투를 벌여야 했다. 침대에서 카뮈는 스토아 철학자인 에픽테토스Epictetus의 책을 읽었다. 에픽테토스는 죽음이라는 주제를 수시로 꺼냈다. "두려운 것은 죽음이나 고통이 아니라, 그에 대한 공포다." 카뮈는 회복하는 동안 그 고통에서 어떤 의미를 찾고자 했다. 자기가 앓는 병의 순기능은, 자신은 물론 모든 인간이 필연으로 마주할 최후를 준비하게 해주는 것이라고 결론 내렸다.

학교로 돌아간 카뮈는 삶은 무의미하다고 판단하고, 〈시드Sud〉라는 문학잡지에 이 생각을 담은 자전적 글을 발표했다. "나는 더는 아무것도 가진 게 없다. 무엇도 믿지 않으며, 내 안에 있는 도덕성을 죽인 채 이렇게 살 수는 없다. 나에게는 목적도, 살 이유도 없으므로 죽을 것이다." 알제 대학교에 입학한 뒤 카뮈의 글은 발전했고, 카뮈는 철학을 공부하는 동안 의미라는 문제를 계속 고민했다. 대학을 졸업하던 1936년 봄, 카뮈는 일기에 '부조리'를 주제로 한 '철학서' 집필에 관심이 있다고 적었다.

카뮈는 《시시포스 신화》를 쓰기 시작했고, 유럽 전역에서는 또 한 번의 세계대전이 일어났다. 1940년 6월 초, 카뮈가 살고 있던 파리에 나치의 비행기가 폭탄을 투하했다. 6월 중순, 독일군이 파리로 진격해 들어와 4년 동안 프랑스에 전체주의 지배의 그림자를 드리웠다. 카뮈는 군대가 밀고 들어오기 며칠 전 피난했다. 1940년, 지독한 추위 속 난방이 되지 않는 리옹의 아파트에서 글을 썼고, '물집이 잡히고 추위에 곱은 손가락'으로 쓴 에세이는 1941년에 완성되었다.

의미에 대한 카뮈의 관심은 철학과 문학의 오랜 전통의 일부였지만, 카뮈가 살던 시대에는 그러한 탐구가 특히 절실했다.[17] 프랑스 붕괴라는 혼란 속에, 비겁한 친독일 비시 정권 아래, 파시즘이 유럽 전역에서 거둔 이른 승리 앞에 세계는 무의미하고 부조리해 보였다. 《시시포스 신화》는 그런 세계에서 어떻게 살아야 할지 이야기한다.

"진정으로 진지한 철학적 문제는 오직 하나다. 바로 자살이다." 카뮈는 이 유명한 문장으로 에세이를 시작한다. "삶이 살 가치가 있는지 아닌지 판단하는 것은 철학의 기본적 질문에 답하는 것과 같다." 신의 존재를 증명하느라 목숨을 바친 사람은 없다. 하지만 많은 사람이 의미를 위해 목숨을 내놓는다. 누구는 삶이 무가치하다고 판단해 스스로 목숨을 끊고, 또 누구는 이상을 위해 목숨을 바친다. 삶이 의미가 있는지 없는지는 철학이 여태껏 질문하고 답하고자 했던 질문들 중 유일하게 생사가 달린 문제다. 그러므로 무엇보다 중요한 질문이다.

카뮈가 책에 썼듯이, 우리는 이 세상에 대한 합리적 설명을 갈구하고 질서와 통일성을 찾지만 세상은 혼란스럽고 무질서하고 부의미하다. '합리적이고 타당한 원칙' 따위는 없다. 우리는 우리가 왜 존재하고, 어떻게 존재하게 되었고, 또 무슨 목적으로 존재하는지 알고 싶어 하지만 세상은 침묵으로 답한다. 이 갈망을 채우는 방법은 신, 종교, 또는 의미의 초월적 근원을 찾아 믿는 것이다. 우리가 확실히 아는 사실만을 진실이라고 여긴다면 하나가 아니라 여러 개의 '진실'이 존재한다고, 카뮈는 말한다.

카뮈가 보기에 인간은 끝없이 의미를 찾지만 세상 어디에서도 의미를 찾지 못한다는 사실이 삶을 부조리하게 만든다. 중요한 역사적 사건부터 우리가 삶에 쏟는 많은 노력까지 모든 것이 무의미해 보인다. 밖에서는 의미를 찾을 수 없으며, 우리가 하는 모든 일에 더 큰 목적이나 의미가 없다는 깨달음은, 카뮈의 옛 친구이자 실존주의 철학자 장 폴 사르트르Jean-Paul Sartre의 말을 빌리자면[18] '구토'를 유발한다.

물론 프랑스 실존주의자나 러시아 소설가가 되어야만 부조리의 무게를 느낄 수 있는 것은 아니다. 2013년 코난 오브라이언이 진행하는 코난 쇼에서 미국의 코미디언 루이스 C. K.는 사르트르의 구토nausea, 카뮈의 부조리absurd, 톨스토이의 공포horror의 경험을 설명했다. 위대한 코미디언들이 모두 그렇듯 루이스 C. K. 역시 웃기는 사람인 척하는 철학자이다. "삶의 모든 것 아래에는 공허가 있습니다. 영원한 공허죠. 모든 것이 무의미하며 나는 혼자라는 생각이 드는 거죠. 때로 한가하고 아무것도 보고 있지 않을 때 차에 시동을 거는데 이런 생각이 들기 시작합니다. '이런, 또 생각났어. 나는 혼자야.' 이 생각이 다시 머릿속을 지배하기 시작합니다. 참으로 슬프죠. 삶은 이루 말할 수 없이 슬픕니다. 존재한다는 자체만으로요(루이스 C. K.가 '코난쇼'에서 현대인들이 시도 때도 없이 스마트폰을 들여다보는 이유를 설명하면서 한 말—옮긴이)."

이케아
효과

　　　　　　　　　　슬픔을 가눌 수 없었던 톨스토이는 자살만이 삶의 부조리에서 벗어날 수 있는 유일한 탈출구라고 결론 내린다. 물론 톨스토이는 마지막에 가서는 다른 길을 택했다. 신앙에서 의미를 찾은 것이다. 반면 카뮈는 무의미한 삶의 해결책으로 신앙과 자살 둘 다 택하지 않았다. 신이 존재하는지, 우리의 믿음이 진짜인지 알 도리가 없기 때문이다. 이 때문에 우리는 신이나 신앙에 '기대지 않고' 의미 있는 삶을 사는 방법을 배워야 한다. 하지만 자살은 무의미한 세상의 맹목적 힘에 굴복하는 것이다. 부조리에 무릎 꿇는 일이며, 그렇게 함으로써 부조리는 더 악화된다.

　대단히 암울해 보이겠지만 삶의 부조리가 반드시 절망을 낳지는 않는다고 카뮈는 주장한다. 그보다는 새로운 기회를 연다. "허무주의의 담장 안에서도 의미를 찾고, 이 의미를 통해 허무주의를 극복할 수 있다"라고 카뮈는 믿는다. 의미가 디는 바깥세상에서 오지 않을 때 우리는 스스로 의미를 만들 자유를 갖는다. "삶에 선험적 의미란 없다. 삶에 의미를 부여하는 것은 각자의 몫이며, 가치는 자신이 선택하는 의미일 뿐이다." 사르트르는 이렇게 말했다.

카뮈는 책 마지막에 고대 그리스 영웅 시시포스 이야기를 소개하며 이 점을 설명한다. 시시포스는 바위를 산꼭대기까지 옮긴 뒤 정상에 닿기 직전에 아래로 굴려 떨어뜨리는 신의 형벌을 받는다. 시시포스는 이 의미 없는 일을 평생 계속한다. 시시포스가 근근이 버텨낸 삶보다 무의미한 삶이 또 있을까? 하지만 카뮈는 시시포스의 삶이 대단히 가치 있다는 사실을 독자들이 깨닫기를 바란다. 실제로 시시포스의 삶은 우리 모두의 본보기이다.

카뮈는 의미 있는 삶을 살기 위해서는 부조리에 맞서는 태도가 필요하다고 생각했다. 바로 시시포스가 보인 태도다. 시시포스는 신들을 속이고 죽음의 신을 농락한 죄로 벌을 받는데, 자신의 운명을 애석해하거나 더 나은 삶을 바라지 않는다. 대신 자신에게 고통을 주고 싶어 하는 신들을 경멸하며 의미 있는 삶에 필요한 세 가지, 바로 저항, 열정, 자유를 실천한다.

시시포스는 산기슭으로 돌아올 때마다 선택에 맞닥뜨린다. 포기하느냐 계속하느냐. 시시포스는 힘든 길을 택한다. 과업을 받아들이고 바위를 산 위로 밀어 올리는 고통스러운 작업에 매진한다. 시시포스는 신들을 경멸하며 자기 운명의 주인이 된다. "그의 바위는 그의 것이다." 카뮈는 이렇게 말한다. 그 바위가 시시포스의 삶에 의미와 목적을 부여한다. 시시포스의 노동은 쓸모없어 보이지만 그 일을 대하는 시시포스의 당당한 태도가 노동에 의미를 부여한다. "정상을 향해 가는 노력 그 자체만으로도 한 사람의 마음이 충만해진다. 시시포스는 행복했을 것이다."

노력 '그 자체'. 카뮈가 말하는 행복은 기분이 좋다는 의미의 행복이 아니다. 힘들지만 의미 있는 일에 집중하는 데서 오는 성취감과 만족감을 뜻한다. 카뮈는 시시포스가 그랬듯이 독자들도 노력을 품위 있게 받아들이면 삶을 충만하게 살 수 있다고 생각하기를 바란다. 카뮈는 노트에 이렇게 적었다. '세상의 비참함과 위대함'을 끌어안으면 된다고.

카뮈는 이 정언명령에 복종하는 삶을 살았다. 카뮈는 1940년 파리에서 《시시포스 신화》를 집필하는 동안 친구에게 쓴 편지에 이러한 마음을 표현했다. "행복? 그 이야기는 하지 말도록 하지… 삶이 힘들 때도 나는 사랑하는 일을 멈추지 않았네. 요즘은 삶과 일 사이에 경계가 없어. 같은 시간, 같은 열정으로 둘 다 하고 있지." 톨스토이가 무한성에서 의미를 찾았다면 카뮈는 유한성, 매일의 일에서 의미를 찾는다. 《시시포스 신화》에 붙은 제명은 고대 그리스의 시인 핀다로스가 쓴 시구이다. "나의 영혼이여, 불멸의 삶을 꿈꾸지 말되 모든 가능성에 도전하라."

세상에 굴복하기보다는 열정을 가지고 똑바로 마주하고, 현재의 고통과 상실, 노력 속에서 스스로 의미를 만들어라. "신 없이 살아가는 방법을 묻는 질문에 카뮈는 세 가지 답을 했다. 살고, 행동하고, 쓴다." 전기 작가 올리비에 토드Olivier Tudd가 쓴 카뮈 전기에 나오는 대목이다.

시시포스의 바위가 시시포스의 삶에 의미를 부여한 '중요한 대상'이었던 것처럼 카뮈에게 '중요한 대상'은 글쓰기였다. 카뮈는 사람은 누구나 '중요한 대상'이나 일, 목표를 필요로 한다고 믿었다. 큰 바위든 작은 장미든 인생을 바치기로 한 무언가가 필요하다. 유명한 동화 《어린 왕자》[19]는 이러한 지혜를 멋지게 표현한 작품이다. 어린 왕자는 작은 행성에 살면서 정원의 식물과 꽃을 가꾸며 시간을 보낸다. "대단히 성가신 일이지만 아주 쉬워."

어느 날 어린 왕자는 행성 표면에서 자라는 장미 한 송이를 발견한다. 그 장미는 자신의 행성에서 보았던 꽃들과는 다르다. 왕자는 신비로운 장미와 사랑에 빠져 헌신적으로 물을 주고 바람을 막아준다. 하지만 장미는 오만하고 까다로운 꽃이다. 어린 왕자는 결국 장미에게 진절머리가 나서 자신이 살던 행성을 떠나 더 넓은 세상을 탐험하기로 한다.

새로운 세상과 지식을 탐구하고 여행하는 동안 어린 왕자는 이상한 광경을 수없이 맞닥뜨린다. 어린 왕자는 몇 개의 행성을 방문한 뒤 지구에 도착했고, 그곳에서 장미 정원을 마주한다. 장미를 남겨두고 오기는 했지만 여전히 장미를 신경 쓰고 있었기에, 다른 장미들을 보니 기분이 울적해졌다. '자기' 장미가 우주에서 하나뿐인 꽃이라고 생각했는데 똑같이 생긴 꽃을 수백 송이나 보게 된 것이다.

절망의 늪에 빠져 있는 왕자 앞에 지혜로운 여우 한 마리가 나타난다. 여우는 왕자에게 수많은 가르침을 주지만, 가장 중요한 가르침은 왕자가 남겨두고 온 장미에 관한 것이다. 여우는 그 장미가 수많은 장미 중 한 송이가 아니라 특별한 장미라고 이야기한다. 왕자가 그 장미에 애정을 쏟았기 때문이다. "네가 장미에게 쏟은 시간이 너의 장미를 그토록 소중하게 만드는 거야. 너는 네가 길들인 것을 영원히 책임져야 해. 너는 너의 장미에게 책임이 있어." 왕자는 장미 정원으로 돌아와 여우의 가르침을 생각하며 장미들에게 말한다. "너희들은 사랑스럽지만 텅 비어 있어. 누구도 너희들을 위해 죽지 않을 테니까. 물론 지나가는 행인이 보기에는 내 장미가 너희들과 똑같아 보이겠지. 하지만 나의 장미 한 송이가 너희들 모두를 합친 것보다 더 중요해. 내가 물을 주었기 때문이야. 내가 유리 마개로 덮어주었기 때문이지. 애벌레도 잡아줬어(나비가 될 두세 마리만 남겨두고). 불평과 자랑, 심지어 침묵까지 귀 기울여 들어준 장미이기 때문이지. '나의' 장미이기 때문이야."

다시 말해 왕자가 장미에게 쏟은 시간과 에너지와 마음이 장미, 그리고 둘의 관계를 의미 있게 만든 것이다.

이것은 문학적 공상이나 철학적 공상이 아니다. 사회과학자들 역시 우리 인간이 힘을 쏟아 무언가를 이룰 때 그것을 더 소중히 여기는 경향이 있음을 발견했다. 이런 현상을 심리학자들은 '이케아 효과IKEA effect'[20]라고 한다. 즉, 사람들은 직접 조립한 이케아 가구에 더 애정을 가지며, 이러한 이케아 효과는 우리 삶 전반에서 찾을 수 있다. 어렵지만 가치 있는 일(장미를 가꾸는 일이든 고귀한 목적을 좇는 일이든)에 헌신할 때 삶이 더 의미 있게 느껴진다.

물론 그 반대도 사실이다. 삶의 가장 중요한 부분은 고생과 희생을 필요로 한다. 이것은 많은 사람이 어릴 때 처음으로 운동을 하고, 어려운 수업을 듣고, 악기를 배우고, 친한 친구를 사귀고 관계를 이어가는 방법을 알아가면서 배우는 교훈이다. 안타깝게도 우리는 어른이 되면서 그 교훈을 잊곤 한다. 어른으로 사는 삶이 워낙 바쁘다 보니, 복잡한 삶의 문제를 쉽고 빠르게 해결하려 들기 때문이다. 하지만 잘 살기 위해서라도 우리가 어린 시절 배웠던 그 교훈을 되새겨야 한다. 힘든 일을 정면으로 마주할 때만이 진정으로 삶의 의미를 찾을 수 있다.

인생에서
가장 소중한 것 /

삶의 의미가 불분명할지라도 우리는 저마다 삶 안에서 의미의 원천을 찾을 수 있고, 또 찾아야만 한다. 이는 카뮈 같은 실존주의 사상가들이 발견한 중요한 사실이었다. 《시시포스 신화》가 출간되기 10년 전 윌 듀런트 역시 같은 결론에 도달했다. 윌 듀런트는 친구와 동료들에게 받은 답장을 읽은 뒤 그들 각자가 자기만의 방식으로 삶의 의미를 찾았다는 사실을 깨달았다. 간디는 '모든 생명을 섬기면서' 의미를 찾았다. 프랑스의 성직자 에르네스트 딤네Ernest Dimnet는 자기의 이익과 상관없는 일을 하면서 의미를 찾았다. "삶이 저에게 무엇을 해주었는지 물으시는군요? 삶은 저에게 타고난 이기심에서 벗어날 몇 번의 기회를 주었습니다. 대단히 감사한 일이죠." 영화 제작자이자 유니버설 스튜디오의 공동 창립자인 칼 렘리Carl Laemmle는 자녀라고 답했다. "인생에서 가장 소중한 것이 무엇인지 물으셨죠? 제 아이들, 그리고 그 아이들의 아이들이 건강하고 행복하게 사는 모습을 보고픈 강렬한 소망 아닐까 싶습니다."

오웬 C. 미들턴은 종신형을 선고받은 인물로, 단지 세상에 자신의 역할이 있다는 데서 의미를 찾았다. "운명이 우리를 어디로 이끌지 알 수 없으며, 알고 싶지도 않습니다. 결말이 오기 한참 전에 저는 저의 역할에 충실하고, 주어진 대사를 다하고, 죽음을 맞이할 것입니다. 그 역할을 어떻게 해낼지만이 중요합니다. 저는 삶이라는 이 위대하고 근사한 상향 운동에서 누구도 대신할 수 없는 일부이며, 질병도 고통도 우울도 감옥도 저에게서 그 역할을 앗아갈 수 없다는 사실에서 위로와 영감을 받고 의미를 찾습니다."

1930년, 자살을 결심한 남자가 정원에서 일하던 듀런트를 찾아온 그해에 다른 몇 사람도 듀런트에게 편지를 보내 자살하고 싶다고 말했다. 듀런트는 왜 삶이 가치 있다고 믿는지 최대한 열심히 설명해 답장을 보냈다. 후에 듀런트는 자신이 쓴 답장을 엮어 하나의 성명서를 완성했으며, 이는 듀런트의 저서 《삶의 의미에 관하여》의 결론이기도 하다.

듀런트에게 의미는 자신을 초월하는 데서 나온다. "처음에 밀렸던 것처럼 어떤 것은 더 큰 전체의 일부로서 관계를 맺을 때만이 의미를 갖는다. 우리가 모든 삶에 형이상학적이고 보편적인 의미를 부여할 수는 없지만, 특정한 삶의 의미는 자신보다 더 큰 무언가와 맺는 관계에 있다고 말할 수는 있다." 무언가와 더 깊이 관계를 맺고 더 많이 기여할수록 삶은 더 의미가 깊어진다고 듀런트는 믿었다. 듀런트에게 그 '무언가'는 일과 가족이었다.

듀런트에게 편지를 쓴 사람들 중 몇 명은 대공황으로 일자리를 잃은 이들이었다. 그들만이 아니었다. 실업률은 대공황 당시 급증했고,[21] 1933년에는 최고치인 25퍼센트에 달했다. 같은 시기 미국의 자살률 역시 역대 가장 높았다. 연구자들은 역사적으로 자살률은 실직율과 동반 상승하는 경향이 있음을 발견했으며,[22] 그 이유는 명백하다.[23] 일은 사람들에게 정체성과 가치, 목적을 부여하는 중요한 원천이기 때문이다. 시간을 보낼 일거리를 주고, 자존감을 높이고, 사회에 기여하고 가족을 부양할 기회를 준다. 일자리를 잃으면 생계수단만 잃는 것뿐만 아니라 의미의 강력한 원천까지 함께 잃는 것이다.

듀런트는 자신의 삶이 의미 있다고 생각하지 않는 사람들에게 일자리를 찾으라고 조언했다. 더 나은 일자리가 나올 때까지 농장 일이라도 하라고 했다. 다른 사람을 위해 생산적인 일을 하는 것은 삶의 의욕을 찾는 첫 번째 단계다. 듀런트는 책에 이렇게 썼다. "볼테르는 이렇게 말했다. '나에게 그토록 할 일이 많지 않았다면 수시로 자살 기도를 했을지 모른다.'"

1988년, 듀런트가 책을 출간한 지 50년쯤 지나서 미국의 잡지 〈라이프〉가 비슷한 모험을 감행했다.[24] 〈라이프〉 편집자들은 당대 영향력 있는 인물 100여 명에게 편지를 보냈다. 티베트의 종교 지도자 달라이 라마Dalai Lama, 흑인 민권 운동가 로자 파크스Rosa Parks, 세계적인 섹스 전문가 루스 웨이스트하이머 박사Dr. Ruth, 시인이자 소설가 존 업다이크John Updike, 여성 운동가 베티 프리단Betty Friedan, 리처드 닉슨Richard Nixon 등의 인물에게 삶의 의미가 무엇인지 질문했다. 편집자들은 듀런트가 앞서 실행한 편지 프로젝트를 알지 못한 채 그들의 답장을 받아 정리했다. 하지만 듀런트와 마찬가지로 편지에 답한 사람들이 다양한 곳에서 의미를 찾는다는 사실을 발견했다.

예를 들어 심리학자이자 세포 생물학자인 조앤 보리센코Joan Borysenko는, 자신이 만난 여성 환자 이야기를 했다. 환자는 죽을 뻔한 경험에서 삶의 의미를 찾았는데, 영화처럼 과거의 중요한 순간들이 주마등처럼 스쳐갔다고 했다. "변호사였던 환자는 이 '재현'에서 가장 강렬한 기억이 변호사로서 직업적 성취가 아니라, 오래전 마트 계산대에서 만난 십 대 소년이라는 사실에 놀랐습니다. 소년의 눈에서 슬픔을 본 그녀는 소년의 손을 토닥이며 작은 목소리로 짧은 위로의 말을 건넸습니다. 공감의 눈빛을 주고받은 두 사람은 짧은 순간 서로 모르는 사이라는 사실조차 잊고 깊은 교감을 나누었죠." 그 환자에게 의미는 마트 계산대에서 사랑과 연민, 이해의 불꽃으로 피어올랐다.

제이슨 게이스는 열두 살인 암 환자로, 무엇이 자신의 삶을 의미 있게 만드는지 감동적으로 설명했다. "궁금했어요. 하느님이 왜 하필 저를 암에 걸리게 했는지. 제가 암에 걸린 아이들을 치료하는 의사 선생님이 되어서 아이들이 '제이슨 선생님, 죽을까 봐 너무 무서워요'라거나 '학교에서 혼자 대머리라는 게 얼마나 끔찍한지 모르실 거예요'라고 말할 때, '왜 몰라. 어릴 때 나도 암에 걸린 적이 있어. 지금 내 머리카락을 봐. 언젠가 네 머리도 다시 자라날 거야'라고 말해주라고 그랬나 봐요." 제이슨은 죽음을 정면으로 마주한 덕분에 삶의 목적을 찾을 수 있었다.

소설가 매들린 렝글Madeleine L'Engle에게 의미는 작가라는 직업에 있었다. 인간의 경험 가닥들을 모아 하나의 이야기로 엮어내는 일. 렝글은 카뮈와 비슷한 말을 했다. "한 가지 확실한 사실은 우리가 지금 바로 이 순간 여기에 있다는 것입니다. 충만한 삶을 살고 순간순간을 경험하고 알아차리고 경계하고 또 집중하는 것은 우리의 몫입니다. 우리는 이곳에서 각자의 이야기를 쓰고 있어요. 놀라운 이야기를 우리 손으로 직접이요!"

랍비 울프 켈만Wolfe Kelman은 1965년 미국 앨라배마 주의 셀마에서 몽고메리까지 이어진 역사적 인권 행진에 대해 적었다. 마틴 루터 킹이 켈만 앞에서 걷고 있었고, 많은 사람이 에드먼드 페투스 다리를 건너면서 함께 노래를 불렀다. 켈만은 〈라이프〉에 이렇게 적어 보냈다. "노래를 통해 우리는 초월적이고 거룩한 존재와 연결된 느낌을 받았습니다. 승리하고 축하받는 기분이었죠. 모든 것이 더 나아지고, 어떤 것도 영원히 굳어버리지 않을 것 같았습니다. 따뜻하고, 초월적이고, 영적인 경험이었죠. 의미와 목적, 사명이라는 말로는 부족했습니다. 의미는 느낌이자 노래, 벽찰 정도로 영적인 충만의 순간이었어요. 우리는 (랍비 아브라함 요수아) 헤셸이 말한 종교적 신비를 넘어서는 의미를 경험했습니다."

삶을 지탱하는
네 개의 기둥 /

듀런트의 편지에 대한 답장과 〈라이프〉가 받은 답장들은 하나하나가 달랐다. 편지를 쓴 사람들의 고유한 가치와 경험, 성격이 담겨 있었다. 하지만 반복해서 등장하는 몇 가지 주제가 있었다. 다른 사람들과 긍정적인 방식으로 관계를 맺고 유대감을 느끼는 것, 시간을 쏟을 가치가 있는 일을 찾는 것, 자신과 세상을 이해하는 데 도움을 주는 이야기를 만드는 것, 자기 상실self-loss이라는 신비로운 경험을 해보는 것.

이 책의 자료 조사를 하는 동안 이 네 가지 주제는, 의미 있는 삶을 살고 여전히 의미를 찾고 있는 사람들과 나눈 대화에서 계속 등장했다. 이 주제들은 머리말에서 아리스토텔레스와 심리학자들이 제시한 의미 있는 삶의 정의에도 언급된다. 그들은 우리와 타인의 관계, 사회에 기여하고자 하는 사명감, 이야기를 통해 자신과 자신의 경험을 이해하는 것, 나 자신보다 더 큰 무언가와 맺는 관계에서 의미가 생긴다고 저마다의 방식으로 주장했다. 나 역시 최근 진행한 연구에서 의미 있는 삶과 의미 있게 사는 방법을 조사하면서 그 사실을 깨달았다. 또 철학서, 문학서, 종교 서적과 불교 경전, 미국의 선험철학, 소설, 영화 등 대중문화에서도 발견했다.

네 가지 주제, 즉 유대감, 목적, 스토리텔링, 초월은 의미를 받치는 네 개의 기둥이었다.

이를테면 칼 렘리와 조안 보르센코의 환자에게 의미는, 다른 사람을 사랑하고 연민하고 공감하며 다른 사람과 유대를 맺는 데서 생겼다. 암에 걸린 열두 살 제이슨과 마찬가지로 간디에게 의미 있는 삶이란, 세상에 선한 일을 함으로써 다른 사람들이 더 나은 삶을 살 수 있도록 돕는 것이었다. 매들린 렝글은 이야기를 통해 삶의 의미를 찾았다. 한편 랍비 켈만과 미들턴은 더 큰 무언가를 위해 자신을 버림으로써 의미를 찾았다. 더 큰 무언가가 영적 현실이든 실재하는 세계의 신비든 간에.

네 개의 기둥은 종교와 영적 제도의 근간이며, 종교적 전통이 역사적으로 사람들의 삶에 의미를 부여한 (그리고 지금도 계속되는) 이유이다. 그 기둥들을 통해 사람들은 한 공동체 안에 속했다. 그리고 길잡이로 삼을 목적을 부여받았다. 천국에 가거나 신에게 더 가까이 다가가거나, 다른 사람들을 위해 봉사하는 일 같은 것이었다. 또 의미의 네 기둥은 세계가 왜 그런 식으로 작동하며, 그들 자신이 왜 그런 사람인지 알려줬다. 의식을 행하는 동안 초월을 경험할 기회를 제공하기도 했다. 각각의 기둥은 내가 알았던 수피들의 삶에 실재했으며, 그래서 그들의 삶이 그토록 의미 있었던 것이다.

하지만 이 네 기둥의 미덕은 모든 사람이 쉽게 실천할 수 있다는 데 있다. 종교인이든 아니든 누구나 자신의 삶 속에서 이 기둥을 세울 수 있다. 그 기둥들은 우리 존재의 모든 부분을 관통하는 의미의 원천이다. 우리는 직장에서, 가정에서 유대감을 느낄 수 있고, 공원을 산책하거나 미술관에 가서 초월을 경험할 수 있다. 봉사하는 직업을 선택할 수 있고, 인생 이야기를 글로 써서 우리가 왜 지금의 모습이 되었는지 이해할 수 있다. 다른 도시로 이사를 가고, 직장을 옮기고, 세월이 흐르면서 친구와 연락이 끊길 수도 있지만, 네 개의 기둥을 통해 새로운 환경에서 새로운 방식으로 계속해서 의미를 찾을 수 있다. 그리고 이 기둥들을 쉼 없이 의식하면 전혀 예상치 못한 곳에서조차 의미를 찾는다. 출퇴근길에서, 감옥 안에서, 서부 텍사스의 산꼭대기에서, 체서피크 만 한가운데 있는 섬에서도.

내 곁에 있는
사람에게
집중하고 있는가?

_ 유대감

• • •

의미는 대개 다른 사람들 안에서 찾을 수 있다.
연민 어린 행동의 잔물결은 오래간다.
우리가 세상을 떠나고 한참 뒤로도.

버지니아 주의 탕헤르 섬Tangier Island[1]은 사방이 무덤이다. 작은 주택 마당마다 무덤이 있다. 가족이 죽으면 집 마당에 묻는 섬의 풍습 때문이다. 무덤은 해변 근처, 교회 옆, 연청색 급수탑 아래도 모자라 좁은 도로 위까지 점령했다. 수많은 묘비가 서로 머리를 맞대고 있다. 옛날에 만들어진 섬의 묘지 하나는 지금 15미터 물 밑에 잠겨 있다. 폭풍우가 심하게 치는 날이면 해골과 관의 잔해들이 파도에 쓸려 온다.

현대에 도시와 교외 마을의 묘지가 외곽에 위치한 것과는 달리, 탕헤르 섬의 묘지는 부득이 일상의 한 부분을 차지한다. 묘지는 끊임없이 과거를 떠올리게 한다. 500명가량인 섬 주민들에게는 자연스러운 일이다. 그들은 산 자들뿐 아니라 죽은 자들까지 주민으로 친다. 오늘날 섬사람들 대다수는 18세기에 탕헤르 섬으로 들어온 최초의 정착민까지 족보에 넣는다. 많은 주민이 아직도 크로켓, 프루이트, 곽, 토마스 선조들의 성을 따른다.

탕헤르 섬은 체서피크 만 한가운데, 버지니아와 메릴랜드 해안에서 배로 1시간 거리에 있다. 면적이 3.11제곱킬로미터에 불과한 이 섬은 모래톱보다 약간 더 큰 크기로 바다 위에 솟아 있으며, 섬의 항구는 미로처럼 복잡한 부두에 둘러싸여 있다. 섬의 어민들이 어선을 세워두는 곳이다. 부두에 있는 낡은 판잣집들 밖에는 철사로 만든 게 잡이 어망들이 멋대로 쌓여 있다. 세계 물렁게의 수도라 불리는 탕헤르 섬은 마지막 남은 물렁게 어획지에 속한다.

/
긴밀한 공동체의
중요성 /

스웨인 메모리얼 감리 교회Swain Memorial Methodist Church는 탕헤르 섬 사람들의 지리적, 사회적, 종교적 중심이다. 일요일 아침이면 섬의 주요 교통수단인 골프 카트가 하얀 판잣집 교회 건물 밖에 늘어선다. 지난 몇 년간 줄어들기는 했지만 여전히 열성 신도들이 교회 신도석 절반을 채운다. 나는 평소의 마을 모습이 어떤지 보고 싶어 예배에 참석했다. 그날 이침 예배는 최근 세상을 떠난 신도를 위한 추도 예배로 시작됐다. 목사는 한때 교인이었던 고인의 '천국에서의 첫날'을 축하하며 다른 신도들에게 함께 고인을 기억하기를 청했다. 모든 사람이 서로의 이름을, 그리고 고인의 이름을 불렀다.

예배는 친밀했다. 종교 모임이라기보다는 가족 모임 같았다. 외지에서 온 나로서는 주변 시선이 신경 쓰이고, 오지 말아야 할 자리에 온 기분이 들었다. 예배 후에 조용히 교회를 빠져나가려고 했다. 하지만 자리에서 일어나기도 전에 예닐곱 명쯤 되는 사람들이 다가오더니 한 줄로 늘어섰다. 그러더니 차례로 손을 내밀면서 악수를 청했다. "베이 뷰에 묵으시나 봐요. 탕헤르 섬에 오신 걸 정말 환영해요." 한 여성이 말했다. 외지인들은 탕헤르 섬에서 눈에 띄지 않을 도리가 없다. 섬사람들의 환대를 피할 수도 없다.

"일종의 대가족이죠. 누군가 슬픈 일을 당하면 다 함께 슬퍼합니다. 좋은 일이 있으면 다 함께 축하하고요. 모금 행사가 있으면 모두 거들고, 신부 축하 파티에도 다 같이 힘을 보태죠. 단돈 20달러라고 해도 모두 나서서 돕습니다." 탕헤르 섬 토박이인 페기 고디가 말했다. 섬 주민들로서는 뭍사람들이 이웃끼리 서로 이름도 모르고 지낸다는 사실을 이해하기 힘들다. "섬 주민 수가 총 480명입니다. 서로 가족처럼 훤히 알고 있죠."

교회 사람들은 탕헤르 섬 특유의 노랫말 같은 사투리를 썼다. 여행객들은 오랫동안 그 사투리가 엘리자베스 시대의 흔적이라고 생각했지만, 사실 더 단순한 이유가 있다. 세상과 지리적으로 단절된 덕에, 섬의 독특한 풍습이 언어와 문화가 단일화되는 흐름 속에서 살아남았다.

하지만 외딴섬 탕헤르에 최근 들어 문화, 경제 세력이 밀려들어오고 있다. 오늘날 섬과 본토는 과거보다 더 쉽게 연결되는데, 무엇보다 최근 무선 인터넷과 위성 텔레비전의 도입 덕분이다. 미디어는 섬사람들에게 새로운 생각은 물론 새로운 삶의 방식을 소개한다. 더 젊은 세대는 쇼핑몰을 가고 자동차를 모는 텔레비전 속 사람들을 보면서 그렇게 살겠다고 결심한다. 물론 그들은 여전히 탕헤르 섬을 사랑한다. 좋든 싫든 탕헤르 섬은 현대로 접어들고 있다.

섬의 경제 사정은 나아질 기미가 없다. 이곳의 주요 산업은 어업과 게잡이다. 하지만 버지니아 주가 게와 어종 보호를 위해 어업 허가권과 어획량을 제한해 사실상 어업에 뛰어들기가 불가능해졌다. 섬의 시장인 제임스 '우커' 에스크리지는 이렇게 말했다. "젊은 사람들은 선배 어부가 그만두지 않는 한 게잡이 허가를 받을 수 없습니다."

그래서 그들은 섬을 떠난다. 남자들은 고등학교를 졸업한 뒤 볼티모어 같은 도시에서 주로 예인선을 몰고 여자들은 대학에 진학한다. 섬으로 돌아오는 이는 거의 없다. 탕헤르 섬에서 자란 사람들은 평생 탕헤르 섬에 산다는 말도 다 옛말이다. 해가 갈수록 그런 사람은 줄고 있다. 50년 전, 섬의 인구는 900명 정도였고, 섬에서 유일한 K-12(초중고) 학교의 학생 수는 100명이 넘었다. 지금 섬의 인구는 500명이 채 안 되고, 초등학생 수는 60명에 불과하나.

탕헤르 섬은 '사라져가는 섬'이라 불리는데, 지난 몇 년 사이 침식 작용으로 섬의 해안이 8미터가량 유실된 까닭이다. 하지만 또 다른 의미로도 사라지는 중이다. 탕헤르 공동체, 즉 섬사람들과 그들의 삶의 방식 역시 천천히 사라지고 있다.

에드워드 프루이트 역시 섬을 떠난 사람 중 하나다. 하지만 에드워드는 2013년 메모리얼 데이Memorial Day, 전몰장병 추도 기념일에 맞춰 섬으로 돌아왔다. 메모리얼 데이는 탕헤르 섬에서 중요한 날이다. 섬 주민들이 모두 모여 나라를 위해 싸우다 전사한, 섬의 참전 군인들을 기억하고 추도한다. 그날 아침, 성조기가 좁은 거리 곳곳에서 휘날렸다. 누군가 종이컵에 레모네이드를 담아 지나는 사람들에게 건넸다. 몇몇 아이들이 빨간색, 파란색, 하얀색 성조기 색깔로 옷을 입고, 스웨인 메모리얼 감리 교회 밖에 모인 군중 속 좁은 틈을 비집고 다녔다. 서른두 살인 해군 중사 에드워드는 중동 파병 근무를 마치고 막 돌아온 참이었다. 에드워드는 하얀색 해군복에 군모를 쓰고 교회 입구에 서서 이웃과 친구들 수백 명의 얼굴을 내다봤다. 모두 자신의 연설을 들으러 온 것 같았다.

연설 주제는 공동체의 중요성이었다. 에드워드가 대학 입학을 앞두고 있을 때 학교의 도서관 사서가 충고를 했다. 사람들에게 섬에서 왔다고, 탕헤르 섬에서 왔다고 주저 없이 이야기하라고 말이다. 어차피 사투리를 들으면 특이한 지역 출신임을 알아차릴 거라면서, 사람들이 탕헤르 섬이 어떤 곳인지 물으면 특별한 곳이라고 당당하게 이야기하라고 사서는 조언했다.

"네 고향을 부끄러워하지 마. 탕헤르 섬은 이야기할 가치가 있는 특별한 곳이니까." 에드워드는 사서가 한 말을 그대로 전했다.

사서가 한 말의 의미를 깨달은 건 어느 정도 시간이 흘러서였다. 에드워드는 1998년 탕헤르 섬을 떠나 버지니아 주 뉴스포트 뉴스Newsport News에 있는 크리스토퍼 뉴스포트 대학에 입학했다. 난생처음 고향을 떠나 살았고, 적응하기 녹록지 않은 변화였다. 뉴스포트 뉴스는 탕헤르 섬에 비하면 거대했고, 에드워드는 그토록 많은 선택지와 자유에 익숙하지 않았다. "탕헤르 섬에는 식료품점이 딱 하나 있어요. 섬 밖에는 백만 개도 넘게 있더라고요."

가장 힘든 점은 친구를 사귀는 일이었다. 섬에서 자랄 때 에드워드는 섬의 모든 아이들과 친하게 지냈다. 마치 친형제 자매처럼. 학교는 편안하고 가족 같은 분위기였다. 에드워드가 속한 학급의 학생 수는 총 7명이었다. 탕헤르 섬의 모든 아이가 같은 학교에 다닌 까닭에 유치원 때 선생님들을 고등학교에서도 만났다. "일종의 대가족 안에서 자란 셈이죠."

그토록 긴밀한 공동체는 좋기도 했지만 커다란 문제점이 하나 있었다. 에드워드는 대학에 들어가기 전까지 새로운 사람을 만난 경험이 없었다. "사투리를 쓰는 게 부끄럽고 사람들의 시선이 신경 쓰였어요. 제 사투리를 많이들 놀리기 시작했거든요." 대학교 1학년 때 룸메이트를 통해 몇 사람과 알게 됐다. 그중에는 탕헤르 섬 출신으로 몇 학년 위인 선배도 하나 있었다. 하지만 누구와도 진짜 친구가 되지는 못했다. 그래서 에드워드는 가끔씩 외로웠다. 자기 말로는 '대학생 우울증'에 걸렸다. 친구와 가족이 그리웠다. 탕헤르 섬이 그리웠다.

탕헤르 섬에는 늘 같이 놀 친구가 있었다고 에드워드는 설명했다. 밤마다 젊은 아이들은 해산물 식당 '로렌'이나 아이스크림 가게 '스팽키'에 모였다. 모여서 크게 하는 일도 없었다. 음식을 먹고 수다를 떨고 더 어두워지면 섬 여기저기를 돌아다녔다. 하지만 대학에는 로렌이나 스팽키 같은 곳이 없었고, 마음 편한 공동체도 없었다. "일상에서 만나는 사람들이 얼마나 중요한지 그들이 사라지기 전까지는 모르죠. 별것 아닌 소소한 대화들이 그리워요. 거창한 대화가 아니라 일상적인 대화들이요. 매일 아침 학교에서 늘 만나는 사람들과 나누던 대화 말이에요. 대학에 들어가서 그런 대화들이 사라지자 그 빈자리를 어떻게 채워야 할지 모르겠더라고요."

에드워드는 졸업하고 해군에 입대하기 전까지 친구를 만들지 못했다. "해군에서는 어쩔 수 없이 사람들과 친해질 수밖에 없습니다. 거의 2년마다 근무지를 옮기기 때문에 매번 새로운 관계를 맺어야 하죠." 나이가 들고 자신감이 생기면서는 더는 주변 사람들의 눈치를 보지 않게 됐다. 처음 집을 떠났을 때와는 달라졌다.

"탕헤르 섬을 떠나는 많은 사람이 사투리를 고칩니다. 그래야 관심을 받지 않을 수 있거든요. 하지만 학교를 졸업하고 나서야 깨달았습니다. 사투리가 대화를 여는 물꼬가 될 수 있다는 사실을요. 어색한 분위기를 쉽게 깰 수 있죠. 사람들은 사투리를 듣고 어디 출신인지 묻거든요. 어떤 사람들은 남부나 오스트레일리아, 영국 발음이라고 생각하죠. 그러면 섬 출신이라고 설명해야 하고, 사람들은 사투리를 따라하기 시작합니다. 그렇게 대화가 이어지죠. 고향 이야기도 하고, 친구가 되기도 하고요."

에드워드의 가장 친한 친구들은 여전히 탕헤르 섬 출신이지만, 작은 섬 밖에서도 공동체를 찾았다. 10년 넘게 해군에 근무하면서 친한 사람들이 많이 생겼다. "해군함 안에서 사귄 동료들은 다른 어떤 관계와도 비교할 수 없습니다. 서로 남겨두고 온 것들과 집을 떠나 사는 어려움을 이해하면서 함께 임무를 수행하니까요." 에드워드는 과거 파병지에서 함께 근무한 같은 함정의 동료를 만나면 친근함을 느낀다. 배에서는 친한 사이가 아니었을지라도 같은 경험을 나눈 사이이기 때문이다.

그리고 2010년, 에드워드는 아이오와 출신의 케이티라는 여성과 사랑에 빠졌다. 두 사람 사이에는 몇 차례 시련이 있었다. 2009년 약혼식을 올린 몇 주 뒤에 에드워드가 1년간 이라크로 파병된 것이다. 거의 지구 반 바퀴 거리였지만 두 사람은 거의 매일 통화했다. 덕분에 그 시간을 견딜 수 있었다고 에드워드는 말했다. 둘은 2011년 결혼했다. 지금은 두 사람이 만났던 버지니아 주 노퍽에 거주하며, 로라라는 세 살 된 딸을 뒀다.

에드워드는 5~6주마다 탕헤르 섬에 간다. 평생 섬으로 돌아가 살 일은 없을 것 같지만 말이다. "아직도 고향에 가는 일은 늘 좋습니다."

애정 어린 관계가
사람을 살린다 /

사람들은 누구나 친구, 가족, 연인에게 이해와 인정과 지지를 받고 싶어 한다. 사랑을 주고받고 싶어 하고 집단에 속하고 싶어 한다. 다시 말해, 모든 사람이 어딘가에 소속된 느낌을 원한다.

연구 결과에 따르면 어떤 관계나 집단에 속할 때 생기는 유대감은 의미의 가장 중요한 원천[2]이다. 사람들은 다음 두 가지 조건이 충족되었을 때[3] 유대감을 느낀다고 심리학자들은 말한다. 첫째, 상호 애정을 전제로 다른 사람과 관계를 맺는 것이다. 그때 사람들은 상대에게 사랑과 존중을 받는다고 느낀다. 에드워드가 이라크에 가 있는 동안 케이티와 통화할 때 그랬던 것처럼. 다른 사람이 나를 중요하게 생각하고 중요한 사람으로 대할 때 나 역시 스스로 중요한 사람이라고 믿는다. 둘째, 다른 사람과 자주 즐거운 상호작용을 맺는 것이다. 이런 순간들은 즐겁고 재미있다. 부모와 아이가 같이 놀거나 연인이 함께 텔레비전을 보는 등, 감정적으로 더 중립적인 상황을 생각해보라. 하지만 규칙적으로 만나고 부정적 영향을 미치지 않는 관계여야 한다는 점이 중요하다. 에드워드는 탕헤르 섬에 살 때 학교에서, 섬 안에서 매일같이 친구들을 만나고 친구들과 대화를 나눴다. 대학에서는 그처럼 매일 만나는 관계가 줄어들어서 외로웠던 것이다.

우리는 누구나 소속의 욕구를 느끼지만, 20세기 초반 10년 동안 많은 저명한 심리학자와 의사들,[4] 즉 몸과 마음의 수호자였던 이들은 이러한 인간 본성의 근본적인 특징을 알지 못했다. 아이들이 부모의 사랑과 관심을 받아야 충만하고 의미 있는 삶을 살 수 있다는 생각은 의학적으로 위험할 뿐 아니라 부도덕하고 감상적이라고 치부되었다. 하지만 이들은 열심히 연구한 끝에 인간은 세상에 나오는 순간부터 본능적으로 유대감을 느낄 대상을 찾는다는 사실을 깨달았다.

의사들이 부모의 사랑을 불신한 것은 당시 사방에서 아이들이 죽어나가는 끔찍한 사실에 대한 자연스러운 반응이었다. 1850년부터 1900년 사이 태어난 아이들 25퍼센트 이상이 5세 이전에 사망했다. 하지만 루이 파스퇴르Louis Pasteur 같은 과학자들의 혁신적인 연구 덕분에 의사들은 작은 병원균이 특정 질병을 유발한다는 사실, 즉 세균설을 이해하기 시작했다. 의료 전문가들은 "눈에 보이지 않는 전염병이 확산되는 과정을 여전히 제대로 이해하지 못했지만 세균이 사람끼리 전염되는 것을 막으려고 애썼다. 그들로서는 자연스러운 반응이었다." 과학 칼럼니스트 데보라 블럼Deborah Blum이 설명했다. 데보라는 아동 병원의 병동을 살균했다. 1942년 뉴욕의 한 소아과 의사는 이렇게 말했다. "마스크와 모자를 쓴 의사와 간호사들이 손을 깨끗이 씻고 세균이 발생하지 않도록 조심스럽게 병동을 오갔다. 부모의 면회는 엄격히 제한됐고, 유아는 의료진에게 최소한의 치료만 받았다." 의료진은 부모들에게 가정에서 자녀에게 애정 표현을 최대한 줄이라고 조언했다. 뽀뽀, 접촉, 포옹 모두 질병을 확산할 수 있으므로 자녀의 건강을 위해 자제하라는 것이었다.

한편 행동심리학이 유행하기 시작했고, 심리학자들은 차츰 자녀 양육으로 관심을 돌렸다. 1928년, 미국심리학협회 전 회장이자 행동주의 심리학의 창시자인 존 B. 왓슨John B. Watson은 《영유아의 심리학적 양육Psychological Care of Infant and Child》이라는 중요한 책을 발표했다. 이 책에서 왓슨은 '어머니가 쏟는 과도한 사랑의 위험성'을 경고한다. 아이에게 과도한 애정을 쏟으면 '나약함, 내향성, 겁, 조심성, 열등함'을 조장해 버릇이 나빠진다고 했다. 오늘날 우리에게 자연스러운 행동인 아이를 안고, 입을 맞추고, 부모의 무릎에 앉히는 행동에 대해 왓슨은 '감상적'이라며 맹비난했다. 왓슨은 부모의 애정이 심각하게 위험한 결과를 낳는다고 주장하며 '영아 수백 명을 부모에게 떼어내 과학적 원리에 따라 키우는 아기 농장을 꿈꿨다.'

사람들은 왓슨의 주장을 진지하게 받아들였다. 왓슨의 책은 베스트셀러에 올랐으며, 언론의 대대적인 극찬을 받았다. 하지만 왓슨이 책에서 말하지 않은 사실이 하나 있다. 아기 농장 같은 장소가 이미 존재했다는 사실. 바로 고아원이었다. 20세기 초반, 고아원의 아동 사망률은 100퍼센트에 가까웠다. 고아원에 들어오는 거의 모든 아이가 1~2세 이전에 사망했다. 과학적 사고를 하던 고아원 운영자들은 조기 사망의 원인임에 틀림없는 병원균으로부터 아이들을 보호하기 위해 완전한 무균, 청결 환경을 조성했다. 의사들이 병동에서 실천하고 있으며 의료 전문가들이 부모들에게 권하는 환경. 고아원 직원들은 아이들에게 거의 모든 인간적 접촉을 차단했다. 침실을 분리시키고, 침대를 모기장으로 덮고, 꼭 필요할 때만 아이들을 만졌다. 즉 거의 접촉이 없었다.

그런 환경에서 사는 아이들은 형편이 나았다. 하지만 고아원과 병원이 이처럼 극단적 조치를 취하는데도 많은 영아가 여전히 이유 없이 병에 걸리고 죽었다. 좋은 음식과 쉼터, 전염병을 최대한 차단하는 조치를 했는데도 아이들은 계속해서 전염병에 걸리고 열병을 앓았다. 왜 그랬을까?[5]

여기서 레네 슈피츠René Spitz 이야기가 빠질 수 없다. 1945년, 슈피츠는 아이의 건강한 발달 과정에서 사랑의 역할을 주제로 중요한 연구 결과를 발표한다.[6] 나치를 피해 유럽에서 미국으로 도망가 정착한 슈피츠는 이 연구 분야에서 단순히 개척자가 아니었다. 변절자였다. 연구에서 슈피츠는 불우한 환경에서 자란 두 영유아 집단을 비교했다. 익명의 고아원에서 자란 영유아들과 어머니가 수감된 북부 뉴욕 주 교도소 내 유아원에서 자란 영유아들이었다.

고아원에서 자란 아이들은 모두 3세 미만으로, 슈피츠의 말로는 '독방에 감금된' 상태로 지냈다. 모두 세균 확산을 막기 위한 조치였다. 시트를 매달아 침대를 모두 분리했다. 직원들은 장갑과 마스크를 착용했다. 아이들을 만지는 경우는 거의 없었다.

교도소 내 유아원은 환경이 완전히 달랐다. 아이들은 서로 자유롭게 놀고 서로의 침대에 올라가기도 했다. 장난감이 사방에 널려 있었다. 그리고 무엇보다 어머니늘이 유아원 안에서 아이들과 시간을 보낼 수 있었다. 아이와 함께 놀기도 하고 달래기도 했다.

고아원과 달리 교도소 내 유아원은 무질서한 장소였다. 질병이 확산되기 딱 좋은 번식지였다. 하지만 슈피츠는 각 영유아 그룹의 사망률을 확인하고 깜짝 놀랐다. 연구가 종료된 시점에 사람 간의 접촉이 차단된 고아원에서 자란 아이들 88명 중 23명이 사망했다. 교도소 내 유아원의 아이들은 단 한 명도 죽지 않았다.

연구 결과, 고아원 아이들이 단지 세균에 노출되어 사망한다는 이론은 틀렸다. 그보다는 애정 결핍 때문이었다. 슈피츠는 애정 결핍이 아이들의 건강을 위협했다고 주장했다. 물론 자극적 환경 등 다른 요인도 작용했을 것이다. 하지만 슈피츠가 연구한 아이들의 삶에 지속적이고 친밀한 유대를 맺을 핵심적 인물이 없었다는 점은 부정할 수 없는 사실이다. 아이들 옆에서 아이들에게 편안하고, 안전하고, 사랑과 관심을 받고 있으며, 온전히 돌봄 받고 있다는 느낌을 제공할 사람. 아이들은 그런 유대감을 느낄 기회를 차단당했다. 그 때문에 몸과 마음이 병들었던 것이다.

1947년 슈피츠는 뉴욕의학회New York Academy of Medicine 모임에서, 익명의 고아원에서 심리적으로 돌봄을 받지 못하고 자란 아이들의 영상을 동료들에게 보여줬다.[7] 조악하고 거친 흑백 영상의 제목은 '슬픔이 유아기에 미치는 위험'이었다. 영상 초반 자막에는 이렇게 적혀 있었다. "초기 유아기에 아기가 맺는 인간관계는 어머니나, 어머니를 대신하는 양육자가 전부다." 슈피츠의 동료들은 제인이라는 어린 여자아이의 영상을 보았다. 제인의 어머니가 제인을 고아원에

맡겼다. 처음에 제인은 행복하고 활달했다. 슈피츠가 아기 침대로 몸을 기울여 제인에게 웃으며 놀아주자 제인 역시 활짝 웃어 보였다.

그때 일주일 뒤 제인의 모습이 화면에 나온다. 제인은 완전히 다른 아이로 변했다. 우울하고 무언가를 찾는 표정이었다. 일주일 전 슈피츠가 했던 것처럼 여성 직원이 침대로 다가가 놀아주자, 제인은 그 직원을 쳐다보더니 울기 시작했다. 슈피츠가 다가가서 달래봤지만 울음을 멈추지 않았다. 3개월 동안 관찰한 결과, 제인은 슬픔에 잠긴 듯 눈물을 글썽거리며 끙끙 앓았다.

다른 아이들 역시 힘들어했다. 고아원에 들어간 직후에는 웃으면서 놀고 주변을 탐색하는 평범한 모습이었다. 하지만 어느 정도 시간이 흐르자 성격이 변했다. 눈빛이 멍해졌다. 겁에 질리고 불안해 보였다. 한 아기는 아기침대 안에서 몸을 부들부들 떨었다. 마치 정신병을 앓는 환자처럼. 다른 아이 하나는 놀아주려는 직원의 눈빛을 피하고 머리를 침대 속에 묻었다. 아이들은 큰 소리로 우는 대신 '가늘게 흐느끼는' 소리를 냈다.

슈피츠는 이 아이들이 자포자기한 상태라고 말했다. 삶을 포기한 것이나 다름없었다. 일찍 생을 마감하는 아이들은 대부분 마음의 상처 때문에 죽은 것 같았다. 현대 연구는 그 이유를 밝힌다. 과학자들은 만성적 외로움이 면역체계를 위태롭게 만들어 조기 사망으로 이어진다는 사실을 밝혔다.[8] 살아남은 영아들은 몸과 마음의 병을 앓았다. 또 교도소 유아원에서 자라는 아이들보다 몸집이 더 작고 자신감이 없으며, 사회 적응력도 낮았다.

영상이 이어지면서 또 다른 자막이 떴다. '치료법: 아이에게 어머니 돌려주기.' 제인이 다시 화면에 나왔다. 이번에는 어머니와 재회한 뒤였다. 제인은 예전의 행복한 모습을 찾았다. 울면서 연구자의 애정 표현을 거절하기보다는, 고아원 직원의 품에 안겨 애정 표현을 받아들이고 몸을 흔들면서 웃었다. 하지만 영상을 지켜보는 심리학자와 의사들은 제인이 일반적인 경우가 아니라 예외라는 사실을 알았다. 고아원에서 자라는 아이들은 대부분 부모의 관심과 같은 애정을 다시는 받지 못할 확률이 높다.

영상은 가슴 아프고 충격적이었다. 평소 냉철한 슈피츠의 동료 하나가 눈물을 보였다. 그 사람뿐만이 아니었을 것이다. 영상은 심리학자들이 인간의 본성을 이해하는 방식에도 변화를 불러왔다. 슈피츠의 연구 결과를 지켜본 심리학자들은 어린 시절 애착의 중요성에 대해 연구하고 검토하기 시작했다. 그 결과, 나이가 어리든 많은 사람이 건강하고 충만한 삶을 사는 데는 음식과 주거지 이상이 필요하다는 사실을 발견했다. 바로 사랑과 관심, 유대감이다.

/
소속감,
유대감을 찾아라 /

소속에 대한 욕구를 채우는 방법은 나이가 들면서 달라진다. 어린 시절에는 양육자의 사랑이 필수다. 나이가 들면서는 친구, 가족, 연인과 맺는 관계에서 유대감을 느낀다. 하지만 이러한 유대의 중요성만은 변함없다.

불행히도 많은 사람이 친밀한 유대를 맺지 못한 채 살아간다. 과거 어느 때보다 디지털 인간관계가 늘어난 지금, 사회적으로 고립되는 사람들의 비율 역시 증가하고 있다. 20퍼센트에 달하는 사람들[9]이 '외로움이 불행의 가장 큰 원인'이라고 생각하며, 45세 이상 미국인 3명 중 1명이 외롭다고 말한다.[10] 1985년, 미국 종합사회조사General Social Survey, GSS가 미국인들에게 지난 6개월간 중요한 문제를 상의한 사람이 몇 명이었느냐고 묻자 가장 많이 나온 대답은 3명이었다.[11] 2004년 같은 설문 조사를 다시 실시했을 때 가장 많이 나온 대답은 0명이었다.

이러한 수치는 외로움을 느끼는 사람이 증가한 것보다 더 중요한 사실을 담고 있다. 사람들이 삶의 의미를 느끼지 못한다는 사실이다. 설문 조사에서 우리는 친밀한 관계를 의미의 가장 중요한 원천으로 봤다.[12] 또 연구 결과에 따르면 외롭고 고립된 사람들은 자신의 삶이 덜 의미 있다고 느낀다.[13]

사회학의 아버지 에밀 뒤르켐Émile Durkheim은 100년 전에 사망했지만, 사회적 고립과 의미에 대한 뒤르켐의 통찰은 과거 어느 때보다 중요하다. 뒤르켐은 혁신적 실증 연구의 결과물인 《자살론Suicide》(1897)에서 사람들의 자살 원인을 분석한다.[14] 왜 일부 유럽 국가의 자살률이 다른 국가에 비해 높을까? 뒤르켐은 이렇게 질문한다. 그리고 그 질문에 답하기 위해 결혼, 교육 수준, 종교 성향 같은 변수와 자살의 관계를 연구한다. 그 결과 자살이 사람들 개인의 문제에서 생기는, 단순히 개별적 현상이 아님을 발견한다. 자살은 사회문제이기도 하다.

서양인들은 개인주의와 자유가 좋은 삶의 토대라고 생각한다. 하지만 뒤르켐의 실증 연구는 더 복잡한 그림을 밝힌다. 뒤르켐은 사람들이 공동체에서 소외되고 공동체가 개인에 부과하는 사회적 제약을 받지 않을 때 자살할 확률이 더 높다는 사실을 발견했다. 개인주의를 중시하는 사회, 사람들이 지나치게 자급자족하는 사회, 21세기 미국, 캐나다, 유럽과 많이 닮은 사회는 사람이 아니라 자살이 살기 좋은 곳이다.

뒤르켐은 프랑스, 스웨덴, 오스트리아, 이탈리아를 비롯한 몇몇 유럽 국가의 통계 자료를 샅샅이 뒤져, 다양한 사회 연결망에 사람들이 어떻게 '융화되는지' 살펴봤다. 가족 면에서는 미혼자가 기혼자보다 대체로 자살률이 높았고, 무자녀 부부가 유자녀 부부보다 자살률이 높았다. 종교 면에서는 개신교인이 가톨릭교인과 유대교인보다 자살률이 높았다. 가톨릭교와 유대교는 더 긴밀한 공동체 안에서 생활했고 종교적 의무 사항도 더 많았다. 교육 역시 자살과 관련이 있었다. 뒤르켐이 살펴본 개신교인들처럼 좋은 교육을 받은 사람들은 흔히 학교와 직장 때문에 집을 떠나서 살고, 교육 때문에 전통적 가치와 충돌하는 경우도 많았다. 순리를 거스르면 외로워질 수 있다. 하지만 어떤 공동체에 섞여 들어가면 이러한 결과가 상쇄된다. 이를테면 뒤르켐의 연구 대상이었던 유대교인들은 고등교육을 받았지만, 유대교 공동체의 강한 유대감과 전통적 신념이 자살을 방지하는 역할을 했다.

한편 사람들을 단결시키고 더 많은 의무를 부과하는 요인들, 이를테면 교전국에 살거나 대가족 안에서 생활하는 일 등은 자살률을 낮추는 기능을 했다. 공동체의 제약과 전통이 부재할 때 사회는 목적과 규범이 없는 아노미 상태에 빠진다고 뒤르켐은 주장한다. 이때 사람들은 목적을 잃고 자포자기한다.

최근의 실증 연구는 뒤르켐의 주장을 뒷받침한다. 앞에서 설명한 시게히로 오이시와 에드 디너 교수의 연구 결과에 따르면,[15] 부유한 국가는 가난한 국가보다 자살률이 높고, 부유한 국가의 국민들은 자신의 삶이 덜 의미 있다고 느끼기 쉽다. 하지만 나는 그 이유를 설명하지는 않았다. 연구자들은 응답자들에게 의미에 대해 질문하는 것 외에도 종교, 교육, 출산율, 개인주의 등에 대한 각 국가의 인구 통계 정보와 사회적 정보를 수집했다. 데이터를 확인한 두 사람은 뒤르켐이 한 말이 옳았음을 깨달았다. 부유한 국가의 국민들은 교육 수준이 더 높고 개인주의 성향이 강하고 출산율이 낮으며 종교인의 수가 적었다.

가난한 국가는 반대였다. 전체적으로 교육 수준이 낮고 개인주의 성향이 덜하며, 종교인의 수가 많고 출산율도 높았다. 오이시와 디너 교수는 이러한 요인들, 특히 종교가 개인으로 하여금 삶을 더 의미 있다고 평가하게 만든다는 사실을 발견했다.[16]

비슷한 맥락에서 2010년부터 시작된 한 연구는 고등학생과 대학생들의 정신 질환을 증가시키는 원인을 면밀히 조사했다.[17] 연구자들은 그들이 연구한 청소년들이 윗세대보다 정신 건강이 훨씬 나쁘며, 이러한 현상은 의미에 대한 학생들의 관심이 낮아지고 사회 전반에 무관심이 증가한 현상과 관련이 있음을 발견했다. 오스트레일리아 출신의 연구자 리처드 에커슬리Richard Eckersley와 키스 디어Keith Dear는 청소년 자살률의 사회적 예측인자를 살펴본 뒤, 청소년 자살률이 개인의 자유와 통제력 등 개인주의의 몇몇 척도[18]와 관련이 있다는 사실을 밝혔다. 뒤르켐의 주장이 맞았다.

소외의 시대인 지금, 사회집단을 찾아 친밀한 관계를 맺는 노력이 어느 때보다 중요하다. 무엇보다 전통적 형태의 공동체가 많이 사라지고 있기 때문이다. 탕헤르 섬을 떠나 도시로 나간 에드워드 같은 사람들은, 자신이 태어난 작은 도시, 또는 나라를 떠나 다른 도시나 나라에서 학교를 다니거나 일자리를 찾는다. 더 큰 세상을 만나고 경험하고 싶어서 떠나기도 한다. 사회 전반으로 사람들은 친구와 이웃들과 예전보다 적은 시간을 보내고, 텔레비전, 휴대폰, 컴퓨터 앞에서 더 많은 시간을 보낸다. 사회학자 로버트 퍼트넘Robert Putnam에 따르면, 우리는 '여가 시간을 개인화'[19]하고 있다. 한편 바쁘고 점점 더 이동이 잦은 생활 때문에 주변 집단에 소속되어 어울리기는 더 힘들어진다. 미국인은 일생에 평균 11번을 이사한다.[20] 많은 이가 그 이상은 아니더라도 그만큼 직장을 옮긴다.[21] 우리는 여러모로 서로 점점 멀어지고 있다. 이런 상황에서 우리의 과제는 이러한 추세에도 불구하고 관계를 맺을 방법을 찾는 것이다. 다행히 아직까지는 의미를 주는 우정을 맺을 방법이 존재한다.

신뢰와 지지로 가득한
공동체 이루기 /

2015년 가을, 오하이오 주 클리블랜드로 여행을 갔다.[22] 사람들이 함께 모여 계획적으로 공동체를 만드는 과정을 보고 싶어서였다. 클리블랜드 남쪽, 고딕 양식으로 지은 성 스타니슬라오 교회로 가는 길에 연령대가 다양한 사람들 수백 명이 삼삼오오 모여서 웃고 떠들고 즐겁게 인사를 나누는 모습을 봤다. "그러니까 우리가 25년 만인가? 정말 반가워." 한 남자가 옛 친구를 끌어안으며 말했다.

대학 동창 모임이었는지도 모르겠다. 비단옷에 반바지 차림을 한 사람들을 빼고. 어떤 남자들은 방패까지 들고 있었다. 중세 시대에 열광하고 역사를 재현하는 국제단체, '창조적 시대착오 협회Society for Creative Anarchronism, SCA'[23] 회원들이었다. 그들은 주중에는 회계사, 학생, 건설 노동자, 부모, 과학자 등의 평범한 삶을 살아간다. 하지만 주말이 되면 화려한 의상으로 갈아입고, 중세풍 옷차림을 하고, 갑옷 전투와 마상 시합, 궁중이라는 상상의 세계로 들어간다. 그날 클리블랜드에는 미 중서부 전역에서 300명이 넘는 사람들이 모였다. 니콜라이와 세레나 부부가 중세 왕국의 황제와 황후 사리에 오르는 대관식에 참석하기 위해서였다.

교회 안에는 커다랗게 부푼 드레스를 입은 여성들이 대관식을 기다리며 신도석에 앉아 부채질을 하고 있었다. 가죽 벨트에 검을 찬 기사들이 하얀 면사포와 앙증맞은 왕관을 쓴 여성들 옆에 앉아 있었다. 반바지를 입은 백작 하나가 챙 넓은 깃털 모자를 쓴 공작과 그날 밤 열릴 축하 연회에 관한 대화를 나눴다. 리넨 의상을 맞춰 입은 소규모 음악단이 14세기 궁정 음악을 틀었다. 근처에는 곧 황제와 황후에 오를 두 사람의 나무 왕좌 두 개가 놓여 있었다. 그날 오전 늦게 니콜라이는 칼을 세워 무릎을 꿇고 엄숙하게 왕위 선서를 할 것이다.

SCA는 1966년 5월에 창단했다. UC버클리 대학원생이었던 다이애나 팩슨이 중세를 주제로 파티를 열었다. 집 뒷마당에서 마상 시합과 연회가 펼쳐졌다. 50명 정도 되는 사람들이 중세 의상 또는 그 비슷한 옷을 차려입고 행사에 참석했다. 마상 시합의 승리자가 나와 무리 중에 가장 아름다운 자신의 여인에게 왕관을 씌워주는 모습을 보면서, 참석한 사람들은 이야말로 적절한 시위운동이라고 생각했다. 그것이 1960년대 버클리의 풍경이었다. 그렇게 그들은 텔레그래프 애비뉴를 행진하며 '20세기에 저항했다.'

처음 50명에서 시작된 모임은 60년이 지난 뒤 전 세계에 회원 6만 명을 둔 단체로 성장했다. 조직이 커지면서 회원들은 중세 왕국처럼 '지리적 지역' 또는 '왕국'으로 나뉘었다. 그중 하나가 중부 왕국Middle Kingdom으로, 오하이오, 미시간, 인디애나, 일리노이, 아이오와, 켄터키, 온타리오가 여기에 속한다. 20개의 왕국이 '알려진 세계Known World'를 이루고, 각 왕국은 황제와 황후가 통치한다. 황제와 황후는 내가 참석한 클리블랜드 대관식처럼 각종 행사를 연다. 매년 여름이면 알려진 세계의 왕국 백성들이 2주 동안 펜실베이니아 호숫가 별장에 모여 캠핑, 결투, 수업, 강의, 활쏘기, 춤, 작품 전시를 열고 오랜 친구와 재회한다. 1만 명이 넘는 회원이 매년 펜식 전쟁Pennsic War(SCA의 캠핑 행사로 중부 왕국과 동부 왕국이 벌이는 전쟁 – 옮긴이)에 참석한다. 행사 장소에 도착하면 회원들은 입구에서 환영 인사를 받는다. "고향에 오신 걸 환영합니다."

SCA는 회원들에게 대단히 강한 영향력을 행사하는 독특한 조직이다. 이 공동체가 그토록 왕성하게 활동하는 몇 가지 이유가 있다. 그 이유를 알면 새로운 관계를 맺고 오랜 관계를 견고히 유지하는 방법을 배울 수 있다.

첫째, SCA 조직은 사람들에게 SCA 공동체에 시간과 노력을 쏟도록 장려한다. SCA 회원 대다수가 수십 년 동안 활동해왔고, 많은 회원이 이 조직 안에서 자녀를 키운다. 그리고 대다수가 매년 2~50번 행사에 참여한다. SCA 행사의 빈도는 특히 중요하다. 연구 결과에 따르면 사람들은 정기적으로 만날 때 상대방에게 자연스럽게 호감이 생기기 때문이다.[24] SCA는 다 함께 모이는 행사가 대단히 잦으며, 덕분에 사람들은 친밀감을 느낀다. 우리는 대개 딱 한 번 만난 뒤 상대가 친구감인지 연인감인지 섣불리 판단한다. 첫 데이트에서 마음이 통하지 않으면 굳이 시간을 내서 상대를 더 알아보려는 노력조차 하지 않는다. SCA 회원들에게는 그런 호사가 주어지지 않으며, 덕분에 사람들은 서로 친해질 기회를 갖는다.

둘째, 사람들은 경험이나 가치관이 같은 사람과 친해지고 싶어하는 경향이 있다.[25] SCA 회원들은 중세 역사에 대한 관심 외에도 예의, 봉사, 충성심, 명예 등 기사도 정신과 관련된 몇 가지 원칙을 공유한다. 기사도 정신의 모범이 되는 사람들은 상이나 '귀족 작위'를 부여받는다. 기사 훈장은 장갑 전투에서 뛰어난 공헌을 한 사람들에게 수여된다. 월계수 훈장은 13세기 스테인드글라스처럼 중세 미술이나 과학 분야에 능통한 사람에게 주어진다. 또 펠리칸 훈장은 모범적으로 봉사하는 사람에게 수여된다. 이런 정신 덕분에 SCA 회원들은 모임 안팎에서 사람들을 위엄과 존중을 갖춰 대한다.[26] 심지어 그들의 본능이 반대로 행동하라고 시킬 때조차도. 이런 이유 때문에 SCA 회원들이 공동체에 그토록 강한 유대감을 느끼는 것이다. 그들은 동료들이 어떤 상황에서든 자신을 위엄 있게, 존중하는 마음으로 대하리라는 사실을 안다. "사람들이 저를 실망시키거나 화나게 해도 그들을 사랑해야 한다는 사실을 늘 명심하고 있어요." 한 남작 부인이 말했다.

(로렐린 경으로 통하는) 하워드는 클리블랜드에 사는 광학 물리학자이다. 40년 넘게 SCA에서 왕성하게 활동 중이다. "저는 초중고 시절에 샌님이자 괴짜였고, 친구들에게 따돌림을 당했습니다. 대학에 가서야 저 자신에게 이렇게 물었죠. '나는 어떤 사람이 될까?' 저한테 선택권이 있었어요." 근처에서 철커덕거리며 중무장 전투가 벌어

지는 소리가 들렸다. 하워드는 진정한 자신, 즉 괴짜가 되기로 마음 먹었다. 어느 한 분야에 깊이 몰두하는 '괴짜'들이 인기를 얻기 한참 전 일이었다. 대학 2학년 시절, 학교 펜싱 팀에서 연습을 마치고 집에 돌아가는 길에 같은 버스에 탄 남자 하나가 하워드의 가방 밖으로 비죽 튀어나온 검 두 개를 목격한 일을 계기로 두 사람은 대화를 나누게 되었다. 남자는 SCA 회원이었고, 두 사람은 펜싱과 중세 전투에 대해 이야기했다. 남자는 즉시 하워드를 SCA 모임에 초대했다. "저는 어릴 때 커서 과학자와 기사가 되겠다고 사람들에게 말하고 다녔어요. 지금 둘 다 하고 있는 셈이죠."

시카고에서 연방은행 감독 일을 하고 있는 캐트는 SCA에서 지금 남편을 만났다. 30년도 더 전인 열다섯 살에 SCA에 가입했고, 3년 뒤에 남편을 만나 스물넷에 결혼했다. "중세 시대에 관심이 없었다면 우리는 결코 만나지 못했을 거예요." SCA의 대단한 점은 특이한 분야에 관심을 갖는 사람들을 존중하는 것이라고 캐트가 이야기했다. "제 친구 하나는 14세기풍 목공에 빠져 있어요. 또 한 친구는 중세의 빨래법에 관심이 있고요. 다른 친구는 일본 다도에 푹 빠져 있죠. 관심사가 무엇이든 우리는 사람들을 존중합니다. 그들이 그 지식을 배워서 다른 사람들과 나누기 때문이죠."

또 SCA는 사람들에게 강력한 '친구 네트워크'를 제공함으로써 유대감을 키운다. 나는 대관식에서 미주리 주 세인트루이스에서 온 제임스라는 회원을 만났다. 제임스는 SCA에 가입하기 전에 자기는 '사교성이 제로'였다고 밀했다. 뭔새 우울증을 잃고 있는네, 종종 사기 자신이 무능한 실패자 같은 기분이 든다고 했다. 거의 20년 만에 대학을 졸업하고, 현재는 '원하지 않는' 커뮤니티 칼리지에서 겸임 교수로 일하는 중이다. 하지만 SCA에서 행사 기획자로 일하면서 스스로 유능하다고 느끼고, 또 동료들에게도 인정받고 있다. 제임스는 SCA 덕분에 사람들과 품위 있게 교제할 수 있을 뿐 아니라 그들에게 무언가를 기여할 수 있다는 자신감이 생겼다고 말했다.

제임스는 몇 년 전 우울증으로 정신과에 입원했을 때 자살 감시 대상자로 분류됐다. 퇴원한 뒤 제일 먼저 한 일은 SCA 친구들을 만나 저녁을 같이 먹은 것이었다. 한 친구가 말했다. "제임스, 네가 세상을 떠나면 이 자리에 있는 우리 모두 너무 불행할 거야." 짧은 문장, 가벼운 응원의 행동이었다. 하지만 제임스는 늘 그 말을 떠올린다. 자신의 삶에 살 가치가 있는지 의심이 들 때마다 친구가 한 말을 기억하며 위안을 얻고, 자신은 사랑받고 있다고 되뇐다.

유대가 긴밀한 집단이 모두 그렇듯 SCA 역시 회원들이 소수의 사람들과 친밀한 관계를 맺을 수 있도록 돕는다. 동시에 모든 회원 사이 신뢰망과 지지망을 구축한다. 친한 친구 사이든 단순한 지인이든, 회원들은 서로의 관계를 진지하게 받아들이고 힘든 일이 있을 때 서로 의지한다. 몇 년 전, 중부 왕국의 회원 하나가 큰 병에 걸린 적이 있다. 의료보험에 가입되어 있기는 했지만 건강이 너무 좋지 않아 일을 할 수 없었던 그 회원은, 밀려드는 청구서 때문에 힘든 시간을 보냈다. 그가 속한 왕국의 회원들은 이 소식을 듣고 직접 만든 중세 공예품의 입찰 경매를 진행해 돈을 모았다. 총 모금액은

1만 달러가 넘었다. 허리케인 카트리나가 뉴올리언스를 강타했을 때 전국의 SCA 회원들은 성금을 모아, 이름도 모르는 루이지애나의 친구들에게 식료품과 구호품을 보냈다. 일부 회원들은 자비로 뉴올리언스까지 찾아가 피해자들의 집과 생활 복구를 도왔다.

회원들끼리 서로 봉사하고 돕고자 하는 의무감은 SCA라는 공동체에서 나오기도 하지만 SCA를 지탱하는 힘이기도 하다. 이러한 유대는 중세 왕의 상징물만큼이나 제임스 같은 사람들을 계속 불러들인다. 교회 사교실에서 진행 중인 땀투성이 열전을 보던 제임스가 웃으면서 말했다. "저들이 저의 부족입니다."

일상 속 사소한 순간을 놓치지 않기 /

친밀한 관계는 의미 있는 삶을 사는 데 중요하지만, 우리에게 필요한 중요한 사회적 유대는 그뿐이 아니다. 심리학자들은 친밀함을 나누는 사소한 순간들의 중요성을 발견했다. 한 연구자가 이름 붙인 '양질의 관계 맺기High Quality Connection'[27]는 두 사람이 짧은 시간에 맺는 긍정적 상호 작용을 말한다. 연인이 손을 맞잡고 함께 길을 걷거나, 초면인 두 사람이 비행기 안에서 서로 공감하며 대화를 나누는 순간이 좋은 예이다. 우리는 가끔 누군가와 같이 있으면서 다른 데 정신을 팔거나 아무 대화도 하지 않는다. 하지만 양질의 관계를 맺는 동안은 상대방에게 주의를 기울이고 긍정적 존중과 관심을 주고받는다. 그 결과 두 사람 모두 자신이 가치 있는 사람이라고 느낀다. 양질의 관계 맺기는 친구나 연인과 맺는 가까운 관계를 의미 있다고 느끼는 데 중요한 역할을 할 뿐만 아니라, 아는 사람이나 동료, 낯선 사람과 맺는 관계에도 의미를 부여할 수 있다.

뉴욕의 기업가 조너선 샤피로[28]는 아침마다 같은 일상을 맞는다. 매일 아침 출근길, 늘 같은 거리의 노점상에서 신문을 산다. 어퍼웨스트사이드의 분주한 지하철역 옆에 있는 노점상의 신문 가판대다. 조너선과 노점상 주인 둘 다 서둘러 신문과 돈을 주고받고 각자의 일상으로 돌아가지만, 언제나 짧은 대화를 나눈다.

신문이나 커피 한 잔, 식료품을 사는 일은 업무처럼 느껴지고 기계적일 수 있다. 우리는 대개 각자 바쁘고 정신없는 일상에 치여 매일 마주치는 사람들을 목적을 위한 수단으로 생각한다. 한 명의 사람으로 보지 못한다. 하지만 조너선과 노점상 주인은 세계에서 제일 큰 도시에서, 하루 중 가장 바쁜 시간대에 사람들 수백 명이 옆을 스쳐 지나가는 와중에도 잠깐 동안 여유를 갖는다. 각자의 고치를 깨고 나와 서로 짧은 유대를 맺는 것이다. 상대를 보고 귀 기울이고 있으며 이해한다는 사실, 즉 상대가 중요한 사람이라는 사실을 알려준다. 크고 인간미 없는 도시에서 서로 약간이나마 외로움을 덜어주는 것이다.

어느 날 조너선은 신문을 사러 갔다가 20달러짜리 큰돈밖에 없다는 사실을 깨닫는다. 거슬러 줄 돈이 부족했던 노점상은 밝게 웃으면서 말했다. "괜찮으니 내일 주세요." 하지만 조녀선은 정색하며 머리를 흔들었다. 신문 값을 내겠다고 고집하더니 근처 가게에 들어가 필요도 없는 물건을 사고 잔돈을 받아 왔다. 조녀선은 노점상에게 1달러를 건네며 말한다. "여기 있습니다. 잊어버릴까 봐서요."

그 순간 두 사람의 관계가 변했다. 노점상 주인은 마지못해 조녀선이 내민 돈을 받더니 슬픈 표정으로 물러섰다. 조녀선은 나중에 이렇게 말했다. "제가 실수했어요. 그분의 호의를 받아들이지 않은 거죠. 그분은 의미 있는 일을 하고 싶어 하셨지만 저는 일종의 거래처럼 대했어요."

물론 거절당하는 상처를 입는 사람이 그 노점상만은 아니다. 심리학자들은 조사 연구를 진행하는 동안, 처음 보는 사람과 관계를 맺는 상황에서조차 사회적 소외가 의미를 위협한다는 사실을 발견했다.[29] 그와 관련한 한 실험을 소개한다.

연구자들은 대학생들을 실험실로 불러[30] 소집단으로 나눈 뒤, 15분 동안 서로 친해지는 시간을 갖도록 했다. 그런 뒤 학생들을 각자 개인실로 들여보내고 다시 만나고 싶은 두 사람을 지목하게 했다. 연구자들은 학생들이 지목한 명단을 사용하지 않았다. 대신 무작위로 고른 학생들 절반에게는 모든 학생이 자신을 다시 만나고 싶은 사람으로 지목했다고 말했다. 나머지 학생들 절반에게는 단 한 명도 자신을 지목하지 않았다고 말했다. 그 말을 들은 학생들이 어떤 기분을 느꼈는지 짐작될 것이다. 거절당하고 버림받았으며 어디에도 속하지 못했다고 느낀 학생들 상당수가 삶이 대체로 의미가 없다고 답했다. 다른 연구에서도 거절당한 참가자들은 자신의 삶이 덜 의미 있다고 평가했다.[31]

놀랍게도 심리학자들은 거절당한 사람은 물론 '거절한 사람'도 소외감과 함께 스스로 무가치한 존재라고 느낀다는 사실을 발견했다.[32] 조너선이 어퍼웨스트사이드의 붐비는 거리에서 깨달은 것처럼 사소한 거절의 순간이 관계의 의미를 쉽사리 무너뜨릴 수 있으며, 반대로 사소한 친밀함의 순간이 의미를 만들 수 있다. 조너선이 상호 신뢰를 쌓으려는 노점상 주인의 노력을 거절한 그날 아침, 두 사람은 각자 덜 중요한 존재가 된 듯한 기분을 느꼈다.

다행히 두 사람은 관계를 회복했다. 다음 날 조너선은 노점상 주인에게 차를 한잔 샀다. 다시 한 번 노점상 주인이 신문을 공짜로 주자 조너선은 감사 인사를 건네며 호의를 정중히 받아들였다. 두 사람은 매일 아침 짧은 대화를 이어갔다.

제인 더턴Jane Dutton은 미시간 대학교에서 근무하는 조직 심리학자로, 동료 에밀리 히피Emily Heaphy와 함께 '양질의 관계 맺기'라는 용어를 만들었다. 더턴은 사람들이 직장에서 인간관계를 맺는 방식을 연구하고 있으며, 직장에서 맺는 관계가 직장에서 하는 경험뿐 아니라 삶 전반에 중요한 영향을 미친다는 사실을 발견했다. 우리가 깨어 있는 시간 대부분을 직장에서 보낸다는 점을 생각하면 그리 놀라운 일도 아니다. 우리가 직장에서 유대감을 갖지 못하면 우리의 일과 삶 모두 덜 의미 있게 느껴진다는 점에서 직장 내 관계 맺기는 더욱 중요하다.

한 연구에서 더턴과 동료들은 미 중서부의 한 대형 병원에서 일하는 청소 직원들을 인터뷰했다.[33] 청소 직원들을 인터뷰 대상으로 정한 까닭은, 그들이 병원 운영에 대단히 중요한 사람들이지만 자주 무시되고 존중받지 못하기 때문이다. 그 직원들이 하는 이른바 지저분한 일은 대체로 사회에서 중요한 일로 대접받지 못한다. 사람들은 환자를 돌보는 간호사나 사람 목숨을 살리는 의사가 얼마나 의미 있는 일을 하는지는 이야기하면서, 화장실 청소가 얼마나 의미 있는지에 대해서는 잘 이야기하지 않는다.

더턴 연구팀은 청소 직원 28명을 선정해 직업에 대한 책임감, 업무의 중요도에 대한 생각, 의사와 간호사, 환자, 방문객을 포함해 직장에서 다른 사람들과의 관계를 놓고 대화를 나눴다. 특히 청소 직원들이 동료들에게 존중받고 있으며 중요한 대우를 받는다고 느끼는지, 즉 소속의 욕구가 충족되는지 집중적으로 질문했다.

청소 직원들은 직장에서 보내는 시간에 대해 200여 가지의 이야기를 했다. 연구자들은 그들의 이야기를 분석한 뒤, 유대감이 직장 경험에 중요한 역할을 한다는 사실을 발견했다.[34] 잠깐의 상호작용이 마음에 큰 상처를 입힐 수 있음을 깨달았다. 청소 직원들은 동료들에게 존중받지 못할 때 자신이 하는 일이 덜 중요하다고 느꼈다.

스스로 가장 가치가 없다고 느끼는 순간은 무시당할 때였다. 의사들이 특히 무례하다고 했다. 해리라는 직원은 이렇게 말했다. "의사들은 우리를 그곳에 없는 사람처럼 쳐다봅니다. 복도에서 일을 하고 있어도 신경 쓰지 않는다니까요. 매일같이 비켜달라고 말해야 합니다. 똑같은 의사들한테 매번 말입니다." 다른 몇 명도 비슷한 이야기를 했다. 의사들은 청소 직원들 또는 그들이 하는 일을 '중요하게 생각하지 않는' 것 같다고 했다. 시나라는 직원은 이렇게 말했다. "가끔 그런 인상을 받아요. 자기들이 저보다 더 중요한 사람이라고 생각하는 것 같더라고요. 의사들이 하는 일은 중요하죠. 하지만 병원 청소도 정말 중요한 일이잖아요."

청소 직원들 상당수는 매일같이 마주치고 일하는 의사와 간호사들이, 복도에서 마주쳐도 인사 한마디 없이 지나간다고 말했다. 한 직원은 무시를 당할 때 마치 '바깥에서 안을 들여다보며 떠도는 투명인간' 같은 기분이 든다고 말했다. 또 다른 직원은 환자와 방문객도 자기들을 무시한다고 했다. 걸레질을 하고 있는 바닥을 방문객들이 종종 밟고 지나간다고 했다. "청소하는 사람들을 신경 쓰지 않는다는 증거죠."

다행히 그런 관계만 맺는 것은 아니었다. "좋은 아침입니다." 하고 환자가 건네는 인사는 큰 의미가 있다. "우리를 사람으로 봐주는 거잖아요." 몇몇 환자들은 자신이 그들의 병실 담당 직원이라는 사실을 기억한다고, 케빈이라는 직원이 이야기했다. 환자들이 감사 인사를 건네는 일이 큰 의미가 된다고 말했다. "고맙다고 인사할 의무는 없잖아요. 병실을 청소하는 건 우리 일이니까요. 그럴 때 인정받고 있다는 느낌이 들어요."

동료들과 기분 좋은 경험을 할 때도 청소 직원들은 유대감을 느꼈다. 벤이라는 직원은 병원에서 심한 복통을 앓았던 이야기를 했다. 빗자루로 바닥을 쓸려고 했지만 통증이 너무 심해 몸을 숙일 수가 없었다. 의사 하나가 다가와서 어디 아프냐고 물어봐서 대답했더니, 의사는 벤에게 궤양인 것 같다고 말했다(검사 결과 실제로 궤양이었다). 하지만 벤이 강조한 점은 의사가 그 후에 벤을 어떻게 대했는지였다. 의사는 병원에서 벤을 만날 때마다 이렇게 말했다. "벤, 몸은 어때요? 좀 나아졌어요?" 의사는 벤을 걱정해줬고 벤은 존중받는다고 느꼈다.

코리라는 남자 직원은 함께 일하는 간호사들이 자신을 팀의 일원으로 느끼게 해준다고 말했다. 간호사들이 다른 침대로, 다른 병실로 환자를 옮길 때 코리가 종종 도와줬다. 그러자 그들은 코리를 일뿐 아니라 개인 모임에도 초대했다. "식사 모임이나 간식, 차를 마실 때도 저를 불렀어요. 인정받고 사랑받고 있다는 기분이 들었습니다."

병원 청소 직원들이 이러한 양질의 관계를 맺을 때 일에 대한 관계도 변했다.[35] 자신을 단순히 청소 직원이 아니라 환자들의 보호자로 생각했고, 병원의 사명, 즉 환자 치료에 더 밀접하게 연관되어 있다고 느꼈다. 한편 배려 없는 사소한 행동들은 청소 업무의 중요성과 업무 능력, 더 나아가 사람으로서의 가치를 다시 생각하게 만들었다.

양질의 관계 맺기라는 접근법의 미덕은 직장 문화를 크게 바꾸지 않고도 의미를 만들 수 있다는 점이다. 어떤 위치에 있는 사람이든 사소하게 관계 맺는 순간을 신경 쓰는 것만으로도, 일터에서 자신은 물론 동료들의 기분까지 바꿀 수 있다. 그 결과는 엄청날 것이다.

더턴은 양질의 관계 맺기가 직원들의 몸과 마음에 활기를 불어넣고 조직의 원활한 운영에 기여한다는 사실을 발견했다. 일상의 소소한 관계에서 직원들은 사기와 일에 집중할 동기를 얻으며, 난관을 만나거나 일이 뜻대로 되지 않을 때 다시 일어설 수 있다. 또한 소소한 관계 맺기는 팀을 단결시킨다.

조직의 일원이라는 유대감을 느낄 때 가장 단조로운 일조차 중요하고 잘해내야겠다는 마음이 생긴다. 잠깐 관계를 맺는 동안에도 사람들은 모욕감을 느끼기도 하고 존중받는다는 느낌을 받기도 하는 것이다.

비록 누군가에게 양질의 관계를 맺자고 강요할 수는 없다. 그러나 내가 먼저 그런 관계를 시작하거나 서로 주고받는 일은 가능하다. 마음에 들지 않는 동료에게 날선 행동을 하는 대신 따뜻하게 대할 수 있다. 거리에서 만나는 낯선 사람의 눈을 피하는 대신 인사를 건넬 수 있다. 타인을 무시하는 대신 존중할 수 있다. 사람들에게 먼저 손을 내밀고 친밀한 관계를 맺을 수 있다.

집중, 연민
그리고 다가가기

친밀한 관계와 양질의 관계 맺기에는 중요한 공통점이 있다. 상대에게 집중해야 한다는 사실이다. 레네 슈피츠를 생각해보라. 슈피츠가 고아원에 들어온 아기 제인을 어떻게 달랬는지, 또 뉴올리언스에 사는 지인들을 도운 SCA 회원들, 그리고 더턴의 연구에서 청소 직원 벤을 챙긴 의사를 떠올려보라. 모두 자신보다 다른 사람의 어려움을 먼저 생각했고, 자기 살기도 힘든 와중에 다른 사람을 도왔다. 하나같이 다른 사람이 겪는 고통에 마음을 썼고, 그 사람의 삶을 조금이나마 나아지게 만드는 행동을 했다. 그런 친절을 받은 사람들의 삶은 당연히 나아졌다.

연민은 유대감이라는 기둥의 중심에 있다. 우리가 다른 사람에게 마음을 열고 애정과 호의를 갖고 다가설 때 그 사람은 물론 우리 자신의 품위까지 높아진다. 연민 어린 행동의 잔물결은 오래간다. 우리가 세상을 떠나고 한참 뒤로도. 석가모니의 삶은 우리에게 유익한 교훈을 전한다.[36] 석가모니는 보리수나무 아래에서 깨달음을 얻은 뒤 인도 전역을 다니며 사람들에게 진리, 즉 불교의 기본 교리를 전파했다. 삶은 고통으로 가득하며, 고통은 우리의 끝없는 탐욕에서 온다고. 지혜를 기르고 도덕적으로 살고 명상으로 마음을 수련함으로써 고통에서 벗어날 수 있다고.

석가모니는 여든의 나이에도 여전히 승복을 입고 맨발로 시골 지역을 다녔지만 더는 젊은 시절 같은 기운은 없었다. "나는 가는 줄로 동여맨 낡은 수레처럼 늙고 지쳤습니다." 한 작은 마을로 향할 때는 더 늙고 약해져 있었다. 마을에 도착하자 쿤다라는 대장장이가 헌신과 환대의 뜻을 담아 식사를 대접했다. 그런데 음식이 상해 있었다. 하지만 석가모니는 정성이 담긴 친절한 식사 대접을 거절해 쿤다의 마음을 다치게 하고 싶지 않았다. 그래서 몸이 아플 걸 알면서도 음식을 먹었다. 대장장이 쿤다가 준 음식을 먹은 뒤 석가모니는 '중병, 급기야 이질에 걸렸고 목숨이 위험할 정도로 심한 통증을 앓았다.'

죽음을 예견한 석가모니는 쿤다에게 큰 연민을 보였다. 석가모니는 제자에게 말했다. "누군가 대장장이 쿤다에게 '쿤다, 자네 때문에 사람이 죽었어. 석가모니가 자네가 준 공양을 마지막으로 드시고 돌아가셨어'라고 말하면 자책감을 느낄 수도 있네."

석가모니는 자신의 삶에 중요한 역할을 했다고 말해 쿤다의 자책감을 덜어주라고, 제자에게 일렀다. 결국 쿤다는 석가모니에게 마지막 식사를 대접한 사람이 되었다. 석가모니는 제자에게 이렇게 설명했다. "나는 두 번의 공양을 받았다. 둘 다 같은 결실, 같은 결과를 보았고 다른 어떤 음식들보다 위대했다. 어떻게 두 번일까? 나 석가모니는 한 번의 공양을 받은 후 완전한 깨달음을 얻었고, 또 한 번의 공양을 받은 후 어떤 집착도 남지 않은 해탈의 경지에 들어섰다." 즉 쿤다가 내놓은 음식은 석가모니가 평생 먹은 음식들 중 가장 큰 의미가 있었다.

석가모니는 마지막 순간에 쿤다에게 연민을 보일 필요가 없었다. 생사를 오갈 만큼 아팠고 엄청난 고통에 시달렸다. 무신경하게 상한 음식을 내놓은 대장장이를 걱정하는 대신, 죽음을 준비하거나 명상을 하거나 불교의 유산을 생각하며 귀중한 시간을 쓸 수 있었다. 하지만 석가모니는 그러지 않았다. 대신 쿤다에게 관심을 쏟으며 두 사람이 맺은 관계가 중요하다고 이야기했다.

석가모니의 이야기에는 우리 모두 명심해야 할 교훈이 담겨 있다. 의미를 찾는 일은 단순히 철학적 탐구가 아니다. 자주 이야기되는 것처럼, 또는 내가 대학에서 생각한 것처럼 의미는 자기 안에서, 자신을 위해 만드는 것이 아니다. 그보다는 대개 다른 사람들 안에서 찾을 수 있다. 타인에게 관심을 쏟음으로써 우리는 자신은 물론 다른 사람들을 위해 유대감이라는 기둥을 세운다. 자신의 삶 안에서 의미를 찾고 싶다면 우선 사람들에게 다가가야 한다.

누구도 아닌
내가 해야 할
일은 무엇일까?

_ 목적

・・・

우리는 저마다 강점, 재능, 지식, 경험이 다르고
그러한 것들이 모여 정체성이 된다.

또 우리는 저마다 목적이 다르다.
나 자신과 나의 가치관,
즉 정체성에 맞는 목적이 따로 있다.

애슐리 리치먼드는 직장에서 거
의 하루 종일 외양간에서 똥을 치우는 일을 한다.[1] 일은 고되고 쉬
는 날도 거의 없다. 수입은 또래 대학 졸업생보다 훨씬 적다. 일이
끝나는 저녁이면 자주 몸이 쑤신다. 하지만 애슐리는 이 일이 자신
의 꿈의 직업이었다고 말한다. "다른 일을 하는 건 상상도 안 해봤
어요."

애슐리는 디트로이트 동물원의 사육사다. 기린, 캥거루, 왈라비
를 관리하고 있다. 어릴 때부터 하고 싶었던 일이다. 애슐리는 세
살 때 캐나다에 있는 사파리 공원을 차로 구경한 적이 있다. 가족과
함께 커다란 짐칸이 딸린 스테이션 왜건을 타고 공원을 돌아보는데,

기린 한 마리가 차를 향해 다가오더니 열린 차창 사이로 갑자기 큰 머리를 쑥 집어넣었다. "자매들은 모두 소리를 질렀지만 저는 큰 소리로 웃으면서 기린 입에 손을 넣었죠. 그때부터 동물에 푹 빠졌어요."

여섯 살 때 옆자리 친구가 수업 과제로 병아리 한 마리를 부화시킨 적이 있다. 눈을 뗄 수가 없었다. 나중에 크면 생물학을 공부해서 '병아리가 나온 이유'이기도 한 알을 연구하겠다고 다짐했다. 그로부터 불과 몇 년 뒤 애슐리는 집안의 애완견들을 돌보고 훈련시키는 일을 했다.

아홉 살 때는 동물을 좋아하는 애슐리를 본 친척 하나가 나중에 동물원 사육사를 해보라고 이야기했다. 사육사라는 직업이 있다는 사실을 그때 처음 알았다. 사육사에 대해 조사한 끝에 애슐리는 사육사를 천직으로 여기게 되었다. 6학년 때 학교 숙제로 5년 후, 10년 후, 15년 후 자신이 바라는 삶을 주제로 글쓰기를 했다. 애슐리는 미시간 주립대학교에서 동물학을 전공해 디트로이트 동물원에서 일하고 싶다고 썼다.

실제로 애슐리는 2006년 미시간 주립대학교에서 동물학 학사 학위를 받은 뒤 지금까지 디트로이트 동물원에서 일하고 있다.

자기 일을 천직이라고
말하는 사람들 /

내가 디트로이트 동물원의 기린 우리 위 먹이대에서 애슐리를 처음 만났을 때 그녀의 두 손은 흙투성이였고, 한 손으로는 나뭇가지를 한 아름 들고 있었다. "죄송해요. 너무 지저분하죠." 애슐리는 나뭇가지를 바닥에 내려놓은 뒤 한 개를 집어 들어 올렸다.

"하나를 집어서 양손으로 꽉 잡아보세요." 애슐리가 말했다.

자바리라는 기린이 우리를 향해 전속력으로 달려왔다. 자바리의 기하학적인 밤갈색 점이 10월 햇살에 반짝였다.

"자바리는 붙임성이 좋아요. 그런데 쓰다듬는 건 별로 안 좋아하죠." 손을 들어 자바리의 코 부위를 만지려는데 애슐리가 말했다. 기린 우리 반대편에 자바리와 같이 지내는 키불리와 키불리의 아들 음펜지가 있었다. 음펜지는 생후 1년 된 새끼 기린으로, 스와힐리어로 '사랑'을 의미하는 단어에서 이름을 따왔다. 자바리는 내가 내민 나뭇가지를 코로 쿵쿵대더니 힝힝 소리를 냈다. 그런 뒤 전속력으로 달려가 버렸다.

애슐리는 나뭇가지를 바스락대면서 자바리의 이름을 소리쳐 다시 불렀다. 자바리는 돌아와서 내가 든 나뭇가지를 다시 살펴보더니 윗부분을 덥석 물었다. 내 손에서 가지가 거의 딸려나갈 뻔했다. 자바리는 단 몇 초 만에 잎을 깨끗이 먹어치웠다. 나는 가지를 내려놓고 필기에 집중했다. 자바리는 먹이대의 나무 울타리 너머로 목을 굽혀 내가 필기하던 노트 가장자리를 따라 코를 비볐다. 그러더니 고개를 들어 나를 똑바로 쳐다봤다. 근육질의 기다란 목이 파도처럼 굽이쳤다. 자바리의 코끝이 내 얼굴 바로 앞에 있었다. 애슐리가 말했다. "호기심이 왕성한 아이예요."

먹이 훈련은 이른바 '행동 풍부화Enrichment'의 사례이다.[2] 동물원 환경에서 기린 같은 야생동물은 살기 편하다. 주기적으로 먹이를 주고, 병을 예방해주고, 포식자를 만날 일도 없으니까. 그 결과 동물들의 수명은 더 길지만, 삶이 야생에서만큼 재미있지는 않을 것이다. 동물원에서 애슐리가 하는 역할은 가능한 모든 방법을 동원해 동물들의 삶을 풍요롭고 행복하고 더 즐겁게 만드는 것이라고 했다. 어떤 동물도 갇혀 사는 삶을 스스로 선택하지 않았기 때문이다. "동물들에게 야생을 돌려줄 수는 없지만 조금 더 정상적인 삶을 살도록 도울 수는 있습니다."

행동 풍부화는 사육사와 직원들이 그러한 목표를 이루는 한 가지 방법이다. 바위나 나뭇가지를 움직여 동물들이 탐색할 수 있는 색다른 환경을 조성하고, 음식을 숨겨 직접 찾아 먹게 만들고, 조작할 수 있는 물건을 건네 동물원 안에서 지내는 삶을 더 예측 불가능하고 흥미진진하게 만든다. 또한 행동 풍부화를 통해 동물들은 자신이 환경을 통제한다는 느낌을 받는다. 동물 행복에 꼭 필요한 요소다.

"우리는 동물들에게 야생에서처럼 행동할 기회를 줍니다. 기린은 거의 모든 시간을 먹는 데 쓰기 때문에, 도전의식을 북돋우는 새로운 방식으로 먹이를 주는 방법을 찾고 있습니다." 애슐리에게도 마찬가지로 도전이다. 동물들이 지루하지 않도록 동물원 환경을 바꿀 새로운 방법을 끊임없이 고민해야 하기 때문이다.

사육사들은 동물들의 자연스러운 행동이 건강하다는 증거임을 알고 있다. 이를테면 우리가 이야기를 끝낼 때쯤 생후 1년 된 새끼 기린 음펜지가 옆구리로 자바리를 들이받았고, 자바리 역시 곧바로 음펜지를 들이받았다. 음펜지의 목이 아빠 기린의 힘 때문에 왼쪽으로 기울었다. 그런 뒤 두 기린은 서로 목을 부딪쳤다. 기린들이 무엇을 하고 있느냐고 묻자 애슐리가 답했다. "목을 부딪치는 싸움, '네킹necking'을 하는 겁니다. 자바리가 아들에게 사내가 되는 방법을 가르치는 거죠. 기린들이 야생에서 하는 행동입니다."

애슐리는 대단히 중요한 시기에 디트로이트 동물원에 합류했다. 지난 40년 사이 동물원의 목적은 완전히 달라졌다. 과거 동물원의 주된 역할은 사람들을 즐겁게 만드는 것이었고, 동물들은 그 역할을 다하는 수단이었다. 1980년대 말, 디트로이트 동물원에서는 침팬지 쇼가 큰 인기를 누렸다. 침팬지들이 광대 옷을 입고 세발자전거를 타거나 찻잔에 든 차를 마시는 등 유치한 곡예를 펼쳤다. 오늘날 디트로이트 동물원 같은 대형 동물원의 역할은 동물 복지를 개선하고 전 세계 동물 종과 자연 서식지를 보호하는 일이다. 침팬지 쇼나 그 비슷한 모든 쇼는 동물의 존엄을 심각하게 훼손하고 자연을 파괴하는 행위로 간주된다.

'동물을 우선하는' 관점은 애슐리도 제일 중요하게 생각하는 부분이다. 애슐리만이 아니다. 사회과학자 스튜어트 번더슨Stuart Bunderson과 제프리 톰프슨Jeffrey Thompson에 따르면, 동물원 사육사들은 유달리 목적의식이 강하다.[3] 그들은 대개 사육사라는 직업을 자신의 천직이라고 이야기한다. 동물과 교감하고 동물을 이해하고 돌보는 비상한 능력을 타고난 덕에 아주 어린 시절부터 운명 지어진 일이라 여긴다.

스튜어트와 제프리는 사육사들이 보수와 시간, 편안한 생활과 지위를 기꺼이 포기한다는 사실을 발견했다. 자신의 재능을 활용해 우리 안에 갇힌 힘없는 동물들이 더 나은 삶을 살도록 도울 의무가 있다고 믿기 때문이다. 그리고 그러한 목적을 좇는 삶에서 큰 의미를 발견한다.

애슐리 역시 같은 생각이다. 일하는 시간의 20퍼센트 정도만 동물 훈련이나 행동 풍부화 등 재미있고 지적인 일을 하면서 보낸다. 나머지 80퍼센트는 우리를 청소하는 등 훨씬 덜 재미있는 일을 하면서 보낸다. 하지만 하찮은 일조차 애슐리에게는 중요하다. 더 큰 목적을 이루기 위한 일이기 때문이다. "우리와 사육장 청결 유지는 중요합니다. 동물들의 건강에 도움이 되니까요. 저의 목표는 동물들이 동물원에서 매일 즐겁게 지내도록 하는 겁니다. 그러려면 공간을 깨끗하게 유지하는 일이 중요합니다."

사는 이유가
꼭 거창해야 할까?

목적이라고 하면 거창하게 들린다. '세계 기아 방지'나 '핵무기 개발 중단' 정도는 되어야 할 것 같다. 하지만 목적이 꼭 거창할 필요는 없다. 자녀에게 좋은 부모가 되거나 즐거운 사무실 환경을 만들거나 기린의 삶을 더 행복하게 만드는 일에서도 목적을 찾을 수 있다.

스탠퍼드 대학교 발달심리학과 교수 윌리엄 데이먼William Damon에 따르면, 목적에는 두 가지 중요한 면이 있다.[4] 첫째, 목적purpose은 '지속적이고 원대한 목표goal'다. 목표는 대부분 회사에 늦지 않거나 헬스클럽에 가거나 설거지를 하는 등 일상적이고 단기적이다. 반면 목적은 항상 실천하는 일의 목표다. 목적은 앞을 향하는 화살로, 우리 행동의 동기이자 우리 삶의 구성 원리 역할을 한다.

둘째, 목적은 세상에 대한 기여를 수반한다. 데이먼과 동료들은 이렇게 표현했다. "(목적은) 개인의 의미 추구인 동시에 대외적 요소, 즉 세상을 변화시켜 자신보다 더 중요한 문제에 기여하고자 하는 바람을 담고 있다." 인간의 권익 증진 또는 학력 차 줄이기 노력 같은 중요한 일은 물론 더 작은 차원의 일도 될 수 있다. 이를테면 십대들은 청소, 요리, 동생 돌보기 등 부모님의 일을 도우면서 더 큰 목적의식을 느낄 수 있다.[5]

그런 목적을 지닌 사람들은 자신의 삶에서 더 큰 의미[6]와 만족을 느낀다.[7] 회복탄력성이 강하고 의욕적이며 삶의 고락을 더 잘 헤쳐 나간다. 목표를 달성하기 위해서다.[8] 하지만 매일 하는 일에서 목적을 찾지 못하는 사람들은 목적 없이 허송세월하는 경향이 있다. 데이먼은 2003년부터 2007년까지 동료들과 함께 12~22세 사이 청소년들을 면밀히 관찰하는 대규모 연구를 실시했다.[9] 연구 결과 불과 20퍼센트만이 분명한 사회적 목적을 품고, 그 목적을 이루기 위해 열심히 노력 중이었다. 목적이 있는 청소년들은 학교생활을 더 열심히 하고 성적도 더 좋았으며,[10] 마약 사용 같은 위험한 행동을 덜 했다.[11] 하지만 데이먼이 연구한 청소년 10명 중 8명은 자신의 삶의 방향을 제대로 알지 못했다.[12] 대다수가 장기 목표를 정하고 조금씩 발전했지만, 그 목표를 어떻게 달성할지 또는 그 목표가 자신에게 의미가 있는지 없는지 알지 못했다. 4명 중 1명은 '의욕이 없고 사실상 아무 목표가 없었다.'[13]

코스 마르테Coss Marte 역시 20년 전에는 목적이 없는 아이였다.[14] 코스는 1980대, 1990년대를 뉴욕 주 로어이스트사이드에서 부모님과 누나 둘, 남동생 하나와 함께 보냈다. 어릴 때는 말썽꾸러기이자 문제아였다. 고등학교를 네 번 옮겨 다녔고, 흡연, 싸움 등의 문제를 일으켜 세 번 퇴학을 당했다. 그랬는데도 반에서 1등으로 졸업했다. "노력하지 않아도 성적이 잘 나왔어요." 코스는 영리한 야심가였고, 마음만 먹으면 성실한 일꾼이었다.

아버지는 도미니카 출신 이민자로, 식품 잡화점을 운영했다. 코스는 아버지의 가게에서 계산, 청소, 재고 정리 따위의 일을 도왔다.

캔과 병을 모아 현금으로 바꾸기도 했다. 가난이 지긋지긋해 벗어나려고 안간힘을 썼다. "늘 아등바등했어요. 다른 아이들이 좋은 물건을 가지고 있으면 저도 갖고 싶었어요. 늘 돈 버는 데 혈안이 되어 있었죠."

그런 투지와 두뇌라면 누나들과 동생처럼 대학에 가서 골드만삭스, IBM 같은 회사에 들어갈 수도 있었다. 대신 코스는 마약을 팔기 시작했다.

1980~1990년대에 뉴욕의 범죄율이 치솟았고,[15] 로어이스트사이드는 마약 거래의 중심지였다.[16] 코스는 사람들이 마약을 사려고 길모퉁이에 줄을 서 있었다고 했다. 위쪽 아파트에 사는 마약상이 마약을 담은 양동이에 줄을 매달아 아래 구매자에게 내려주면, 구매자는 양동이에 돈을 넣는다. 그러면 마약상이 다시 양동이를 끌어올리는 식이었다.

코스는 곧 그 대열에 합류했다. 열한 살에 마리화나를 피우기 시작했다. 열세 살에는 마리화나를 팔았다. 몇 년 뒤에는 강력한 코카인의 일종인 크랙crack과 가루 코카인도 팔기 시작했다. 열여섯에는 소문난 마약상에게서 돈이 되는 엘드리지와 브룸의 길모퉁이를 물려받아 다른 마약상들을 관리하는 일을 시작했다.

코스는 타고난 기업가, 수완 있는 사업가였다. 그는 로어이스트사이드가 고급 주택지로 변하는 모습을 지켜봤다. 2000년이 되자 법조계와 금융계의 젊은 전문 직업인들이 그 지역으로 몰려들었다. 코스는 그런 소비자를 대상으로 시장을 확대하면 장사가 대박이 날 것이라고 판단했다. 명함에 휴대폰 번호를 적고 그 위에 '페스티벌 파티 서비스: 24시간 최상의 서비스 제공'이라는 문구를 새겨 1만 장을 인쇄했다. 말끔한 정장에 넥타이를 매고 근처에 새로 생긴 상류층을 대상으로 하는 술집 '해피 엔딩'으로 향했다. 술집에 있는 여피족들에게 명함을 돌렸다. 코스는 '상류층을 위한 비밀 보장 배달 서비스'로 코카인과 마리화나 사업을 시작했다. 고객들이 전화로 주문을 하면 코스의 직원들이 고급 자동차 안에서 물건을 전달했다.

열아홉에 코스의 연수입은 200만 달러에 달했다.[17] 좋은 옷을 입고, 비싼 신발을 신고, 고급 자동차를 몰고, 뉴욕 아파트 여러 곳을 오가며 지냈다. 동네의 가난한 아이들처럼 되지 말아야겠다고 결심한 지 10년 후, 꿈꾸던 삶을 살고 있었다. 하지만 곧 깨달았다. 꿈꾸던 삶을 사는 일이 꼭 목적을 이루는 삶은 아니라는 사실을.

그 꿈은 2009년 4월 어느 날 밤에 끝났다. 당시 스물세 살이던 코스는 직원들에게 연락했지만 아무도 전화를 받지 않았다. "도대체 무슨 일이지 싶었죠. 직접 배달할 물건을 가지고 집을 나섰어요." 연방 수사관들이 집 밖에 진을 치고 아파트를 기습할 준비를 하고 있었다. 도망가려고 했지만 수사관들이 코스를 체포하고 아파트를 수색했다. 수사관들은 코카인 약 1킬로그램과 현금 5000달러를 찾아냈다. 코스와 함께 일하던 팀원 8명은 그해 가장 대대적인 마약 단속 기간에 체포됐다.[18]

코스는 징역 7년형을 선고받았다. 그다지 걱정이 되지는 않았다. 열세 살 때부터 교정시설을 들락거렸고 '또 한 번 장거리 여행'을 한다고 생각했다. 하지만 뉴욕 주 북부에 위치한 교도소에 수감되었을 때 교도소에서 일하는 의사가 무서운 이야기를 했다. 코스가 출소하기 전에 사망할지도 모른다는 말이었다. 콜레스테롤 수치와 혈압이 높았고, 식습관을 바꾸지 않으면 심장마비 위험도 있었다. 코스는 당시 키 177센티미터에 몸무게 104킬로그램이었다.

진단 결과를 듣자 정신이 번쩍 들었다. 평생 운동이라고는 해본 적이 없었다. 뉴욕에서는 길모퉁이 가게에 차를 몰고 가서 불법 주차를 하기도 했다. "그냥 벌금을 냈어요. 오만하기 짝이 없었죠." 코스는 운동을 하고 식습관에 신경 쓰기 시작했다. 처음에는 다른 수감자들이 비웃었다. 턱걸이 하나도 제대로 못했기 때문이다. 하지만 계속했다. 우선 매일 10~15분씩 유산소 운동을 시작했다. 몇 개월 뒤에는 꼬박 2시간씩 운동을 했다. 결국 30킬로그램 이상 감량했다.

생활이 건강해지자 마음가짐도 달라졌다. 과거와는 다른 삶을 살고 싶었다. 하지만 말처럼 쉬운 일이 아니었다. 코스는 여전히 교도소 내에서 마약을 거래하고, 과일을 발효시켜 만든 밀주를 팔았다.

암거래를 하지 않을 때는 교도소 내 개인 트레이너를 자처했다. 수감자들에게 감방 안에서 할 수 있는 운동을 가르쳤다. "다른 사람을 돕는 일은 자신감을 줍니다. 사람들이 저를 찾아와서 무언가를 하는 방법을 물으면 제가 알고 있는 지식을 나누는 거죠." 코스는 재소자 20명을 비만에서 탈출시켰다. 그중 '빅 파피'라 불리는 남자는 코스의 도움으로 40킬로그램 가까이 감량했다. "실제로 울면서 이렇게 말하더군요. '고마워. 내 평생 이렇게 날씬해본 적이 없어.

나는 평생 뚱보로 살았거든."

보람을 느끼기는 했지만 사람이 하루아침에 달라질 수는 없었고, 그는 완전히 바닥을 치고서야 삶의 진짜 목적을 깨달았다. 출소일을 코앞에 두고 교도관과 싸움을 벌여 30일간 독방형을 받은 것이다. 독방에 갇힌 코스에게 주어진 거라곤 펜과 종이, 봉투 한 장, 성경책 한 권뿐이었다. 펜과 종이로 가족에게 열 장 분량의 편지를 썼다. 예정된 날짜에 출소하지 못할 것 같고, '이번에는 진짜 일이 꼬였다'라고 설명했다. 하지만 편지를 다 쓴 뒤에 편지를 부칠 수 없다는 사실을 깨달았다. 우표가 없었다.

날이 갈수록 가족에게 어떻게 하면 편지를 부칠 수 있을지 집착에 가까울 정도로 궁리했다. 그때 독실한 가톨릭 신자인 누나로부터 편지가 왔다. 누나는 성경의 시편 91장을 읽어보라고 했다. 위험과 고난 속에서도 하나님이 지켜준다는 내용의 아름다운 시라면서. "저는 신도 종교도 믿지 않았습니다. '뭐야, 그걸 왜 읽어. 시간 아깝게'라고 생각했죠." 하지만 코스는 생각을 바꿨다. "남아도는 게 시간뿐이었으니까요. 그래서 성경책을 집어들고 시편 91장을 폈습니다. 그때 책 사이에서 우표 한 장이 떨어졌습니다. 소름이 돋았죠. 정말 신비로운 순간이었습니다."

그 순간이 코스의 인생을 바꿔놓았다. "성경책을 처음부터 끝까지 모두 읽고 제가 진짜 나쁜 놈이라는 걸 깨달았습니다. 사회에 도움 되는 일이라고는 한 적이 없거든요. 마약을 파는 일이 나쁘다고 생각하지 않았습니다. 그냥 직업이라고 생각했죠. 저는 돈을 버는

데만 미쳐 있었어요. 하지만 그때 깨달았습니다. 가족들과 마약을 판 사람들에게 제가 나쁜 영향을 미쳤다는 걸요. '나는 많은 사람의 인생을 망쳐놨어. 도대체 이 죄를 어떻게 갚아야 하지?'라는 생각이 들었습니다."

그런데 그때 자신이 그 죄를 갚고 있다는 생각이 들었다. 사람들이 살을 뺄 수 있도록 도와 더 나은 삶을 살게 하는 방법으로 말이다. 운동으로 다른 사람들의 삶을 나아지게 만드는, 자기만의 방식으로 사회에 기여하기로 결심했다. 그 생각이 코스를 움직였다. 그때부터 피트니스 센터 사업 계획서를 쓰기 시작했다. "성경의 책등을 자로 이용해 도표를 만들었습니다. 교도소에서 배급되는 우유에 적힌 영양 정보를 참고해 사람들을 위한 식단을 짰습니다." 독방에서 나왔을 때 두 번 다시 마약을 팔지 않겠다고 다짐했다. 코스는 1년을 더 복역한 뒤 2013년 3월에 출소했다.

뉴욕으로 돌아왔을 때는 빈털터리였다. 가진 돈을 교도소에서 전부 다 써버렸고, 정부가 재산을 몰수한 뒤였다. 코스는 어머니 집 소파에서 잠을 자며 새로운 삶을 시작했다. "비영리 단체를 찾아다니며 도움을 구했습니다. 생전 처음 가보는 곳이었죠. 하지만 정말 겸손한 자세로 도움을 청하기 시작했습니다." 결국 굿윌이라는 단체에 사무직 자리를 얻었고, 남는 시간에는 피트니스 센터를 열 방법을 고민했다.

코스가 찾아간 비영리 단체 중 디파이 벤처스 Defy Ventures[19]라는 곳이 있었는데, 길거리 사업가들이 합법적 사업을 할 수 있도록 돕는,

즉 '불법 행위를 방지하는' 단체였다. 단체에서 실무 교육과정을 들어보라고 권해 코스는 그 과정을 이수했다. 디파이 벤처스는 사업 계획서 대회도 진행했다. 코스는 출소한 지 불과 두 달 만에 이 대회에서 1위를 차지했다. 교도소 독방에서 작성한 바로 그 사업 계획서였다.

2014년, 코스는 대회에서 받은 상금으로 로어이스트사이드에 교도소 스타일의 운동을 전문으로 하는 피트니스 센터, 코스 애슬레틱스Coss Athletics를 열었다. 코스가 고안한 운동은 전적으로 근력 운동이었고, 감방이나 도심의 아파트 같은 좁은 공간에서 할 수 있는 운동들이었다. 나와 처음 만났을 때 코스는 350명의 고객을 관리하면서 자신을 후원하는 단체 굿윌에서 정규직으로 일하고 있었다. 한 달 뒤 다시 찾아갔을 때는 고객이 지난번보다 두 배로 늘어나 있었고, 코스는 개인 투자자로부터 모금을 받고 싶어 했다. 2016년, 코스는 5000명이 넘는 고객들에게 12만 5000달러를 모았다. 굿윌을 그만두고 피트니스 센터의 이름을 콘바디ConBody로 바꾼 뒤 운영하고 있었다.

"저는 늘 마약 거래를 그만두고 제 사업을 시작하고 싶었습니다. 하지만 돈을 긁어모으는 데 정신이 팔려 있었죠." 코스가 말했다. 요즘 코스는 자신의 재능을 활용해 사회에 긍정적으로 기여하는 상품을 만드는 데 몰두하고 있다. 고객들은 주로 젊은 전문 직업인들이다. "제가 마약을 팔았던 사람들이죠." 하지만 코스는 지금 완전히 다른 방식으로 그들의 삶에 맞닿아 있다.

/
자기 이해로 시작되는
나다운 삶 /

코스의 이야기에는 중요한 교훈
이 담겨 있다. 목적 있는 삶을 살기 위해서는 자기 성찰과 자기 이
해가 우선되어야 한다는 사실.[20] 우리는 저마다 강점, 재능, 지식, 경
험이 다르고, 그러한 것들이 모여서 우리 정체성이 된다. 또 우리는
저마다 목적이 다르다. 우리 자신과 우리의 가치관, 즉 우리 정체성
에 맞는 목적이.

저명한 20세기 심리학자 에릭 에릭슨Erik Erikson은 정체성이 복잡
하고 다면적이라고 설명했다.[21] 정체성은 한 개인의 특성뿐 아니라
그 사람의 출신, 목적, 또 사회와 더 넓은 세상에 대한 적응력까지
포함한다. 자신의 정체성이 무엇인지 분명히 아는 사람은 자신의 핵
심 신념과 가치, 삶의 목표를 알고 있으며, 자신이 속한 집단과 사
회가 자신에게 어떻게 영향을 미치는지도 이해한다. 그런 사람은 청
소년 시절 생기는 중요한 궁금증에 답할 수 있다. "나는 어떤 사람
이며 어떤 사람이 되고 싶은가?" 그리고 삶의 모든 단계에서 이 질
문을 수시로 고민한다. 삶의 마지막 단계에 이르면 "어떤 사람이 되
고 싶은가?" 대신 "나는 어떤 사람이었고, 그 모습에 만족하는가?"라
는 질문을 던진다. 자신의 가치관에 따라 살고 삶의 목표를 이룬 사
람은 '절망감despair' 대신 '자아 통합감ego integrity'을 느낀다고 에릭슨

은 말했다.[22]

텍사스 A&M 대학교의 연구자들은 정체성과 목적의 긴밀한 관계를 연구한 끝에, 자신을 잘 아는 것이 삶의 의미에 있어 가장 중요한 예측변수임을 발견했다.[23] 한 연구에서 리베카 슐레겔Rebecca Schlegel이 이끄는 심리학자 팀[24]은 대학생들에게 자신을 설명하는 10가지 특징, 즉 가끔씩 다른 사람들에게 내보이는 가짜 모습이 아닌 '진짜 모습'[25]을 적게 했다.

한 달쯤 뒤 학생들은 다시 연구실로 모여 연구의 2단계를 진행했다. 학생들이 컴퓨터로 무작위 과제를 수행할 때, 연구자들은 학생들이 자신의 진짜 모습을 정의하면서 사용했던 단어들을 0.004초 동안 화면에 띄웠다. 너무 잠깐이라 시각적으로 인식하고 의식적으로 처리하기 어려운 시간이었다. 그 후에 무의식적으로 자신의 진짜 모습을 떠올린 학생들은 자신의 삶이 지난번 연구를 진행할 때보다 더 의미 있다고 평가했다.[26] 무의식적으로라도 자신의 진짜 모습을 떠올릴 때 삶은 더 의미 있게 느껴진다.

거기에는 이유가 있다. "우리 사회가 공유하던 의미의 원천은 줄어들고 있습니다. 그래서 사람들은 자기 안으로 관심을 돌리고 어떻게 하면 최선의 삶을 살 수 있을지 고민해야 합니다." 슐레겔 박사가 말했다. 자기를 잘 아는 사람들은 자신의 가치와 능력에 부합하는 길을 선택할 수 있다. 이를테면 사랑과 열정이라는 강점을 지닌 사람은 훌륭한 교육자 재목일 수도 있다.[27] 하지만 재능을 활용하자고 직업을 바꿀 필요까지는 없다. 사랑과 열정이 강점이라면 변호사로 일하면서도 고객에게 공감하고 고객을 위해 그 재능을 쓸 수 있기 때문이다. 연구자들에 따르면, 사람들이 자신의 강점을 직장에서 활용할 때[28] 자신의 직업이 더 의미 있다고 느끼고 결국 업무 능력도 그만큼 높아진다.[29] 또 핵심 가치관과 관심사에 잘 맞는 목표를 좇을 때 더 큰 만족감과 유능감을 느낀다. 난관을 잘 극복하고 실제로 목표를 달성할 가능성도 높다.[30] 즉 더 큰 목적이 있는 삶을 살아간다.

미국 브루클린에서 활동하는 사진가 만자리 샤르마Manjari Sharma의 이야기[31]는, 정체성이 목적을 찾는 데 얼마나 중요한 역할을 하는지 잘 보여준다. 예술가로서 만자리의 목적은 자신의 정체성, 출신과 밀접한 관련이 있으며, 그녀의 여정은 사람들에게 자신을 발견하는 방법에 대한 단서를 준다.

만자리는 인도 뭄바이에서 태어나 우주만물에 신이 존재한다고 믿는 힌두교 가정에서 자랐다. 어린 시절 자란 집에는 텔레비전 프로그램 〈마하바라트Mahabharat〉와 〈라마얀Ramayan〉에서 보았던 신의 상징들로 가득했다. 두 프로그램 모두 고대 힌두교 서사시들을 바탕으로 만들었으며, 만자리는 이 같은 힌두교 신화에 흥미를 느꼈다.

부모님과 인도 방방곡곡으로 가족 여행을 떠날 때면 어머니는 항상 만자리를 근처 힌두교 사원으로 데려갔다. 지은 지 5000년이 넘은 사원도 있었다. 만자리는 우주의 위대한 보호자인 비슈누Vishnu

나, 악마의 등 뒤에서 춤을 추는 모습으로 자주 묘사되는 포악한 파괴의 신이자 개혁의 신 시바Shiva 같은 신들의 그림과 조각상 앞에 경외하는 마음으로 섰다.

어린 시절 신들의 조각상을 보면서 만자리는 '다르샨darshan'을 경험했다. '다르샨'은 산스크리어트어로 '짧은 접촉' 또는 '환영'을 뜻하는 단어로, 무언가의 본질을 본다는 의미다. 힌두교에서 다르샨은 예배 중 신을 잠깐 만나는 것을 가리킨다. 만자리는 사원에서만 가끔 그런 경험을 했지만, 그때 했던 경험은 그녀의 상상력에 강한 영향을 미쳤다.

성인이 된 이후 쭉 예술가로 살았지만 더 어릴 때는 예술가가 될 마음이 없었다. 영양사가 되고 싶었다. 하지만 뭄바이에 있는 대학에 입학해 읽어야 할 두꺼운 교과서와 교과서 속 끝없는 칼로리 표를 보고는 정신이 아득해졌다. 만자리는 영양학 대신 시각 커뮤니케이션을 공부하기로 마음먹었다. 그 학위로 무엇을 하고 싶은지는 몰랐지만.

하지만 뜻밖의 수확을 얻었다. 만자리는 멘토에게 도움을 받아 천직을 깨닫기 시작했다. 1학년 사진 수업에서는 가끔 사진을 찍어야 했다. 그해 말에 교수는 만자리에게 사진 분야 '최고의 학생' 상을 줬다. 만자리는 깜짝 놀랐다. "'정말? 내가 그렇게 잘했다고?' 전혀 예상치 못한 일이었어요. 저는 별 관심도 없이 그냥 사진을 찍었거든요. 더 관심을 기울이면 어떻게 될까 궁금했어요."

요즘 만자리는 전 세계에서 사진 전시회를 열고 있다. 하지만 그

때 교수가 준 상이 예술가로서 받은 가장 의미 있는 상이라고 생각한다. 교수는 예술가라는 천직을 찾게 해줬을 뿐 아니라, 미국에 가서 사진 공부를 하라고 등을 떠밀어줬다. 만자리는 2001년 오하이오에 있는 콜럼버스 미술디자인대학에 사진을 배우러 갔다.

그곳에서 만자리는 '문화 충격을 받았다.' 그때까지 품고 있던 미국에 대한 생각이 할리우드 영화를 통해 얻은 것일 뿐임을 깨닫게되었다. 대학에 들어간 만자리는 주변을 둘러보며 궁금해했다. '그많은 사람은 다 어딜 간 거지?'

외로웠고 고향이 그리웠지만 결국에는 적응했다. 그리고 곧 깨달았다. 이방인으로서 느끼는 감정들이 예술가로서 쓸모 있는 무언가로 바뀔 수 있다는 사실을. "자신의 안전지대에서 밀려나 소외를 경험할 때 놀라운 일이 일어납니다." 미국에 온 일이 계기가 되어, 그녀는 어린 시절 경험을 살려 작업하는 예술가로서 활동 방향을 정했다.

만자리는 고향을 떠난 뒤 힌두교 종교의식을 주기적으로 행하지않았다. 인도에서는 종교의식이 삶의 중요한 부분이었지만, 미국에서는 관심사가 예술로 옮겨 갔다. 예술사 수업부터 예술 프로젝트, 학교 친구들과 함께 간 미술관에 푹 빠져 지냈다. "예술이 사원에서숭배되는 나라에서 미술관에서 찬양받고 동상 받침대에 놓인 나라로 온 거예요." 미술관은 어릴 때 부모님과 가족 여행에서 갔던 힌두교 사원을 떠올리게 했다. 사원에서 그랬던 것처럼 미술관에도 일련의 의식이 있었다. 줄을 서서 기다리고 기대하고 미술 작품과 하나가 되는 것. "'다르샨'의 요소가 다 들어 있죠." 만자리가 말했다.

그 경험 덕에 만자리는 생애 최고의 야심작을 준비하기에 이르 렀다. 작품명은 '다르샨'으로, 남녀 힌두교 신을 찍은 9개의 대형 사 진 시리즈였다. 사원에서 신들에 둘러싸인 순례자들이 전율을 느끼 듯이, 보는 사람의 마음을 흔들 목적으로 기획했다고 만자리는 설명 했다.

'다르샨' 제작 과정은 화려한 의상을 입은 모델 9명을 촬영하는 것 이상의 일이었다. 그 자체가 의식이었다. 각 신을 촬영하기 위해 만자리는 30명이 넘는 장인들과 함께 정교한 축소 모형을 제작한 뒤 촬영을 진행했다. 최종 초상화에 등장하는 소품, 장신구, 의상, 무대 소도구와 무대 세트 모두 인도에 있는 작업실에서 수작업으로 만들고 색칠하고 바느질하고 조립해, 전통적인 신의 상징물을 재현 했다. 장인, 화가, 인부, 모델들은 단순히 고용된 일꾼들이 아니었다. 만자리에게 제일 중요한 점은 프로젝트에 참가하는 모든 사람이 자 신의 비전을 공유하는 것이었다. "모든 사람이 작업물과 특별한 관 계를 맺기를 바랐습니다. 그렇게 되면 팀원 한 명 한 명이 프로젝트 에 책임을 갖게 되죠. 많은 사람이 함께 모여 자기 자신보다 큰 무 언가를 만들 수 있습니다." 만자리가 말했다.

사진들은 선명하고 밝은 색, 몽환적인 이미지로 가득했으며, 각 각의 신이 그렇듯 신들의 사진 역시 고유한 개성이 담겨 있었다. 만 자리가 팀원들과 완성한 첫 번째 초상 사진은 분홍색 연꽃 위에 앉 은 부와 풍요의 여신 락슈미Lakshmi였다. 보석을 두른 하얀색 코끼리들이 락슈미의 뒤를 따랐다. 사진 속에서 황금색 동전이 락슈미의 손바닥 안으로 떨어지고 있었다. 또 다른 사진에서는 예술, 음악, 교육의 여신 마 사라스와티Maa Saraswati가 정글 속 흑빛 바위에 앉아 현악기를 연주하고, 발밑에 공작 한 마리가 자리 잡고 있었다. 원숭이 신 하누만Lord Hanuman이 꼬리를 허공에서 흔들며 한 손으로 산을 떠받치는 사진도 있었다.

하누만은 어릴 때 만자리가 가장 큰 인상을 받았던 신이다. 하누만은 어려서 말썽이 하도 심해 하늘을 나는 능력과 변신 능력을 이용해 명상 중인 현자들에게 몰래 다가가 장난을 치며 명상을 방해했다고 한다. 하루는 현자들이 벌로 하누만에게 저주를 내렸다. 평소에는 자기 재능과 능력을 잊고 지내다가 좋은 일을 할 때만 기억해내는 벌이었다. 그 신화는 만자리에게 목적에 대한 소중한 교훈을 가르쳐줬다. "우리는 저마다 능력을 가지고 있어요. 하지만 그 능력을 발견하려면 시간이 걸리죠. 여러 겹의 층이 우리의 진짜 잠재력을 감추고 있지만, 때가 되면 우리가 어떤 사람이 될 운명을 타고났는지 발견하는 거죠. 하누만처럼요."

만자리는 자신의 진짜 모습을 발견하기까지 거의 10년이 걸렸으며, 수많은 우여곡절을 겪었다. 결국 멘토의 도움으로 예술가의 길을 걷게 되었다. 당시 낯선 땅 미국으로 간 경험은 자신의 세상을 넓히고, 또 스스로 어떤 사람인지 분명히 아는 계기가 됐다. 또한 다양한 주제를 찾아 예술로 구현하는 기회를 열어주기도 했다. 만자리는 자신이 신화, 종교, 영성과 깊이 연결된 사람이며, 자기 작품

속에 이러한 정체성이 녹아 있다는 사실을 깨달았다. "예술가로서 저의 비전이 신화와 민담에 대한 관심에서 온다는 걸 깨달았어요. 저는 그런 이야기들을 하고, 듣고, 거기서 교훈을 얻고, 또 사진으로 재현하는 일을 좋아합니다."

만자리는 스튜디오의 하얀 벽에 압정으로 고정한 사진들을 쳐다 봤다. 사리를 입은 인도 해변의 어머니, 바닷가의 비너스처럼 구름 속에서 모습을 드러내는 비슈누, 쏟아지는 빗속에서 갓 태어난 아이를 가슴에 안은 아버지 사진이었다. "제 목적은 제가 그랬던 것처럼, 의미 있는 이야기들로 사람들을 감동시키는 겁니다."

물론 자기 이해만으로는 부족하다. 코스는 아주 어릴 때부터 자신의 재능을 알았고, 그 재능을 활용해 마약상이라는 목표를 이루었다. 만자리는 더 오랜 시간이 걸려 재능을 발견했으며, 예술가로서의 목적을 찾은 것은 자신의 작품이 사람들을 감동시킨다는 사실을 깨달은 후였다. 두 사람 다 목적을 찾기까지 자기 이해말고도 중요한 단계를 거쳤다. 바로 자신이 가진 지식을 활용해 사회에 기여하는 최선책을 찾는 것. 오늘날 두 사람은 자신이 가진 능력으로 다른 사람들의 삶이 더 나아지도록 만들고 있다. 코스는 사람들의 건강을 지킴으로써, 만자리는 관객들에게 정신을 고양시키는 경험을 제공함으로써.

나에게 주어진
소명을 인지하는가

목적을 품고 살면 개인적으로 더 행복하고 확신에 찬 삶을 살 수 있지만, 목적을 좇아 사는 사람은 궁극적으로 개인의 이익보다 더 나은 세상을 만드는 데 관심이 있다. 실제로 많은 위대한 사상가들은, 의미 있는 삶을 살기 위해서는 자기 안에 있는 강점과 재능과 능력을 다른 사람들을 위해 써야 한다고 주장했다.

18세기 독일의 철학자 임마누엘 칸트Immanuel Kant[32]는 이렇게 말했다. "자기 안에 있는 재능을 찾은 사람은 재능을 연마하면 모든 면에서 쓸모 있는 사람이 될 수 있다. 하지만 그런 사람은 타고난 재능을 키우기보다 편안한 환경에 안주하면서 현실에 만족하는 경향이 있다." 이 사람은 무엇을 해야 할까? 타고난 재능을 키우는 일을 포기하고 편안하고 즐거운 삶을 살아야 할까? 아니면 자신의 목적을 좇아야 할까?

이 질문은 1997년작 영화 〈굿 윌 헌팅Good Will Hunting〉의 주제이기도 하다. 주인공 윌은 사우스 보스턴 출신의 20세 청년으로, 어릴 때 입은 상처로 정신적 트라우마를 겪는다. 윌은 목적 없이 방황하며 살아간다. 매사추세츠 공과대학MIT에서 청소 일을 하며 남는 시간에는 대개 친구들과 술을 마시면서 보내지만, 실제로는 MIT 학생들도 풀지 못하는 수학 문제를 척척 푸는 수학 천재다. 윌이 경찰관을 폭행해 곤란에 빠졌을 때, 다행히 MIT 교수 제럴드 램보가 윌을 경찰서에서 빼준다. 판사는 램보가 감독한다는 조건으로 석방에 동의한다. 대신 윌은 램보 교수와 정기적으로 만나 수학 문제를 풀어야 했다.

램보 교수는 윌이 재능을 좋은 데 썼으면 하는 마음에, 윌을 최선을 다해 지도하고 유명한 기업에 면접까지 잡아준다. 하지만 윌은 코웃음을 친다. 자신의 수학적 천재성을 키우는 데는 관심이 없다. 면접에서 면접자를 조롱하고 램보 교수의 연구를 비웃으며 그를 모욕한다. 나중에 가장 친한 친구인 처키가 면접은 잘 봤냐고 묻자 윌은 '실험실 쥐'가 될 생각은 없다고 말한다. 대신 사우스 보스턴에 살면서 공사판 일을 한다.

처키 역시 램보 교수와 마찬가지로 윌이 재능을 낭비하지 않기를 바란다. 처키는 윌에게 이기적이라고 말한다. "너 자신을 위해서가 아냐. 나를 위해서지. 나는 내일 아침 일어날 거고, 쉰 살이 되어도 이 공사판에서 일하고 있겠지. 그건 아무래도 괜찮아." 하지만 윌에게는 재능을 살려 더 나은 삶을 살 기회가 있다. 처키와 친구들이 무슨 일을 해서라도 갖고 싶은 재능 말이다. 그러나 윌은 겁쟁이다. "20년 뒤에도 여기 있는 건 우리를 모욕하는 일"이라고 처키는 말한다. 시간 낭비인 건 당연지사고.

재능을 키울 생각이 없으므로 윌은 자신의 재능을 낭비해야 할까? 아니면 램보와 처키의 바람처럼 악착같이 재능을 살리고 연마

해야 할까?

칸트가 처키와 램보에게 할 답은 명백하다. 이성적인 칸트는 이렇게 설명한다. "자기 안의 모든 능력은 반드시 키워야 한다. 그런 능력은 유용하며, 모든 가능한 목적을 위해 그 사람에게 주어진 것이기 때문이다." 즉, 한 사람이 가진 재능은 다른 사람들과 사회에 도움을 주며, 그런 까닭에 개인에게는 재능을 키워야 할 도덕적 의무가 있다는 말이다. 칸트의 생각은 당대 철학자 고든 마리노Gordon Marino가 지적한 것처럼, 졸업 시즌에 자주 들리는 '자신이 좋아하는 일을 하라'라는 현대의 사고에는 위배된다. 칸트의 관심사는 무슨 일을 해야 행복해지느냐가 아니다. 어떻게 해야 자신의 의무를 다하고, 최선으로 기여할 수 있는가이다. 신학자 프레드릭 뷔크너Frederick Buechner [33]의 말처럼 개인의 소명은 '자기 안의 강한 기쁨과 세상의 강한 갈망이 만나는 지점'에 있다.

모든 사람이 윌 헌팅처럼 확실한 천직을 가지고 있지는 않다. 현실에서 사람들은 대개 조건이 맞고, 다행스럽게도 자신과 가족이 먹고살 수 있는 월급을 주는 직장을 선택해야 한다. 미국에서 가장 흔한 직업 4가지는 매장 판매원, 계산원, 식당 직원과 사무원이다.[34] 임금이 낮고 대체로 반복적인 업무이며, '의미 있는 일'처럼 보이지도 않는다. 적어도 겉보기에는.

더 많은 선택지가 주어진 사람들조차 종종 직업을 찾는 문제에서는 막막해한다. 에이미 프제스니에프스키Amy Wrzesniewski는 예일대학교 경영학과 교수이자 의미를 실천하며 사는 대표적인 학자이다. 에이미는 자신의 학생과 고객들이 상당한 불안감을 느끼는 게 보인다고 했다.[35] "그들은 자기 천직이 바위 밑에 숨어 있다고 생각합니다. 돌을 뒤집다 보면 언젠가 찾을 수 있으리라 믿죠." 진정한 천직을 찾지 못하면 자기 인생에 무언가 결여되어 있으며, 만족할 만한 직업을 영원히 찾지 못하리라 생각한다고 덧붙였다. 연구자들이 설문 조사를 진행한 사람들 중 불과 3분의 1, 많으면 절반만이 자신의 직업이 천직이라고 답했다.[36] 남은 사람들은 직업에서 의미와 목적을 찾을 수 없다는 의미일까?

와튼스쿨 교수인 애덤 그랜트Adam Grant는 사람들이 직장에서 의미를 찾는 과정을 연구 중인 학자로, 위 질문에 그렇지 않다고 답할 것이다. 그랜트는 자신의 직업이 의미 있다고 일관된 평가를 하는 사람들에게는 공통점이 있다고 지적한다.[37] 자신의 직업을 다른 사람을 돕는 수단으로 본다는 점이다. 500개가 넘는 직업에 종사하는 사람들 200만 명 이상을 대상으로 설문 조사를 실시한 결과,[38] 직업에서 가장 큰 의미를 찾았다고 답한 사람들은 성직자, 국어 교사, 외과의사, 종교 단체의 특별활동 및 교육 담당자, 초중등학교 관리자, 방사선 치료사, 척추 지압사, 정신과 의사였다. 이들 직업은 "모두 봉사하는 직업이다. 외과의사와 척추 지압사는 신체 건강을 증진한다. 성직자와 종교 단체 책임자는 정신 건강을 증진한다. 교육자들은 사회, 정신 건강을 증진한다. 이런 직업들이 존재하지 않는다면 사람들의 삶은 더 힘들어질 것이다." 그랜트가 말했다.

그랜트의 연구는 어떤 분야가 됐든, 일터에서 목적을 찾는 방법에 대한 단서를 던져준다. 봉사하는 마음을 갖는 것이다. 한 연구에서 그랜트와 동료들은 대학교의 콜센터 후원금 모금자들을 추적 연구했다.[39] 모금자들은 자신들이 장학금을 후원하고 있는 학생들을 일일이 만났다. 이 전화 모금자들은 자기 직업을 대하는 태도가 달랐다. 자기가 하는 일이 다른 사람들의 삶에 미치는 영향을 눈으로 확인하는 일이 모금자들에게 (통제 집단에 비해) 더 큰 목적의식을 부여하고, 업무 능률도 개선시켰다. 후원자 모집을 위해 전화하는 시간이 142퍼센트 증가했으며, 171퍼센트 더 많은 금액을 모금했다.

호첸 멩헤스Jochen Menges가 주도한 한 연구에서 그랜트와 동료들은 멕시코의 쿠폰 가공 공장에서 근무하는 여성들에게서 비슷한 현상을 목격했다.[40] 일에 흥미를 느끼지 못하는 노동자들은 근로 의욕과 목적의식이 낮았으며 생산성도 떨어졌다.

쿠폰 가공은 지루하고 반복적인 업무일 수 있으므로 일이 지루하다고 생각하는 여성들이 보람차다고 생각하는 여성들보다 능률이 떨어지는 것은 어쩌면 당연하다. 실제로 그랜트와 멩헤스의 연구에서 밝혀진 사실이다. 하지만 이러한 추세는 특정 여성들의 경우에는 반대였다. 바로 다른 누군가에게 봉사하는 마음을 가진 여성들이었다. 일을 지루하다고 생각하는 여성들도 보람차다고 생각하는 여성들과 똑같이 생산적이고 의욕적이었다. 하지만 자신의 일이 가족의 생계수단인 경우에 한해서였다. 가장 지루한 일도 사랑하는 사람들에게 도움이 된다면 목적의식이 생길 수 있다.

부모들은 누구보다 봉사하는 마음이 얼마나 중요한지 잘 알 것이다. 아이를 키우는 일은 세상에서 가장 힘든 일이면서 중요한 일이다. 아이는 기쁨의 샘이 될 수도 있지만,[41] 육아 심리 연구에서는 육아가 부모를 불행하게 만든다는 말이 자주 등장한다.[42]

부모들은 시간과 공간을 자녀에게 희생하고, 잠을 제대로 못 자고, 기저귀 교체, 아이 훈육 등의 피곤한 일에 둘러싸여 지낸다. 하지만 동시에 많은 연구는 아이를 키우는 일이 의미의 중요한 원천이라는 사실을 보여준다.[43] 한 어머니는 나에게 이렇게 말했다.[44] "혈육은요, 가끔 머리를 쥐어뜯고 싶게 만들죠." 하지만 동시에 '대단히 보람찬 일'이라고 덧붙였다. 부모가 되는 일은 자신의 관심사를 미루고 다른 사람을 위해 살 기회를 준다. 육아의 고되고 성가신 일들은 모두 더 큰 목적을 위한 것이다. 자녀가 책임감 있는 어른으로 성장할 수 있도록 돕는 일 말이다.

조지 엘리엇George Elliot은 자신의 소설 《미들마치Middlemarch》의 마지막 문장에서, 사소하지만 꼭 필요한 방식으로 세상을 움직이는 사람들에게 찬사를 보낸다. "세상에 선한 사람들이 늘어나는 이유는 어느 정도는 역사에 기록되지 않은 행동들 덕분이다.[45] 그리고 예전에 비해 우리가 그렇게 살기 나쁘지 않은 이유는 꿋꿋이 숨어서 살면서 아무도 찾지 않는 무덤에 잠든 사람들 덕분이다."

그러한 수백만 명의 사람들은, 비록 우리가 알아주지도 기억해주지도 않지만 일상에서 만나는 사람들의 삶을 달라지게 만들었다.

매일의 일상과 일에서 목적을 발견하는 능력은 의미를 믿는

데 중요한 역할을 한다. 이를테면 존 F. 케네디 대통령이 1962년 나사NASA에서 만난 청소부의 마음가짐이 그렇다.[46] 케네디 대통령이 빗자루를 든 청소부에게 무엇을 하고 있느냐고 묻자 청소부는 이렇게 답했다고 한다. "인간의 달 착륙을 돕고 있습니다."

콜로라도 고속도로 공사 현장에서 교통을 통제하던 도로 작업 인부의 마음가짐도 그랬다.[47] 그는 태양 아래 서서 양쪽으로 번갈아 가며 '정지' 신호와 '서행' 신호를 보냈다. 한 운전자가 그렇게 지루한 작업을 어떻게 견디느냐고 묻자, 그는 이렇게 대답했다. "저는 사람들의 안전을 지킵니다. 제 뒤에 있는 사람들을 챙기고, 그들의 안전을 책임집니다. 선생님과 선생님 뒤쪽 차에 탄 모든 사람의 안전을 지키는 중입니다."

또 한 푸드 트럭 주인의 마음가짐이 그랬다. 몇 년 전 내 친구는 푸드 트럭에서 음식을 주문한 뒤에 지갑을 놓고 왔다는 사실을 깨달았다. "제 일은 손님에게 돈을 받는 게 아닙니다. 음식을 만들어 주는 거죠." 주인은 내 친구에게 타코를 건네며 이렇게 말했다.[48]

모든 사람이 자기 천직을 찾지는 못한다. 그렇다고 목적을 찾을 수 없다는 말은 아니다. 세상에는 매장 직원, 쿠폰 분류자, 회계 담당자, 학생 등 다양한 사람들이 산다. 고속도로 교통 통제원, 부모, 정부 관료, 바텐더들도 산다. 수많은 간호사, 교사, 사무원이 매일같이 해야 하는 문서 작업과 업무의 늪에 빠져, 때로 더 큰 목적을 보지 못한다. 하지만 어떤 일을 하는지는 중요치 않다. 자신이 하는 일을 다른 사람을 돕는 기회로 볼 때 우리의 삶과 일은 더 의미가 깊어진다. 우리는 저마다 사람들에게 둘러싸여 지낸다. 가족 안에서, 공동체에서, 직장에서. 우리는 그들에게 더 나은 삶을 선물할 수 있다. 그것은 모든 사람이 남길 수 있는 유산이다.

내 인생이
정말 별로일까?

_ 스토리텔링

• • •

스토리텔러들은 청중에게 자신의 이야기를 하면서
스스로 의미를 만들 뿐 아니라,
다른 사람들도 의미를 찾을 수 있도록 돕는다.
그래서 스토리텔링이 중요한 것이다.
어떤 사람들은 온통 자기 이야기만 해댄다고 생각할지도 모른다.
하지만 실제로 이야기는 공기 중으로 뻗어나가 사람들과 연결되면서
세상에 자기 혼자가 아님을 깨닫게 해준다.

에릭 콜벨은 2003년 여름을 생
생하게 기억한다.[1] 딸 케이트가 생애 첫 직장을 갖게 된 날이었다.
당시 열네 살이었던 케이트는 가족과 뉴욕에 살고 있었는데, 햄튼의
어느 가정에서 육아 도우미 일을 얻었다. 케이트는 롱아일랜드에 가
서 '어른의 일'을 한다는 생각에 들떠 있었다. 하지만 케이트와 에릭
의 인생은 케이트가 일을 시작한 지 2주 만에 예기치 않게 중단됐
다. 7월 31일, 에릭은 아내의 전화를 받았다. "케이트가 교통사고를
당했어."

"전화를 끊은 뒤에 차를 몰고 스토니브룩 병원으로 향했습니다.
상황이 얼마나 심각한지, 케이트는 어떤 상태인지, 어디서 차에 치

었는지, 심지어 살아 있는지도 모른 채로요." 마침내 케이트가 소아
신경외과 의사에게 수술을 받고 있다는 이야기를 들었다. 에릭은 거
기서 세 가지 정보를 얻었다. "첫째, 케이트가 살아 있다. 둘째, 상태
가 심각하다. 셋째, 뇌 손상을 입었다."

병원에서 에릭은 보호자 전용 대기실로 안내를 받았다. 신경외과
의사가 에릭과 아내에게 다가왔다. "케이트는 현재 약물 유도 혼수
상태에 있습니다. 바이탈은 안정적입니다. 두개골 조각 하나를 제거
하는 수술을 진행했습니다. 뇌와 머리 압력을 낮추기 위해서요." 의
사가 말했다. 어린이에게는 시행한 적이 없는 수술이었지만 의사의
"마지막 승부수였죠. 그 방법뿐이었으니까요." 에릭이 말했다. 하지
만 역부족이었다. 그날 밤 늦게 케이트의 두개골 내 압력이 치솟았
다. 뇌 수술을 한 번 더 받아야 했다.

변화를 이끌어내는
이야기의 힘

에릭은 나무 벽으로 된 안락한
방 안, 벨벳 커튼이 쳐진 무대 위에서 마이크를 잡고 이 이야기를
했다. 모스The Moth라는 단체에서 진행하는 '스토리텔링의 밤' 행사였
다. 빼곡하게 앉은 약 300명의 청중을 내다보며 그날 밤 케이트가
두 번째 뇌 수술을 받으러 침대차에 실려 갈 때 떠올랐던 생각을 이

야기했다. "도대체 신의 선한 계획이 어디 있다는 거지?"

불과 20분 전, 술을 곁들인 중간 휴식 시간에만 해도 방 안은 웃고 떠드는 소리로 가득했다. 지금 청중은 에릭의 이야기에 빠져 아무 말 없이 몸을 앞으로 숙이고 있다.

케이트가 두 번째 뇌 수술을 마치고 나온 시각은 새벽 5시. 상태는 안정적이었다. 결국 의사들은 케이트를 뉴욕에 있는 마이트 시나이 병원으로 이송했다. 거기서 케이트는 집중 치료를 수차례 받았다. 케이트는 더는 말을 할 수도 계산을 할 수도 없었고, 거리 감각이 손상되고 거의 모든 기억을 잃었다. 하지만 10월에는 몇 시간이나마 다시 학교를 다닐 수 있었고, 재활 치료도 계속 받았다. 11월에는 상태가 많이 호전되어 스토니브룩 병원으로 돌아왔고, 의사들은 7월에 제거한 두개골 일부를 다시 돌려놓기로 했다. 세 번째 뇌 수술인 셈이었다. "전쟁에서 이기고 금의환향한 기분이었습니다. 문을 닫고는 문 뒤에서 이렇게 말했어요. '그래, 내 딸은 잘해낼 거야.'"

여전히 에릭은 지금까지 일어난 모든 일에서 의미를 찾고 있었다. '케이트가 살아 있어서 천만다행이야.' 케이트가 세 번째 뇌 수술을 받기 전날 에릭은 생각했다. '얼마나 더 회복할 수 있을까. 신의 선한 계획이 뭐야 대체.'

케이트가 수술실에서 나오고 나서야 그 답을 얻었다. 두 사람은 회복실에 있었다. 케이트는 마취가 덜 풀려 '아직 멍한' 상태였는데 병실로 손님들이 찾아오기 시작했다.

처음 도착한 사람은 의사였다. "케이트, 기억하지 못하겠지만 저는 케이트가 응급실에 온 날 담당했던 의사입니다."

잠시 뒤 간호사 한 사람이 들어왔다. "케이트, 기억은 안 나겠지만 저는 처음 수술팀이 수술을 할 때 수술실에 있던 간호사예요."

다음 사람이 도착했다. "케이트, 기억할지 모르겠지만 저는 케이트를 담당했던 사회복지사입니다."

또 다음 사람이 도착했다. "케이트, 기억하지 못하겠지만 저는 입원 2, 3일째 케이트를 담당했던 간호사예요."

'웃는 얼굴의 퍼레이드'였다고 에릭이 이야기했다. 마지막 방문자는 낸시 스트롱이라는 간호사였다. 낸시는 여름에 케이트가 집중 치료를 받는 동안 담당했던 간호사였다. "저는 낸시 옆에 다가가 이렇게 말했어요. '저기요. 많은 분이 케이트의 쾌유를 빌어주신 점은 대단히 감사하게 생각합니다. 그런데 무언가 다른 이유가 있는 거죠?'"

"네, 맞아요." 낸시가 말했다.

"그게 뭐죠?"

"에릭, 뇌 손상을 입은 아이들 열 명 중 아홉 명은 사망합니다. 그중 사망하지 않은 한 명이 케이트예요. 우리가 케이트를 찾아온 이유는, 케이트가 우리를 매일 병원으로 돌아오게 해주기 때문입니다."

에릭은 깨달았다.

'이게 구원이구나. 이게 바로 선한 계획이구나.'

모스의 설립자인 청년 조지 도스 그린은 조지아 주 성 시몬 섬에 살 때 밤이면 친구 완다네 집에서 놀았다.[2] 성 시몬 섬은 조지의 고향이기도 했다. 조지와 친구들은 완다네 집 현관에 둘러앉아 버번위스키를 마시며 서로 살아가는 이야기를 했다. 친구 데이턴이 술에 취해 있는 동안 당시 근무하던 헛간에서 닭 6000마리가 탈출한 이야기, 조울증을 앓던 케니가 깜박하고 약을 챙기지 않아 벌거벗은 채로 바닷속으로 2킬로미터 가까이 헤엄쳐 들어갔다가 해안 경비대에 구조당한 이야기 따위였다. 케니는 해안 경비대원에게 이렇게 말하면서 자기를 내버려두라고 했다고 한다. "괜찮아요. 저는 고래거든요." 그들은 돌아가며 이야기를 했다. "나방 떼가 불 주변을 맴돌고 매미들이 참나무 위에서 장단을 맞춰 울었어요." 조지가 그때 일을 이야기했다.

몇 년 뒤 조지는 뉴욕에 살고 있었다. 소설 두 권을 출간한 작가였고, 그중 한 권인 《주어러The Juror》는 세계적인 베스트셀러에 올라, 데미 무어와 알렉 볼드윈이 주연한 영화로 제작되었다. 조지는 그렇게 번 돈으로 맨해튼에서 화려한 칵테일파티에 참석하며 살았다. 겉보기에는 거의 모든 작가가 꿈꾸는 삶이었다.

하지만 무언가 허전했다. 어느 저녁, 시내에서 열리는 '유독 지루한' 시 낭송회에서 조지는 깨달았다. 자신이 완다네 집 현관에서 보냈던 매혹적인 밤을 그리워하고 있다는 사실을. 뉴욕에서와는 달리 조지가 살던 성 시몬 섬 주민들처럼 평범한 사람들은 자신의 이야기를 잘 정리해 제대로 이야기할 공간이 없었다. 그래서 조지는 자신의 아파트에 사람들을 불러 모아, 완다네 집 현관에서 했던 경험을 재현하기로 했다.

1997년, 조지의 생각은 모스라는 이름의 비영리 단체로 확장됐다. 성 시몬 섬에서 친구들을 만난 밤에 보았던 나방에서 따온 이름이었다. 20년 뒤, 모스는 뉴욕의 문화계에서 빠질 수 없는 이름이자 하나의 세계적 현상이 되었다. 현재는 런던, 로스앤젤레스, 루이스빌 등의 도시에서 연 500회가 넘는 스토리텔링 공연을 연다. 심지어 타지키스탄에서도 한 번 열었다. 모스는 생방송 공연에서 에릭의 이야기를 포함해 1만 5000개가 넘는 이야기를 무대에 올리는 데 더해, 매주 팟캐스트와 라디오 쇼도 진행한다. 라디오 쇼는 우수한 방송에 주는 국제상인 피버디상을 받기도 했다. 2013년에는 첫 번째 이야기집도 출간했다.

모스는 예술감독 캐서린 번스의 지휘 하에 의미를 찾을 수 있는 이야기를 신중하게 고른다. 이야기는 다양한 방법으로 수집되는데, 모스의 웹사이트, 모든 사람에게 참가 자격이 주어지는 공개 이야기 경연 사이트 스토리슬램스StorySLAMS, 구전되는 이야기에서 찾는다. 출처가 어디든 번스와 팀원들은 갈등과 해결을 담고 있는 이야기를 수집한다. 스토리텔러가 지금의 모습으로 발전하기까지 과정이 담긴 이야기, 즉 변화의 이야기를 찾았다. 아일랜드의 작가 프랭크 오코너Frank O'Connor가 단편소설집 《국민의 손님Guests of the Nation》의 말미에서 얘기했듯이 "나중에 나에게 일어난 어떤 일도 다시는 똑같은 감정으로 다가오지 않았다"며 끝낼 수 있는 이야기 말이다.

가장 감동적인 이야기들은 취약성에 뿌리를 두되 지나치게 감정적이지는 않다는 사실을 번스는 발견했다. 번스는, 이야기는 '상처가 아닌 흉터'를 이야기해야 한다고 말했다. 이야기가 스토리텔러의 머릿속에 오래 들어앉아 있어야 그 경험을 돌아보며 의미를 끌어낼 수 있기 때문이다. "가끔 누군가와 전화통화를 할 때 상대방은 내 고민을 해결해줬다고 생각하지만, 나는 문제가 해결되지 않은 경우가 있습니다."

일단 좋은 이야기를 찾으면 번스와 팀원들은 감독 역할을 맡는다. 스토리텔러들과 리허설을 통해 절정과 결말이 될 만한 중심 이야기를 찾을 수 있도록 돕는다. 여기서 말을 멈추라든가, 저기서 말을 천천히 하라든가, 효과적인 전달을 위해 세밀한 의견을 제시하기도 한다. 하지만 그 효과는 듣는 이에게만 작동하는 게 아니다. 11년 넘게 모스와 일하면서 번스는 스토리텔러가 이야기를 만드는 과정에서 자기 인생의 경험과 새로운 방식으로 연결되고, 그 경험을 통찰하고, 과거에는 깨닫지 못했던 교훈을 얻는 모습을 목격했다.

스토리텔링으로
진짜 나를 찾아가기 /

2005년 모스의 뉴욕 공연에 스토리텔러로 참가한 제프리 루델은 대학 1학년 때 부모님에게 동성애를 고백한 경험을 이야기했다.[3] 제프리는 부모님이 받아들일 것이라고 예상했다. 그래서 부모님이 제프리의 물건을 전부 태우고 연락을 완전히 끊어버리자 충격을 받았다. 6년간 전화와 편지로 끝없이 연락을 시도했지만 부모님은 절대 받아주지 않았다. 결국 제프리는 마지막으로 부모님을 만나기로 결심했다. 미리 알리지 않고 비행기를 타고 어머니의 사무실에 찾아갔다. 그때조차 어머니는 제프리를 만나주지 않았다. 2주 뒤 제프리의 뉴욕 사무실에 검은색 조화가 도착했다. 조화에는 이렇게 적혀 있었다. "우리 아들을 기리며."

사랑과 자애가 중요하다고 가르쳤던 부모님이 어떻게 자신을 그토록 증오하고 혐오할 수 있을까? 제프리는 모스 공연에서 소개할 이 이야기를 준비하면서, 처음에는 자기가 느끼는 감정이 분노와 고통이라고 생각했다. "제 이야기의 주제는 분노였고, 저는 이야기할 준비가 됐습니다. 그런데 문제가 있었습니다. 부모님에게 그렇게 화가 나지 않았어요." 가족에게 외면받은 뒤 제프리는 게이 친구들에게 위로를 받았다. 친구들은 자기 부모님도 동성애 사실을 듣고 처음에는 싫어했지만 결국 점차 받아들였다며, 제프리의 부모님도 그럴 거라고 말했다. 제프리에게 필요한 것은 인내와 희망이었다. 친구들의 조언을 듣고 자기도 부모님과 언젠가 화해하리라는 희망을 품고 몇 년을 기다렸다. 하지만 그 희망 때문에 제프리의 삶은 '멈춰버렸다.'

모스 공연에서 소개할 이야기 원고를 작성하면서 제프리는 가족의 사랑을 되찾는 데 너무 열중한 나머지, 정작 자신의 미래나 욕구에 대해서는 고민한 적이 없다는 사실을 깨달았다. 취업 기회를 거절했고 로스앤젤레스로 이사를 가는 동성 애인과도 헤어지며 부모님이 사는 미시간에 남기로 결정했다. 언젠가 자신을 다시 받아들일 때를 대비해 부모님 근처에 있고 싶었다. "오랜 시간 끈질기게 매달린 희망 덕에 얻은 건 정서적으로 멈춰 있는 나 자신뿐이었습니다." 결국 제프리는 자신의 희망이 현실 부정의 한 형태였음을 깨달았다. 자신과 부모님의 관계가 회복될 가능성은 없었다. 그래서 희망을 버리고 자기 삶을 살기 시작했다. 그제야 마음이 편안해지면서 응어리가 풀렸다. "우스갯소리로, 모스 무대에서 이야기하는 것이 정신과 치료 10년에 버금간다는 말이 있습니다."

에릭 콜벨처럼 낯선 사람들 앞에서 자기 이야기를 할 기회는 쉽사리 주어지지 않는다. 하지만 우리 인간은 모두 '창작 행위'를 하는 존재, 즉 '우리 삶의 이야기'를 하는 스토리텔러라고 인류학자 캐서린 베이트슨Catherine Bateson이 지적한 바 있다. 우리 삶은 정해진 형태를 따라가지 않는다. "각자 즉석에서 이야기를 만들다가 그 과정에서 이야기의 형태를 발견한다"라고 캐서린은 말한다. 즉 우리의 정체성과 경험은 계속 변한다. 즉흥 연주를 하는 재즈 연주자처럼 하나의 길을 가다가 그 길을 버리고 다른 길을 택할지도 모른다. 스토리텔링은 우리의 그 행위를 이해하는 과정이다. 우리는 서로 다른 삶의 조각들을 하나의 이야기로 엮어 통일된 전체를 만든다. 그 과정에서 우리 삶을 일관된 하나의 이야기로 이해한다.[4] 심리학자들은 이러한 일관성이 의미의 중요한 원천이라고 말한다.[5]

스토리텔링 충동은 인간이라면 누구나 가지는 깊은 욕구에서 나온다. 우리에게는 무질서에 질서를 부여하려는, 즉 소음 속에서 신호를 찾으려는 타고난 욕구가 있다.[6] 구름 속에서 얼굴을 찾고, 나뭇잎이 바스락대는 소리 속에서 발소리를 듣고, 관련 없는 사건들에서 음모를 감지한다. 끊임없이 정보를 얻고 그 정보에 의미를 입힌다. 그러지 않고는 살아갈 수 없기 때문이다. 이야기를 통해 우리는 세상과 그 안에서 우리의 위치, 그리고 세상만사의 이유를 이해한다. "스토리텔링은 인간의 의미 탐구 과정에 꼭 필요합니다.[7] 지구의 탄생에 얽힌 이야기를 하든, 우리의 과거 선택을 놓고 이야기를 하든, 반드시요." 캐서린이 말했다.

이야기는 특히 우리 정체성을 정의할 때 필수다.[8] 즉 이야기를 통해 나는 누구이며, 어떻게 지금의 삶을 살게 되었는지 이해할 수 있다.

에메카 나카의 이야기를 해보자.[9] 에메카는 스물한 살 때 오클라호마 선더라는 세미프로 풋볼 팀에서 수비수로 활동하고 있었다. 아칸소에서 경기를 뛰면서 에메카는 상대 선수에게 공을 빼앗긴 뒤 태클을 하려고 뛰어갔다. 숱하게 했던 플레이였다. 상대 선수의 몸에 부딪쳤을 때 110킬로그램이 넘는 에메카의 몸이 바닥에 거꾸러졌다. 늘 그랬듯이. 하지만 이번에는 무언가 달랐다. 바닥에 떨어지는 느낌이 들지 않았다. 잔디밭에 누워 있는데 팔꿈치를 부딪쳤을 때 드는 얼얼한 느낌만 있을 뿐이었다. 관중들은 침묵했고 트레이너가 뛰어나왔다. 멀리서 앰뷸런스 소리가 울려 퍼졌다. 에메카는 들것에 실려 경기장을 나갔다. 손을 들어 관중들에게 엄지손가락을 쳐

보이려 했지만 할 수 없었다. 병원에서 목 수술을 아홉 차례 받았다. 마취에서 깨어났을 때 가슴 아래쪽이 움직이지 않았다.

에메카는 어릴 때부터 풋볼을 하지는 않았다. 고등학교에 다니면서 공을 좀 던지기는 했지만, 대학 2학년 때 오클라호마 선더에 입단한 뒤부터 진지하게 경기에 임하기 시작했다. 1학년 때 자기는 '멍청이'였다고 에메카가 말했다. "풋볼이 제 인생에 들어오고 모든 사람이 저를 자랑스러워하게 만들 기회가 생겼죠. 저는 이렇게 생각했습니다. '내가 잘하는 분야에서 빛을 발할 기회가 왔어. 내 재능을 이용해서 그 꿈을 이루자.' 더 큰 목표를 향해 간다는 기분이 들었습니다." 에메카는 매일 열심히 훈련했고, 더 강해지고 더 빨라질수록 자신의 삶이 마침내 좋은 방향으로 흘러간다는 느낌이 들었다. 오클라호마 선더에서 두 시즌을 뛴 뒤 미주리에 있는 대학팀 코치하나가 전화를 해, 자기 학교 풋볼팀으로 스카우트 제안을 해왔다.

그리고 3주 뒤에 척수 부상을 입었다. 수술을 받고 며칠 동안은 상황이 얼마나 심각한지 잘 몰랐다. 2개월 동안 재활 훈련을 받고 다시 경기를 뛸 수 있을 것이라고 생각했다. 하지만 3개월 뒤 병원에서 퇴원을 허가했을 때 여전히 손과 팔을 쓸 수 없는 상태였다. 물론 다리도 움직일 수 없었다.

그제야 예상보다 훨씬 오랜 시간이 걸릴, 힘든 치료를 받고 있다는 사실을 깨달았다. "아프니까 병원에 있는 거잖아요. 집에 가라는 말은 나았다는 뜻이고요. 하지만 병원에서 퇴원하라고 했을 때 나아진 느낌이 없었어요. '퇴원이라니 무슨 말이지?'라고 생각했어요."

140킬로그램을 들어 올리던 남자가 1.4킬로그램조차 들 수 없게 됐다. 에메카의 아버지는 오클라호마 주 털사에서 조지아 주로 이사를 와야 했다. 에메카를 돌보기 위해서였다.

에메카는 새로운 삶에 적응하면서 오랫동안 스스로에게 몇 가지 중요한 질문을 던졌다. "내 인생은 어떻게 될까? 결혼은 할까? 아이는 가질까? 누가 날 사랑하기는 할까? 어떻게 먹고살지?" 부상을 입기 전에는 자신이 누군지 확실히 알았다. 풋볼 선수였고, 분위기 메이커였고, 앞날이 창창한 대학생이었다. 에메카는 늘 그리던 미래와 꿈꾸던 미래의 자신이 사라졌다는 사실을 받아들여야 했다.

설상가상 자신이 대단히 결점이 많은 사람이었음을 깨달았다. 부상을 입기 전 자신을 평가하면서 마음에 들지 않는 모습을 발견했다. "사실 옛날에는 저 자신만 알고 살았어요. 파티를 좋아하고 다른 사람들은 그다지 신경 쓰지 않는 사람이었죠. '인생은 한 번뿐이야. 지금 하고 싶은 건 뭐든 하자'라는 생각으로요. 목적 없이 살았어요."

정체성이 무너지기 시작했지만 에메카는 새로운 정체성, 긍정적 정체성을 만들어가기 시작했다. 과거의 불안정하고 자기밖에 모르던 자신보다 더 나은 사람이 되었다고 되뇌면서. 2010년 봄, 부상을 입은 지 거의 1년이 지났을 때 에메카는 교회에서 중고등학생들의 멘토로 자원봉사를 시작했다. 멘토가 되자, 관심이 자신과 자신이 처한 상황에서 벗어나 자신의 도움을 필요로 하고 자신의 인생 경험에서 배움을 얻고자 하는 다른 사람들에게로 옮겨 갔다. "사람들에게 도움을 주기 시작하면서 불이 켜진 듯했습니다. 지금 내가 어떤 사람인지 깨달았어요. 저는 다른 사람들을 우선하려고 노력하는 사람입니다." 교회에서 봉사를 시작한 지 2년 뒤 대학으로 돌아갔다. 2015년에 대학을 졸업한 뒤 상담학 석사 과정을 시작했다. 에메카는 여전히 몸을 움직일 수 없고 평생 걸을 수 없을지도 모르지만, 지금 삶이 과거의 삶보다 정신적으로 훨씬 더 풍요롭다고 확신한다.

수술을 받고 몇 달 동안은 부상을 받아들이느라 많은 시간을 보냈다. 삶의 행로가 갑작스럽게 바뀐 순간에 대해 생각했다. "부상을 입기 전 저는 엉뚱한 산을 올라가고 있었습니다." 에메카가 말했다. 목이 부러졌을 때 그 산에서 추락해 '바닥에 떨어졌다.' 그때 다른 산을 발견했다. 평생 올라야 할 산이자 에메카가 가야 할 진짜 길이 있는 산이었다. 그 뒤로 에메카는 천천히 그 산을 오르는 중이다.

/
긍정이라는 무기로
삶을 편집하기 /

부상에서 회복한 에메카의 이야기는 에메카가 멘토를 맡고 있는 십 대들에게 감동을 줬다. 하지만 심리학자 댄 맥애덤스Dan McAdams는 그 이야기가 에메카 자신에게 더 중요하다고 주장할 것이다.[10] 맥애덤스는 노스웨스턴 대학교의 심리학과 교수이자 자신이 이름 붙인 '내러티브 정체성narrative identity'이라는 개념의 전문가이다. 맥애덤스는 내러티브 정체성을, 우리가 우리 자신에 대해 만드는 내면화된 이야기라고 설명한다. 한 작가는 내러티브 정체성을 '진짜 나의 모습[11]과 출신, 삶의 과정, 그리고 그 모든 것의 의미'에 대한 개인적 신화personal myth라고 말한다. 허구의 소설과 마찬가지로 내러티브 정체성에는 우리를 돕는 영웅과 우리를 해하는 악당이 있고, 극복해야 할 난관과 견뎌야 할 고통이 있다. 사람들이 우리를 이해해주기를 바랄 때 우리는 우리의 이야기, 또는 그 일부를 사람들에게 들려준다. 그리고 다른 사람에 대해 알고 싶을 때는 그 사람의 인생 이야기를 묻는다.

한 개인의 인생 이야기는 그 사람의 인생 전체가 아니라는 점을 명심해야 한다. 그보다 '이야기 선택'을 하는 것이라고 맥애덤스는 말한다. 우리의 이야기는 좋든 나쁘든 삶의 가장 특이한 사건에 집중되는 경향이 있다. 우리가 이해해야 하고 또 우리에게 영향을 미치는 경험들이기 때문이다. 하지만 그런 사건에 대한 해석은 사람마다 완전히 다를 수 있다. 어떤 사람은 부모님이 자신을 물속에 집어던지며 수영을 가르친 경험 덕분에, 위험을 감수하면서 많은 것을 배우는 강인한 기업가가 되었다고 말할지도 모른다. 한편 같은 경험을 한 어떤 사람은 그 경험 때문에 배를 싫어하고 권위적인 사람을 신뢰하지 않는다고 말할 수도 있다. 또 누군가는 그 경험을 아예 이야기하지 않을지도 모른다. 자기 인생에서 별로 중요하지 않은 경험이라고 생각하기 때문이다. 성직자이자 정신 치료사인 에릭 콜벨에게 딸 케이트의 교통사고는, 처음에는 자기 직업과 자신에게 중요한 생각을 의심하게 만들다가 결국에는 그 생각이 옳다는 사실을 확인하는 계기가 됐다. 바로 좋은 사람들이 부당하게 고통받는 세상에서 구원이 일어날 수 있다는 사실.

맥애덤스는 30년 넘는 세월 동안 인생 이야기와 의미를 연구하고 있다. 맥애덤스는 참가자들과 인터뷰를 하면서 자신의 삶을 몇 개의 챕터로 나눠 중요한 순간들을 이야기해보라고 했다. 이를테면 전성기, 침체기, 전환기, 또는 유년의 기억 따위로. 또 개인적 신념, 가치, 삶의 철학 등을 고민해보라고 했다. 마지막으로 각자 이야기의 중심 주제를 고민하게 했다.

이러한 인생 이야기 수백 개를 분석한 끝에 맥애덤스는, 의미 있는 삶을 사는 사람들이 자신의 경험을 이해하고 해석하는 방법에서 흥미로운 패턴 몇 가지를 발견했다. 사회와 미래 세대에 기여하기를 바라는 사람들에게는 공통된 패턴이 있었다. 자신의 삶에 대한 구원의 이야기, 또는 나쁜 사람에서 좋은 사람으로 바뀐 이야기를 더 많이 한다는 점이다. 이야기를 하면서 그들은 고통에서 구원으로 옮겨 간다. 그들은 좋은 일과 나쁜 일을 연이어 경험하는데, 좋은 일은 나쁜 일로 생긴 결과이다. 따라서 그 경험은 고통에 어떤 의미를 부여한다.

맥애덤스가 만난 한 남성은 극심하게 가난한 환경에서 자랐다. 하지만 그는 어린 시절의 불우한 환경 덕에 가족 관계가 더 돈독해졌다고 말했다. 한 여성은 죽어가는 친한 친구를 돌보는 끔찍한 경험을 했지만, 결국 그 경험 덕에 예전에 그만둔 간호사로 다시 일하게 되었다고 했다. 한 남성은 아들이 뇌 장애 진단을 받았을 때 아들에게 도움을 준 친절하고 인정 많은 사람들을 삐딱하게 바라봤다고 했다. "그때는 정말 힘들었습니다. 돌아보면 더 많은 것을 얻었죠. 인생과 사람의 본성에 대해, 세상에 좋은 사람이 얼마나 많은지도 알게 됐습니다." 에릭 콜벨은 병원 직원들이 뇌 수술을 이겨낸 딸 케이트를 대하는 모습에서 구원을 목격했다. 힘들게 목숨을 건진 구원의 경험이 "케이트에게 닥친 위기를 당할 가치가 있는 일로 만들어주지는 않습니다. 하지만 가치 있는 '무언가'로 만들어줍니다." 이들과 맥애덤스가 연구한 다른 사람들은 어려운 일을 극복한 경험이 전혀 없거나 경험이 적은 이야기를 하는 사람들보다 자신의 삶이 더 의미 있다고 평가한다.

힘든 일을 극복한 이야기를 한다고 해서 반드시 우리 삶이 객관적으로 나아졌다고 볼 수는 없다. 이를테면 에릭은 마음만 먹으면 케이트의 사고가 더 나쁜 결과를 낳았다고 이야기할 수 있었다. 케이트는 사회생활을 하면서 쉽게 지치고, 뇌 손상으로 거리 감각에 계속 문제를 겪고 있다. 또 사고가 나기 전 기억을 상당 부분 잃었다. 에릭은 케이트의 삶이 더 힘들어졌다고 하소연할 수 있었지만 그렇게 하지 않았다. 대신 케이트에게 일어난 일을 어느 정도 만회하는 이야기를 했다. 에메카도 비슷한 상황이었다. 하반신 마비로 꿈이 산산조각 났다는 이야기를 할 수도 있었지만, 대신 부상이 자신을 더 나은 사람으로 바꾼 과정에 집중했다.

맥애덤스에 따르면 '극복 스토리'의 반대는 '실패 스토리contamination story'이다. 실패 스토리에서 사람들은 자기 삶이나 삶의 사건들이 좋은 쪽에서 나쁜 쪽으로 변했다고 해석한다. 맥애덤스의 연구에 참여한 한 여성은 아이를 출산했던 이야기를 했다. 인생에서 가장 행복한 시기였다. 그리고 아이의 아버지가 사망하는 사건으로 이야기를 끝맺었다. 아이가 태어난 지 3년 뒤에 일어난 일이었다. 아이의 탄생이 그녀의 인생에 가져온 기쁨은 비극으로 얼룩졌다. 실패 스토리를 선택하는 사람들은 심리학자들의 말처럼 덜 발전적이고 사회와 젊은 세대에 기여하는 데 관심이 적다는 점을 맥애덤스는 발견했다. 그들은 불안감이 높고 더 우울해하며, 자신의 삶이 극복 스토리를 선택하는 사람들에 비해 일관성이 적다고 느끼는 경향이 있다.

극복 스토리와 실패 스토리는 우리가 우리 삶에 대해 만들어낼 수 있는 두 종류의 이야기일 따름이다. 이를테면 어떤 인생 이야기는 내면의 변화와 개인의 성장이 주를 이루는 반면, 어떤 이야기는 정체와 퇴행이 주를 이룬다. 어떤 이야기는 교감, 사랑, 친밀한 관계가 주제이고, 또 다른 이야기는 고독과 소외가 주제이다. 누구는 개인이 자기 삶의 주인이라고 이야기하고, 누구는 개인이 얼마나 무력한 존재인지 이야기한다. 또 누군가의 이야기에는 이런 주제들이 섞여 있다. 맥애덤스는 구원의 이야기를 포함해 자신의 삶이 의미 있다고 믿는 사람들은, 주로 성장, 교감, 능력에 대해 이야기한다는 사실을 발견했다. 이런 이야기들은 스스로에 대한 긍정적 정체성을 갖게 해준다. 자신이 삶의 주인이며 사랑받고 있고 점점 성장 중이며 또 어떤 장애물을 만나든 좋은 결과로 보상받으리라고 믿는다.

우리가 우리 삶에 대해 하는 이야기들은 스스로를 어떻게 이해하고 있으며 지금까지의 삶을 어떻게 해석하는지 보여준다. 또 현재 우리 자신의 다양한 모습을 강화하는 기회가 된다. 이를테면 우울하거나 부정적인 사람은 삶이 나쁜 쪽으로 바뀐 실패 스토리를 더 많이 할 테고, 부정적인 이야기를 하다 보면 자기 상황이 더 나쁘게 느껴질 것이다. 그런데 이 악순환에서 벗어나는 방법이 있다. 단지 극복 스토리가 다른 이야기보다 더 많은 의미를 전달한다고 해서, 자기 삶에 대한 부정적인 이야기를 하는 사람들이 의미 없이 정체된 삶을 산다고 할 수는 없다. 우리는 모두 자기 이야기의 저자이며, 이야기의 방식을 얼마든지 바꿀 수 있기 때문이다.

심리학과 심리 치료 연구가 제일 크게 기여한 점 하나는, 사실의 제약을 받을 때조차 우리가 우리 삶에 대한 이야기들을 직접 편집, 수정, 해석할 수 있다는 생각이다.[12] 심리학자 미셸 크로슬리Michele Crossley는 정신 질환이 대개 자신의 인생에 대해 충분히 이야기할 수 없어서 발생한다고 말한다. 이야기가 일관성이 없든 부적절하든, 아니면 '실패한 인생 이야기든' 상관없이 말이다.[13] 심리 치료사가 할 일은 환자들이 자신의 이야기를 더 긍정적으로 써볼 수 있도록 돕는 것이다. 환자들은 심리 치료사와 함께 자신의 이야기를 편집하고 재해석하는 과정에서 다른 무엇보다 자신이 삶의 주인이며, 그동안 겪은 모든 고난에서 어떤 의미를 찾을 수 있다는 사실을 깨닫는다. 그 결과 정신 건강이 개선된다. 한 정신 건강 보고서[14]에 따르면 이러한 스토리텔링 심리 치료가 항우울제나 인지행동 치료보다 효과적이다.

이야기를 약간만 편집해도 우리 삶에 큰 영향을 미칠 수 있다.[15] 애덤 그랜트와 제인 더턴 역시 2012년 발표한 연구에서 이러한 사실을 밝혀냈다.[16] 두 연구자는 그랜트가 이전에 연구했던 대학 콜센터 후원금 모금 담당자들에게 4일 동안 매일 일기를 쓰게 했다. 첫 번째 조건인 수혜자 조건에 속한 모금 담당자들은 동료가 마지막으로 자신에게 감사의 마음을 불러일으킨 행동을 한 때를 적었다. 두 번째 조건인 후원자 조건에 속한 모금 담당자들은 자신이 동료에게 도움을 준 순간을 적었다.

연구자들은 어떤 이야기가 참가자들을 더 관대하게 만드는지, 즉 자신을 호의 수혜자로 보는 이야기와 호의 제공자로 보는 이야기가 무엇인지 파악하고자 했다. 연구자들은 모금 담당자들의 전화 통화 기록을 살펴봤다. 모금 담당자들은 고정 시급을 받고 졸업생들에게 전화를 돌려 학교에 후원 요청을 하고 있었기 때문에, 근무시간에 하는 전화 통화의 수는 친사회적, 기여 행동의 좋은 지표라고 봤기 때문이다. 시간당 더 많은 전화 통화를 하는 사람은 더 적은 통화를 하는 사람보다 대학에 더 많은 도움을 주고 있는 셈이다.

그랜트와 더턴은 모금 담당자들이 쓴 이야기를 분석한 결과, 자신을 호의 제공자로 보고 이야기를 쓴 사람들은 연구가 끝난 뒤 학교 졸업생들에게 하는 전화 통화의 수가 30퍼센트 증가했다는 사실을 발견했다.[17] 자신을 혜택의 수혜자로 보고 이야기를 쓴 사람들은 통화량에 변화가 없었다. 우리가 하는 이야기가 우리 자신의 모습에 영향을 미친다는 사실을 보여주는 좋은 예이다. 후원금 모금자들이

"자신을 호의 제공자로 볼 때 호의 제공자 같은 행동을 더 하며, 이런 행동은 더 친사회적 행동, 즉 더 많은 모금으로 이어진다"라고 더턴이 말했다.

그랜트와 더턴의 연구에 따르면 의미를 만들어내는 이야기는 그 이야기를 만드는 데서 끝나지 않는다. 스스로 후원자라고 말한 사람들이 자신에 대해 한 이야기는 결국 의미 있는 행동을 낳고, 그들의 노동시간에 더 큰 명분을 부여했다. 모금 담당자들은 연구의 일환으로 자기 이야기를 하고 있다는 사실을 알았지만, 결국 자신이 한 이야기'대로 살았다'고 맥애덤스는 말할 것이다. 자신의 이야기를 미묘하게 재구성함으로써 후원금 모금 담당자들은, 에메카처럼 더 긍정적인 정체성을 형성하고 더 큰 목적의식을 가지고 살게 되었다.

반사실적 사고의 효과 /

이야기 편집에 더해 스토리텔링을 통해 의미를 만드는 최선의 방법 한 가지는 자기 삶의 중요한 시기, 즉 개인의 이야기에서 중요한 장면을 돌아보고 그런 순간들이 지금 자기 모습과 현재 삶에 어떤 영향을 미쳤는지 생각해보는 것이다. 예를 들어, 에메카는 자기 이야기를 하면서 '만일 이랬다면'이라고 가정하는 문장을 수시로 사용했다. 만일 내가 걸을 수 있었더라면? 만일 내가 청소년 대상 봉사를 하지 않았더라면? 만일 내가 여전히 풋볼을 할 수 있었더라면? 물론 질문에 대한 답은 결코 알지 못할 것이다. 하지만 자기 삶의 중요한 순간들을 돌아보고, 다른 삶이 펼쳐졌을 다른 길을 생각할 때 에메카는 희망적인 생각만 하지 않는다. 자신의 경험을 이해하고 그 과정에서 의미를 찾는다.

어떤 일이 일어났거나 일어나지 않았다면 삶이 어떻게 펼쳐졌을지 상상하는 활동을 심리학계에서는 '반사실적 사고counterfactual thinking'라고 한다. UC 버클리의 심리학 교수 로라 크레이Laura Kray와 동료들은 2010년 발표한 연구[18]에서 실험 참가자들에게, 연구실에 와서 삶의 중요한 경험들을 돌아보고 그 일이 일어나지 않았다면 삶이 어떻게 달라졌을지 생각해보게 했다.

예를 들어, 연구자들은 노스웨스턴 대학교 학생들에게 이 학교에 입학하기로 결정한 순간을 돌아보라고 했다. "어느 학교를 갈지 결정한 과정을 생각해보십시오. 왜 노스웨스턴 대학교에 들어오기로 결정했습니까?" 학생들은 "당시를 회상하며 최종 결정에 이른 전체 과정을 나열하라"라는 과제를 받았다. 이 질문에 답한 뒤 참가 학생들의 절반은 한 가지 문항에 더 답했다. "삶이 다르게 펼쳐질 수 있었을 모든 상황을 이야기해보라."

이 간단한 활동으로 참가자들은 중요한 삶의 경험, 즉 노스웨스턴 대학 입학을 더 의미 있다고 평가했다. 그들은 "노스웨스턴 대학교 입학이 내 삶에 의미를 부여했다", "노스웨스턴에 입학하기로 한 결정은 내 삶에서 가장 중요한 선택이었다"라는 답변 항목에 더 많이 그렇다고 답했으며, 그 결정이 현재의 자신에게 중요한 영향을 미쳤다고 대답하는 경향이 있었다. 연구자들이 친한 친구에 대해 생각해보라고 했을 때도 결과는 비슷했다. 노스웨스턴에 입학하기로 한 결정을 머릿속으로 생각한 것처럼, 그 친구와 친해진 과정을 생각한 참가자들은 친구와의 관계가 더 의미 있다고 결론 내렸다.

왜 반사실적 사고가 그토록 효과적일까? 로라 크레이에 따르면, 이런 활동이 어떤 사건의 의미를 단순히 생각만 하는 것보다 더 면밀한 이해의 과정을 거치기 때문이다.

첫째, 반사실적 사고는 우리가 최종적으로 택한 결정으로 얻은 이점을 생각하게 해준다. 참가자들은 그 중요한 사건이 없었다면 자신의 삶이 어떻게 됐을지 생각하는 과정에서 대개 더 나은 삶이 아닌 더 나쁜 삶을 떠올렸다. 그 사건이 없었더라면 자신의 삶에 중요한 많은 관계와 경험도 없었으리라고 결론지었다. 노스웨스턴 대학교에 들어가지 않았더라면 꿈꾸던 직장에 결코 취직하지 못했으리라고 누군가는 생각했을지 모른다. 또 누군가는 파티에서 줄리를 만나지 않았다면 지금 남편을 만날 일도 없었으리라고 생각할지 모른다.

둘째, 반사실적 사고는 자기 삶에 대해 더 일관성 있는 이야기를 하게 해준다. 또 다른 연구에 따르면, 미래의 배우자를 만난 일처럼 자기 삶의 전환점을 떠올린 사람들은 그 사건이 '운명'이었다고 믿는 경향이 더 강했다. 우연이 아니라 불가피한 논리적 패턴에 따라 지금의 배우자를 만나게 됐다고 결론 내린다. 또 삶은 우연히 펼쳐지는 것이 아니라 정해진 질서와 설계가 있다고 믿는다.

물론 크레이의 연구에 참여한 사람들 상당수가 자기 삶의 긍정적 순간들을 떠올렸다. 대학에 입학하거나 친한 친구를 만난 계기처럼. 하지만 우리 삶에서 제일 중요한 몇 가지 전환점은 힘들거나 고통스러운 순간들이다. 우리는 이런 경험들을 이야기할 때 그런 일이 일어나지 않았다면 삶이 더 나아졌을지 모른다고 자연스럽게 생각한다.

카를로스 에이레에게 그 순간은 쿠바혁명이었다.[19] 카를로스가 여덟 살이었던 1959년 1월, 피델 카스트로가 수도 아바나에 진격해 들어와 독재자 풀헨시오 바티스타를 축출하고 권력을 잡았다. 쿠바혁명이 일어나기 전까지 카를로스는 아바나에서 부유하고 여유로운 삶을 살았다. 카를로스의 아버지는 존경받는 판사이자 미술품 수집가로, 자신이 전생에 루이 16세였다고 믿고 또 그렇게 행동했다. 어머니는 아름다운 여성으로, 두 아들을 사랑하는 독실한 가톨릭 신자였다. 카를로스는 거의 하루 종일 밖에서 놀았고, 엄격한 가톨릭 남학교에서 문제를 일으키지 않으려 노력하며 지냈다.

카스트로가 권력을 잡기 불과 며칠 전 카를로스네 가족은 할아버지, 할머니와 크리스마스이브를 함께 보냈다. 어린 시절의 일상적 풍경이었다. 저녁 식사로는 구운 돼지고기, 디저트로는 누가를 먹었고, 카를로스는 발코니에서 할아버지와 호두를 깠다. 여자들은 부엌에서 수다를 떨었다. "그때는 몰랐다. 그날이 할아버지 할머니 집에서 온 가족이 크리스마스이브를 함께 보내는 마지막 밤이 될 줄이야." 그날 밤, 카를로스의 아버지가 차를 몰고 먼 길을 달려 집으로 돌아갔다. 가족들에게 도시 집집마다, 가게마다 달린 크리스마스 전구와 장식을 보여주려고. 곧 카스트로의 "게릴라전도, 우리 가족의 미래도 모두 끝났다." 카를로스는 이렇게 적었다.

그 뒤 얼마 지나지 않아 카스트로 정권은 본색을 드러내기 시작했다. 정적들을 고문하고 처형했으며, 사유재산을 몰수하고, 학교에서는 아이들을 세뇌했다. 카를로스의 어머니는 카스트로가 아이들을 부모에게서 떼놓는다는 소문을 듣고 놀라서 카를로스와 토니 형제를 미국에 보내기로 결심했다. 안전하게 지낼 수 있는 땅으로. 두 형제는 1만 4000명의 쿠바 아이들 틈에 껴서 플로리다로 항공 이송된다. 1960년과 1962년 사이에 시행된 피터팬 작전Peter Pan Operation (미국 정부와 가톨릭 교회가 추진한 쿠바 어린이 공수 작전-옮긴이)의 일환이었다. 카를로스의 어머니를 포함한 부모들 수천 명은 쿠바에 남아, 출국 허가가 떨어져 아이들과 재회할 날을 기다렸다.

그날은 3년 뒤에 찾아왔다. 1965년, 카를로스의 어머니는 쿠바를 떠나 미국 일리노이 주로 갔다. 그곳에는 카를로스와 토니 형제가 삼촌과 함께 살고 있었다. 카를로스의 아버지는 쿠바에 남아야 했다. 당시 카를로스의 삶은 완전히 달라져 있었다. 처음 미국에 도착했을 때만 해도 두 형제는 바퀴벌레가 들끓는 플로리다의 고아원에서 지냈다. 고아원에서 하루 한 끼를 먹으며 다른 아이들에게 괴롭힘을 당했다. 일리노이에 온 뒤로는 삶이 약간 나아졌다. 어머니는 영어를 못하는데다 어릴 때 앓은 소아마비로 다리에 장애가 있었다.

카를로스와 토니는 일을 해서 자신들은 물론 어머니 생계까지 책임 져야 했다. 열다섯 살 때 카를로스는 나이를 속여 시카고에 있는 콘 래드 힐튼 호텔에서 그릇 닦는 일자리를 얻었다. 화요일부터 일요 일, 오후 4시부터 새벽 2시까지 호텔에서 일했다. 겨우 몇 시간 눈 을 붙이고 일어나 학교에 갔다. 반 친구들은 카를로스를 '스페인 놈' 이라고 불렀다. 아바나에서 보낸 자유로웠던 삶은 꿈처럼 아득하게 느껴졌다.

카를로스가 쉰 살이 되었을 때 쿠바 소년 엘리안 곤살레스의 시 체가 플로리다 해변에 떠밀려와 국제 위기가 일어났다는 뉴스가 나 왔다. 당시 예일 대학교 역사학과 교수였던 카를로스는 아내와 세 아이들과 코네티컷에서 행복하고 안정적인 삶을 살고 있었다. 카를 로스는 쿠바에서 보낸 어린 시절을 거의 잊고 지냈다. 하지만 곤살 레스의 이야기가 카를로스의 머릿속 댐의 수문을 열어젖혔다. 댐 밖 으로 유년기의 기억이 쏟아져나왔다. 카를로스는 그 이야기들을 회 고록으로 엮어 자신과 가족에게 일어난 일을 알려야겠다는 생각이 들었다.

책을 쓰면서 지난 삶을 돌아보았다. 회고록 《아바나에 눈이 오기 를 기다리며Waiting for Snow in Havana》에서 카를로스는 쿠바혁명이 일어 나지 않았다면, 카스트로 정권이 빨리 무너졌다면 '어땠을지' 생각 했다. 피그만Bay of Pigs 침공(미 중앙정보국이 카스트로 정권에 맞서 쿠바 망 명자들과 함께 쿠바를 침공한 사건 – 옮긴이)이 성공했다면 어땠을까? 카 스트로가 포로들이 느낀 공포를 똑같이 느끼면서 '벽에 붙어 날마다 공포탄 세례를 받았으면' 어땠을까? 미국으로 달아나는 대신 아바나에 남았다면 어땠을까? 머리에 크림을 바르고 아바나 클럽으로 향하는 젊은 자신의 모습을 상상한다. 아버지의 장례식에 참석하는 상상을 한다. 1962년 봄, 아바나 공항에서 작별한 뒤 다시는 아버지를 만나지 못했다.

"미래에 향수를 품는 게 가능한지 모르겠어요. 하지만 가끔 제가 가질 수 있었을 미래가 그립습니다. 내 삶은 어땠을까? 나는 어떤 사람이 되었을까? 아버지와 관계는 어땠을까? 유년기와 성인기 사이가 이토록 완전히 단절되는 일은 없었을 겁니다. 온전한 삶을 살았겠죠." 혁명이 일어나지 않았다면 삶이 더 편하고 홀가분했으리라고 카를로스는 믿는다. 십 대 시절 경험한 불안과 고생, 어른이 되고 나서도 수시로 겪는 우울증, 유년기를 파괴한 공산주의자들에 대한 분노, 돈 걱정 없는 삶이었을 것이다. "맞아요. 더 편한 삶이었을 겁니다. 하지만 더 나은 삶이었을까요? 그렇게 생각하지는 않습니다. 나이가 들어서 보니 그 단절이 값진 경험이었다는 생각이 듭니다. 그 경험이 지금의 저를 만들었습니다."

열 살에 쿠바를 떠날 때만 해도 신발 끈 묶는 법을 막 배운 뒤였고, 집안일은 한 번도 해본 적이 없었으며, 스테이크를 직접 잘라 먹은 적도, 외박을 해본 적도 없었다. 생존 기술이 전무했다. 미국에서는 혼자 살아남는 법을 배워야 했다. 고생을 하니 '도덕적으로 성장' 했다고 카를로스는 말했다. "밑바닥의 삶을 경험했어요. 그 경험 덕에 세상을 보는 눈이 바뀌었습니다. 밑바닥의 삶을 사는 사람들에게 공감했고, 그들이 처한 상황이 얼마나 불공평한지 알게 됐습니다."

카를로스는 많은 것을 잃었다. 하지만 잃은 만큼 얻었다. 가족, 의미 있는 직업, 그리고 하느님에 대한 믿음이었다.

세상과 나를 연결하는 스토리텔링 /

미주리 대학교 교수 로라 킹Laura King은, 이야기가 우리의 지난 삶을 이해하는 데 어떤 도움을 줄 수 있는지 거의 평생을 바쳐 연구했다.[20] 1990년대 후반, 로라는 힘든 일을 겪은 성인 세 집단을 연구했다. 다운증후군 자녀를 둔 부모 집단, 커밍아웃을 한 게이와 레즈비언 집단, 결혼 생활 약 20년 만에 이혼을 맞은 여성 집단이었다. 각자 특수한 환경에 처해 있었지만 하나같이 상실을 경험한 사람들이었다.

로라는 세 집단의 연구 참가자들에게 두 가지 버전의 미래 이야기를 쓰게 했다. 지금 '실현 가능한 최선의 자신' 즉 자신이 바라는 삶의 모습, 그리고 두 번째는 '실현 불가능한 자신'의 가정법 이야기 즉 다른 역할을 선택하지 않았더라면 '될 수 있었을' 자신의 모습. 이를테면 게이와 레즈비언 남녀는 자신이 이성애자라고 가정하고 삶에 대한 이야기를 쓰고, 이혼 여성들은 여전히 결혼 생활을 하고 있다고 가정하고 삶에 대한 이야기를 썼다. 참가자들은 두 개의 문항에 답한 뒤 자신의 두 가지 모습을 얼마나 깊이 생각했는지 묻는 설문에 답했다.

로라는 '실현 가능한 최선의 자신', 즉 현재의 모습을 바탕으로 한 미래를 더 많이 생각한 사람일수록 더 행복하다는 결론을 얻었다. 지금 자신의 미래를 상상하면 희망이 생긴다. 이룰 수 있기 때문이다. 하지만 이룰 수 없는 자신의 모습을 더 많이 생각한 사람은 더 불행했다. 로라가 연구를 진행할 당시에는 동성애자 차별이 지금보다 더 심했다. 세계 어떤 국가도 합법적 동성 결혼을 허용하지 않을 때였다. 동성애 사실을 밝히면 많은 것을 잃을 수 있었다. 게이와 레즈비언들은 자신을 고립시킨 커밍아웃이라는 선택을 자주 생각할수록 고통받고 후회했다. 그들은 차별과 다른 장애물이 없는 이른바 평범한 삶이 지금 삶보다 훨씬 편했으리라는 사실을 깨달았다. 이혼한 여성들도 마찬가지였다.

두 집단 모두에게 '일어날 수도 있었을 상황'을 생각하는 일은 감정적으로 고통스러운 과정이었다. 하지만 동시에 반사실적 사고는 자신을 깊이 들여다볼 기회였다. 이루지 못한 자신의 모습을 다각도로 자세하게 기록하는 작업은 2년 뒤 게이, 레즈비언, 이혼 여성들의 자아 발달ego development에 기여했다.[21] 자아 발달은 개인이 현실을 어떻게 보고 해석하는지 보여주는 척도이다. 즉 어느 정도까지 '경험을 체득하고 통합하고 이해할 수 있는지, 자신과 세상을 다양한 방식으로 생각할 수 있는지 보여준다. 즉 정서적 깊이의 척도이다. 이는 로라가 연구를 위해 수집한 이야기들에서 분명히 드러난다. 한 게이 남성은 이성애자로 살아가는 실현 불가능한 자신의 이야기를 다음과 같이 썼다.

나는 어릴 때 나의 삶이 내가 존경하는 사람들의 삶과 비슷해지기를 꿈꿨다. 그런 삶을 열망했다. 나는 소도시에서 자랐다… 부모님과 친구들은 자원봉사를 하고 사업을 했고, 지역 정치 활동에 활발하게 참여했다. 내 꿈은 수의사였다. 나는 결혼하는 상상을 했다(언젠가 일어날 일이니까). 내 아내가 우리 부부의 공동 소유인 애완동물 가게를 운영하는 상상을 했다. 소도시에서 사는 삶도 충분히 즐거울 수 있다… 나는 착하고 건실한 사람으로 소문이 자자하고… 사업은 큰 성공을 거둬 후에 우리 아이들에게 물려줄 것이다.

이처럼 자세하고 정성 어린 이야기를 쓴 사람들, 즉 카를로스의 말처럼 미래에 향수를 품은 것처럼 보이는 사람들은 확실히 지금은 갈 수 없는 길을 많이 생각했다. 불가능한 현실을 받아들이는 일은 힘든 과정이지만, 현재의 삶에 긍정적 영향을 미치는 꼭 필요한 과정이었다. "가지 못한 삶에 대해 생각하지 않는 것이 행복해지는 한 방법일지도 모른다. 하지만 성장에 꼭 필요한 생각의 기회를 놓칠 수도 있다."로라는 이렇게 정리했다.

자신에 대해 하는 이야기는 내가 누구인지, 어떻게 지금의 삶을 살게 되었는지, 또 어떻게 달라질 수 있었을지 이해하게 해준다. 하지만 우리는 다른 사람들이 하는 이야기에서도 의미를 찾는다. 소설이든 영화든 라디오든 무대 위에서든 다른 사람의 인생 이야기는 자신의 가치와 경험을 돌아보게 해준다.

소설 《파이 이야기Life of Pie》[22]를 예로 들어보자. 파이라는 십 대 소년이 소설의 주인공이다.

파이는 배가 난파되는 사고로 가족을 잃고 벵갈 호랑이, 점박이 하이에나, 부상당한 얼룩말, 오랑우탄과 함께 구명보트를 타고 태평양을 표류한다. 바다에 나간 지 얼마 안 돼 배에 큰 혼란이 닥친다. 파이는 공포에 질려 하이에나가 힘없는 얼룩말의 목을 물어 먹어치운 뒤 오랑우탄을 죽이는 광경을 지켜본다. 학살은 이어진다. 이번엔 호랑이가 하이에나를 죽이고 먹어치운다.

결국 파이와 호랑이만 배에 남는다. 227일 동안 태평양 한복판에서 굶주리고 자포자기해 별수 없이 호랑이와 생존 게임을 벌이게 된 파이는 모든 것을 잃었지만, 포기하지 않고 앞으로 나아간다.

회복탄력성을 다루는 《파이 이야기》의 실제 배에서 일어난 이야기는 믿기 힘들 정도다. 동물들은 알고 보니 실제 인물의 상징이었다. 오랑우탄은 파이의 어머니였다. 얼룩말은 부상당한 선원이었고, 하이에나는 배의 추악한 요리사로, 인육을 먹고 파이의 어머니를 죽인 사람이었다. 호랑이는 파이였다. 파이는 요리사를 죽이고 요리사의 간과 심장을 꺼내 먹었다.

파이가 호랑이와 벌인 결전은 실제로는 자신과 벌인 싸움이었다.

파이는 얼룩말, 하이에나, 오랑우탄에게 무슨 일이 일어났는지 이야기한 뒤 하이에나를 죽이고 먹어치운 호랑이를 어떻게 길들였는지 설명한다. 실제 일어난 일과 비슷하다. 요리사를 무참히 죽인 뒤 파이는 원초적 충동을 자제하는 법을 배운다. 호랑이의 이야기를 하면서 파이는 직접 목격하고 저지른 야만적 행위와 자신을 분리한다. 그렇게 함으로써 배 위에서 벌어진 일에서 의미를 찾는다.

연구 결과, 소설은 상실과 상처를 경험한 사람들이 아픈 경험을 극복할 수 있도록 도움을 준다.[23] 비극적인 이야기를 읽으면서 자신에게 일어난 일을 떠올리고 고통스러운 기억과 감정에서 적당한 거리를 둘 수 있기 때문이다.

혼자 배에 남은 파이는 비슷한 과정을 경험한다. 우화를 통해 실제로는 마주하기 힘든 경험을 감당한다. 파이에게는 호랑이의 성장 이야기를 하는 것이 자기 자신을 이해하는 방식이었다. 호랑이가 주인의 훈련을 통해 폭력성을 길들이는 법을 배운 것처럼, 파이는 정신, 감정, 신체를 단련해 바다에서 몇 개월간 살아남는다. 그리고 마침내 멕시코의 한 해변에 도착한다. "세상은 있는 그대로가 아니에요. 우리가 이해하는 대로죠. 안 그래요?"

물론 모두가 파이처럼 직접 상처를 입어야만 소설에서 지혜를 얻을 수 있는 것은 아니다. 소설을 읽은 뒤 각자 자기 삶의 추억을 떠올리며 주인공에게서 동질감을 느낄 수 있기 때문이다. '모스'의 청중들 역시 에릭 콜벨이 전한 딸 케이트의 이야기에 큰 감동을 받았다. 소설을 읽을 때와 같은 이유에서였다. "중간 휴식 시간에 제 친구 하나가 앞부분 이야기에 큰 감동을 받은 모습을 봤습니다." 사회자 데이비드 크랩이 말했다. 데이비드는 그날 밤 한 스토리텔러가 소개한 어머니의 죽음에 대해 이야기했다. "그분은 울면서 돌아가신 어머니 이야기를 했고, 그 경험으로 자신의 감정과 기억에 얼마나 깊이 연결될 수 있었는지 말했습니다."

모스는 다방면의 스토리텔러들을 소개했는데, 그중에는 전 백악관 공보비서, 우주 비행사, 소설가 살만 루슈디Salman Rushdie, 작가이자 경영사상가 말콤 글래드웰Malcolm Gladwell도 있었다. 이야기를 하는 사람이 누구이든 그 이야기가 잘 전달될 때 청중에게 미치는 영향은 동일하다. 〈뉴요커The New Yorker〉의 칼럼니스트 애덤 고프닉Adam Gopnik은 이렇게 말했다. "방 전체를 고양시키는 이야기는 마지막에 분위기를 고조시키는 힘이 있다. 비애감이든, 자기 인식이든, 시적인 축복 기도이든 잠깐이나마 이야기를 우화나 상징의 세상으로 끌어올린다."[24] 스토리텔러들은 청중에게 자신의 이야기를 하면서 스스로 의미를 만들 뿐 아니라, 다른 사람들도 의미를 찾을 수 있도록 돕는다. "그래서 스토리텔링이 그토록 중요한 것이다. 어떤 사람들은 온통 자기 이야기만 해댄다고 생각할지도 모른다. 하지만 실제로 이야기는 공기 중으로 뻗어나가 사람들과 연결되면서 세상에 자기 혼자가 아님을 깨닫게 해준다."

나를 뛰어넘는
기쁨을
누려보았는가?

_ 초월

• • •

광활하고 불가해한 우주 안에서
나 자신이 작은 점에 불과하다는 사실이 주는 극도의 겸허함은
역설적으로 우리 안에 깊고 강한 의미를 가득 채운다.
별 아래에서든, 근사한 그림 앞에서든, 종교 의식에서든, 병원 분만실에서든
잠시 동안 신비를 경험할 때 우리 삶은 완전히 달라질 수 있다.

비행기로 뉴욕에서 샌 안토니아

까지 날아간 뒤 차를 몰고 서쪽으로 7시간을 더 달려, 방울뱀과 아

르마딜로, 카우보이와 소의 땅을 가로질러 텍사스 포트 데이비스에

있는 맥도널드 천문대McDonald Observatory[1]에 도착했다. 서부 텍사스에

서 멕시코까지 뻗은 치와와 사막Chihuahuan Desert은 북미에서 제일 크

고 건너기 힘든 사막이다. 수천 킬로미터에 달하는 사막은 크고 작

은 모든 도시에 걸쳐 있다. 큰 도로를 따라 몇 시간을 달려도 차 한

대, 풀 한 포기 보이지 않았다. 12시에 점심을 먹으려고 차를 세웠

는데 바깥 온도가 35도였다. 밤에는 0도 가까이 떨어졌다.

여행의 마지막 코스로 데이비스 산의 가파른 정상과 계곡을 통

과했다. 여기서 가장 가까운 대도시인 엘패소와는 약 300킬로미터 떨어져 있다. 구불구불 산길을 올라 정상으로 올라가니 맥도널드 천문대의 하얀 돔 3개가 눈앞에 나타났다. 해발고도 1800미터, 텍사스 고속도로를 타고 차로 갈 수 있는 가장 높은 고도에 위치한 망원경들이 사막 도시 국가를 이룬다. 밤이면 망원경들은 미 대륙에서 가장 어두운 하늘 아래 앉아 있다. 해와 달이 지면 너무 캄캄해서 얼굴 바로 앞에서 손을 들어도 손이 보이지 않을 정도다.

겉보기에 황량한 이곳은 수백 명이 모여 초월적 경험을 하는 장면을 볼 수 있으리라 기대한 마지막 장소였다. 하지만 내가 맥도널드 천문대를 찾은 서늘하고 청명한 7월의 밤, 500명이 넘는 사람이 이곳에서 유명한 '별 파티'를 보려고 천문대를 찾아왔다. 인류의 가장 오래된 의식을 재현하기 위해서였다. 바로 별 구경이다.

/
천장을 뚫고,
나를 뛰어넘다 /

저녁 9시 45분, 하늘이 어두웠다. 곧 시작한다. 가이드가 우리를 이끌고 어둑한 길을 통과해 열두 개의 망원경 사이를 구불구불 지나 원형 극장으로 데려갔다. 별을 구경하러 온 다른 사람들과 다닥다닥 붙어 하늘을 올려다봤다. 두 지평선 사이로 시원하게 뻗은 하늘은 마치 우리 머리 위를 뒤덮은 커다란 돔처럼 보였다. 처음에는 별이 몇 개 없었다. 하지만 몇 분 뒤 별은 갑자기 수백 개로 늘어났다.

우리가 본 별은 대부분 수억 년 전부터 존재했으며, 수십 광년, 아니 일부는 더 멀리 떨어져 있다. 별을 바라보는 일은 과거를 돌아보는 일이다. 별은 지구에서 너무 멀리 떨어져 있어 별이 발하는 빛은 오랜 시간이 흐른 뒤에야 우리 눈에 보인다. 즉 밤하늘의 별을 볼 때 우리는 오래전에 존재했던 별을 바라보는 것이다. 우리 태양계에서 가장 가까운 별 알파 센타우리조차 무려 수십 조 킬로미터 떨어져 있다. 어느 날 그 별이 불타서 사라지면 별을 보는 지구인들(누군가 있다고 치자)은 4년 반 뒤에야 그 사실을 알게 된다.

가이드 프랭크는 북두칠성을 가리키며 '별자리 여행'을 시작했다. 북두칠성은 큰곰자리의 허리와 꼬리 부분에 해당하며, 작은곰자리에서 북극성 쪽으로 뻗어 있다. 오랫동안 "세상 사람들은 이 별자리가 곰을 닮았다고 생각했습니다." 그럴 만한 이유가 있었다. "유럽인과 아메리카 원주민들은 서로의 존재를 몰랐지만 하늘에 마구 흩뿌려진 점에서 같은 동물을 본 겁니다. 인류학적 관점에서 대단히 흥미로운 부분이죠." 프랭크가 설명했다.

각자 이 별들에 이야기를 지어 붙였다. 고대 그리스와 로마에서 큰곰자리와 작은곰자리 이야기는 늘 원기 왕성한 제우스에서 출발한다. 그리스신화 속 최고의 신 제우스는 아름다운 님프 칼리스토를 유혹하려 한다. 칼리스토는 처녀신 아르테미스의 시녀로 아르테미스에게 순결을 맹세했다. 제우스는 포기하지 않고, 아르테미스로 변신해 칼리스토의 순결을 빼앗는다. 얼마 뒤 아르테미스는 칼리스토가 임신한 모습을 보고 화가 머리끝까지 치밀어 칼리스토를 무리에서 추방한다. 약한 몸으로 혼자 숲을 헤매던 칼리스토는 아들 아르카스를 낳는다. 얼마 지나지 않아 제우스의 아내 헤라가 질투심에 불타 칼리스토를 곰으로 만들어버린다. 몇 년 뒤 곰이 된 칼리스토는 숲에서 아들 아르카스를 우연히 만나고, 아르카스는 어머니인 칼리스토를 하마터면 죽일 뻔한다. 하지만 제우스가 끼어들어 자신이 만든 혼란을 (어느 정도) 정리한다. 아르카스를 작은 곰으로 만든 뒤 두 곰을 밤하늘에 올려 보낸 것이다. 이렇게 해서 큰곰자리, 작은곰자리가 탄생했다.

고대 그리스인과 로마인들에게 이 신화는 인간으로 살아가는 데 몇 가지 중요한 교훈을 전한다. 언젠가 죽음을 맞을 우리 운명은 변덕스러운 신들의 손에 달렸다. 신을 만나면 하늘에서 불멸의 삶을 살 수 있다. 물론 야만적 죽임을 당하지 않는다는 가정 하에. 그리스신화에서 아르테미스가 목욕하는 모습을 엿보다 사냥개에게 갈기갈기 찢긴 뒤 수사슴으로 변한 악타이온처럼 말이다. 우주는 우리에게 혼란스럽고 예측불가능한 곳이다.

"오늘 망원경으로 볼 별은 고리성운입니다. 우리끼리는 '코스믹 치리오Cosmic Cheerio'라고 부르죠." 고리성운은 폭발한 별의 잔해로, 별의 중심부에서 우주로 방출한 가스가 고리 모양으로 퍼져 있는 성운이다. "우리 태양계에도 언젠가 일어날 일입니다. 하지만 한참 뒤에나 일어나겠죠."

이제 프랭크는 하늘의 남서쪽을 바라보라고 했다. 화성과 토성이 선명한 붉은색, 노란색 점처럼 보였다. 토성의 고리를 설명하던 중에 유성 하나가 떨어졌다. 사람들은 숨을 멈춘 채 감탄했다. 남자아이 하나가 소리쳤다. "태어나서 별똥별 처음 봤어!"

별자리 여행이 끝난 뒤 자유시간이 주어져 우리는 돌아다니며 망원경을 들여다봤다. 망원경은 각각 다른 곳을 가리키고 있었다. 토성, 화성, 백조성운 등 지구에서 수천 광년 거리에서 새로운 별들이 태어나고 있다. 망원경 하나는 메시에51 Messier51, M51 을 가리켰다. M51은 우리 은하와 2500만 광년 떨어져 있으며, 인접한 은하와 충돌을 일으키는 충돌은하 colliding galaxy 이다. 망원경을 들여다보는 일은 최초의 말과 코가 긴 최초의 코끼리가 지구에 나타나기 시작한 때로 돌아가는 경험이었다.[2] 현대의 인류와는 여전히 2490만 광년 떨어져 있었다.

토성의 고리가 원형극장 주변을 둥그렇게 감싸고 있었다. 나도 고리성운을 보려고 줄을 섰다. 우리 태양계가 진화 단계에서 고리성운과 같은 단계에 이를 즈음이면 지구의 생명체가 이미 오래전에 소멸한 뒤일 것이다. 내 옆에 줄을 서 있던 다섯 살짜리 남자아이가 엄마에게 물었다.

"엄마, 태양도 이렇게 되는 거야?"

"그렇단다, 아들아. 하지만 수십만 년 뒤에나 일어날 거야. 너랑 나랑 아빠가 모두 죽고 난 한참 뒤야."

"와아." 소년은 팔로 엄마의 다리를 감싸 안은 채 눈을 동그랗게 뜨고 하늘을 올려다봤다.

전 세계의 천문학자들이 맥도널드 천문대로 몰려왔다. 그들은 천문학자 전용 산장에 머물면서 밤에 활동을 시작한다. 낮에는 산장에서 잠을 잔다. 그들은 두꺼운 커튼을 쳐 방으로 들어오는 빛을 막았다. 밤이 되어 하늘을 관측할 수 있을 정도로 어두워지면 천문학자들은 망원경이 있는 관측대 안에서 몇 시간이고 머문다.

나는 오후에 산장에 도착한 터라 조심스럽게 걸어 다녔다. 다른 연구자들의 잠을 방해하고 싶지 않았다. 3시쯤 식당에 갔더니 천문학자들이 그날의 첫 끼를 먹고 있었다. 그들 중 오스틴에 있는 텍사스 대학교 교수인 윌리컴 코크런William Cochran이 할랜 J. 스미스Harlan J. Smith 망원경을 함께 보자며 나를 초대했다. 그날 밤, 작은 손전등을 들고 관측대 건물로 찾아가 낡은 컴퓨터로 가득한 비좁고 조용한 방 안으로 들어갔다. 컴퓨터 앞에서 윌리엄이 음악을 들으며 참을성 있게 자료를 정리하고 있었다.

윌리엄은 외계 행성, 즉 태양이 아닌 다른 항성 주위를 공전하는 행성들을 연구한다. 행성은 빛을 발산하지 않기 때문에 발견하기가 대단히 어렵고, 외계 행성 연구는 천문학계에서는 여전히 새로운 분야이다. 외계 행성의 존재를 처음 확인한 때는 1990년대였다. 오늘날 과학자들은 2000개 정도 되는 외계 행성의 존재를 확인했다고 수장한다. 아마도 우주 곳곳에 흩어져 있는 수십억 개 행성 중 극히

일부일 것이다. 윌리엄 역시 다른 연구자들과 협력해 1000개쯤 되는 외계 행성 발견에 참여했다.[3]

윌리엄은 케플러 우주선을 이용해 먼 항성들의 발광을 오랜 시간 추적하고, 관측 결과를 데이터 형태로 다른 행성 연구자들과 공유한다. 연구자들은 그렇게 받은 데이터를 조사해 외계 행성의 존재를 의미할지도 모르는 패턴을 찾는다. 장기적 목표는 행성의 종류를 찾는 것이다. 작고 바위가 많으며 자신들의 항성에서 적당히 떨어진 행성, 즉 지구처럼 지적 생명체가 살 수 있는 행성을 찾는다. 그런 행성이 존재할 가능성이 '꽤 크다'고 윌리엄이 말했다. "우주에는 1000억 개가 넘는 은하가 존재하고, 각 은하에는 수천억 개에 달하는 항성이 존재하죠. 수조 개까지는 아니더라도 수십억 개의 태양계가 존재합니다. 그래서 저는 우리가 이 우주의 유일한 생명체라고 생각하지 않습니다. 하지만 지금으로서는 모르는 일이죠. 우리가 모르는 일은 수없이 많으니까요."

몇 시간 뒤 윌리엄은 나를 바깥으로 데리고 나가더니 관측대 주변 보행자 통로로 안내했다. 달이 진 세상은 칠흑같이 캄캄했다. 공기 중에 들리는 소리라고는 바람 소리뿐이었다. 앞쪽을 내다보니 하늘에 수천 개의 별이 반짝이고 있었다. 별똥별이 연이어 타오르며 시야에서 사라졌다. 내 평생 본 가장 아름다운 광경이었다.

다시 안으로 들어가자 윌리엄이 허블 망원경으로 찍은 사진 한 장을 꺼냈다. 우주의 극히 일부분, 허블 울트라 딥 필드Hubble Ultra Deep Field(2003년 9월 3일부터 2004년 1월 16일까지 허블 망원경으로 찍은 사진을 조합한 것으로, 우주 탄생 직후의 천체를 담고 있다-옮긴이)라는 은색의 작은 영역을 확대한 사진이었다. 사진 속 멀리 떨어진 은하 1만 개 중 몇몇 은하는 우주에서 가장 나이가 많은 은하였다.

우주는 138억 년 전에 탄생했으며, 사진 속 몇 개 은하는 우주 탄생 불과 4~8억 년 뒤 태어났다. 우주의 나이인 138억 년이라는 시간을 1시간으로 압축한다면, 허블 울트라 딥 필드 속 은하는 우주를 탄생시킨 빅뱅이 일어나고 단 몇 분 뒤에 태어났다. 그러니까 이 사진을 보는 일은 실제로는 시간의 시작, 즉 우주의 시작을 돌아보는 일이다.

"여기에 저는 경외감을 느낍니다." 윌리엄이 말했다.

경외감의 놀라운 효과

인간에게 의식이 생긴 후부터 사람들은 밤하늘을 올려다보며 별에 감탄하고 별의 존재와 의미를 궁금해했다. 천구를 탐구하면서 인간 존재의 중요한 질문에 대한 답을 구했다. 세상은 어떻게 시작됐을까? 어떻게 끝날까? 세상 밖에 다른 존재가 살고 있을까? 인류는 조상들의 흔적과 지혜, 암시를 찾으려 했다. 하지만 그들이 실제로 찾는 것은 의미였다.

오늘날도 마찬가지다. 우리는 밤하늘을 올려다보며 여기저기 흩어진 불덩어리나 점을 보지 않는다. 곰과 전사들을 본다. 사냥꾼과 백조들을 본다. 하얗게 흩어진 빛의 띠, 은하수를 본다. 종교가 있는 사람은 '천국'을 생각한다. 지금 우리가 선조들보다 별에 대해 더 많은 사실을 알지는 몰라도, 별은 여전히 인간 존재의 풀리지 않는 수수께끼다. 우리는 최선을 다해 삶을 꾸려가지만, 인간이 이 지구상에 존재하는 몇십 년은 우주가 우리 이전에 존재했고 또 우리가 죽고 난 한참 뒤까지 존재할 수십억 년의 시간에 비하면 찰나에 불과하다.

이러한 사실 앞에서 하찮은 존재가 된 듯한 느낌이 삶의 덧없음과 무의미함을 키운다고 생각할 수도 있다. 하지만 실제로는 그 반대다. 광활하고 불가해한 우주 안에서 나 자신이 작은 점에 불과하다는 사실을 깨달을 때 느끼는 극도의 겸허함은, 역설적이게도 우리 안에 깊고 강한 의미를 가득 채운다. 별 아래에서든, 근사한 그림 앞에서든, 종교의식에서든, 병원 분만실에서든, 잠시 동안 신비를 경험할 때 우리 삶은 완전히 달라질 수 있다.

이것이 초월의 힘이다. '초월한다transcend'라는 것은 '넘어서다' 또는 '올라가다'라는 의미다. 초월적이고 신비로운 경험을 할 때 우리는 일상 세계를 넘어 한 차원 높은 세계를 경험하는 느낌을 받는다. 불교에서는 때로 비행이라는 비유로 초월을 설명한다.[4] 구도자는 땅에서 시작해 위로 날아올라 '천장을 깨고 나간다.' 종교학자 미르체아 엘리아데Mircea Eliade는 이렇게 설명한다. "이 구도자가 하늘을 날아 우주를 통과해 역설적이고 심지어 상상하기조차 힘든 존재 양식에 이르렀음을 비유적으로 보여준다."

'천장을 깨고 나간다'라는 비유는 종교적이든 세속적이든 신비 체험의 핵심 요소이다. 이메일을 확인하고, 아침을 먹는 세속적 세계에서 벗어나 잠깐이나마 더 높고 성스러운 세계와 교감하고 싶은 욕구를 따른다. 많은 사람이 초월적 경험을 한 적이 있으며,[5] 그 경험을 삶의 가장 의미 있고 중요한 사건으로 생각한다.[6]

19세기 미국의 위대한 심리학자 윌리엄 제임스William James도 그랬다.[7] 제임스는 초월을 경험하고 싶은 나머지 '웃음가스'라 불리는 아산화질소를 수차례 들이마셔 '초자연적 의식을 자극했다.' 철두철미한 과학자이자 실용주의 철학자였던 제임스마저 생애 '가장 강렬한 감정'은 마약에 취했을 때였음을 인정했다. 그리고 얼마 뒤 제임스는 에든버러의 청중 앞에서 자기가 겪은 경험담을 이야기했다. "그때 머릿속에서 저도 모르게 한 가지 결론을 내렸고, 그 진실에 대한 저의 생각은 지금까지도 변함없습니다. 평소 우리의 깨어 있는 의식, 이른바 이성적 의식은 의식의 한 종류에 불과하지만, 그 의식에서 얇고 투명한 가림막을 걷어내면 그 안에 완전히 다른 의식이 있습니다. 우주를 전체로 보지 않는다면, 결국에는 이러한 다양한 형태의 의식들이 하찮게 취급될 수 있습니다."

제임스는 《종교적 경험의 다양성Varieties of Religious Experience》에서 신비 체험은 공통적으로 네 가지 특징이 있다고 주장한다.

첫째, 신비 체험은 수동적이다. 우리는 어떤 활동을 함으로써 신비 체험의 가능성을 높인다. 명상이나 단식, 환각제 복용 등을 통한 신비 체험은 어떤 외력처럼 하강하는 느낌이 든다. 신비주의자는 '마치 강렬한 힘에 붙잡힌' 느낌을 받는다고 제임스는 설명한다.

둘째, 신비 체험은 '일시적'이다. 신비 체험은 대개 몇 시간 이상 지속되지 않으며, 보통은 지속 시간이 훨씬 더 짧다. 깊이와 중요성, 또는 신적 존재에 대한 고유한 느낌이 경우에 따라 그 사람 안에 들어갔다가 나온다.

제임스는 다음 두 가지 특징이 특히 중요하다고 이야기한다. 신비 상태는 "표현할 수 없다. 신비 체험의 특징은 직접 경험해야 알 수 있으며 다른 사람에게 전달하거나 표현할 수 없다"라고 제임스는 지적한다. 불가능하지는 않지만 주관적 느낌을 말로 표현하거나 정확히 묘사하기는 힘들다는 것이다. 마지막으로 신비 체험은 '지적 사색이다.' 즉 지식과 지혜를 전한다. "신비 체험은 얕은 지식으로는 파악하기 힘든 지식의 한가운데를 들여다보는 상태이다. 의미와 중요성이 흘러넘치는 깨달음이자 계시이다. 대개 미래에 대한 기이한 통제력을 갖게 된 느낌을 받는다." 그 경험에서 얻는 의미는 사라지지 않고 남는다. 평생 동안.[8]

초월 상태를 경험하는 동안 두 가지 놀라운 일이 일어난다. 펜실베이니아 대학교 심리학 교수이자 초월 전문가 데이비드 야덴David Yaden[9]에 따르면, 우리의 자아의식은 사소한 걱정과 욕망과 함께 깨끗하게 사라진다. 그때 우리는 다른 사람들, 세상 만물과 깊이 연결된 느낌을 받는다. 그 결과 삶과 죽음에 대한 걱정이 사라지고, 마침내 삶이 잠시나마 이치에 맞아 보인다. 우리는 평온함과 행복감을 느낀다.

최근 과학자들은 신비 체험을 하는 동안 일어나는 정서 반응을 연구하기 시작했다. 그들은 이를 경외감이라고 부른다.[10] 우리는 무언가의 양이나 규모가 너무 방대해서 이해하기 힘들 때 경외감을 느낀다. 이를테면 근사한 풍경이나 아름다운 음악, 유달리 관대한 행동을 경험할 때 그렇다. 18세기 철학자 애덤 스미스는 '대단히 새롭고 독특한 일이 일어날' 때 경외감을 느끼며,[11] '기억은 기존의 이야기에서 이 이상한 일과 닮은 어떤 이미지도 불러내지' 못한다고 말한다. 즉 경외감은 우리가 세상을 이해할 때 사용하는 심성 모형에 맞선다. 우리 마음은 이러한 모형들을 업데이트해 방금 경험한 것을 받아들여야 한다. 신비와 초월 경험이 그토록 큰 변화를 불러오는 이유다. 그러한 경험이 세상, 그리고 세상 안에서 우리 위치를 이해하는 방식을 바꾸기 때문이다.

2007년, 연구자 미셸 시오타Michelle Shiota와 동료 대커 켈트너Dacher Keltner, 어맨다 모스만Amanda Mossman은 경외감이 자아의식에 미치는 영향을 알아보는 최초의 실증연구 결과 중 일부를 발표했다.[12] 세 연구자는 대학생 50명을 연구 대상으로 선정했다. 학생들이 연구실에 도착했을 때 연구자들은 형광 빛이 도는 살균된 정신 분석 연구실에서 경외감을 불러일으키기란 불가능에 가깝다고 판단해, 학생들을 버클리 캠퍼스의 다른 건물로 안내했다. 절로 경외심이 드는 광경이 참가자들을 기다리고 있었다. 밸리 생명과학 건물 본관에는 거대한 티라노사우루스 뼈 모형이 있었다. 압도적이었다. 가로 약 7미터, 세로 약 4미터에 무게가 2000킬로그램에 달했다. 거대한 공룡 뼈를 앞에 두고 학생들은 다음 질문에 답하라는 지시를 받았다. "'나는 누구인가'를 20문장으로 쓰되, 모든 문장을 '나는'으로 시작하라."

학생들이 쓴 글을 분석한 심리학자들은 학생들의 글을 네 가지 카테고리로 나누었다. 우선 '나는 키가 크다', '나는 날씬하다' 등 신체에 대한 답이 있었다. 다음으로 '나는 재미있다', '나는 똑똑하다' 등 성격에 대한 답이 있었다. 그리고 '나는 존과 사귄다', '나는 형이다' 등 관계에 대한 답도 있었다. 마지막으로 '대양 우주 카테고리'에 속하는 답이 있었다. 이런 대답을 한 사람들은 스스로를 자기보다 더 큰 무언가에 속한다고 규정했다. '나는 우주의 일부다'라거나 '나는 인류의 일부다' 따위의 문장이었다.

분석 결과, 경외감 조건에 속하는 사람들은 스스로 통제 조건에 속하는 다른 학생들과 대단히 다르다고 생각했다. 이전 연구에서 경외감을 느낀 참가자들이 스스로 '작고 하찮은 존재'이며, '매일의 일을 의식하지 않으며', '자신보다 더 큰 무언가의 존재'를 경험했다고 대답하는 비율이 훨씬 높았다. 공룡 실험에서 참가자들의 감소한 자기중심성은 더 넓은 세상, 그리고 세상 만물과 연결된 느낌으로 바뀌었다. 초월의 모순되는 점이다. 개인에게 하찮다는 느낌을 갖게 하는 동시에 거대하고 의미 있는 무언가와 연결된 느낌을 준다. 이 모순을 어떻게 설명해야 할까?

비슷한 현상을 이야기하는 숙련된 명상가들의 경험이 단서가 될 수 있다. 신비 체험의 절정에 이르는 순간 그들은 자아의 경계가 사라지는 느낌을 받고, 그 결과 더는 자신과 주변 세상이 둘로 분리되어 있지 않다고 느낀다. 한 연구에 참가자로 참여한 명상가의 말에 따르면, 명상가들은 '영원과 무한'을 경험한다.[13] "내가 세상 만물과 만인의 일부가 되었다고 느낀다." 13세기 프란치스코회 수녀 폴리노의 안젤라Angela of Foligno가 그 느낌을 완벽하게 설명했다. "나는 하느님을 온전히 소유했기에 더는 과거의 습관적 상태에 머물지 않고 하느님과 하나되어 마음의 평안을 얻고 내게 주어진 모든 것에 만족한다."[14]

허상에서
벗어나기

코리 무스카라도 같은 경험을 했다.[15] 코리는 롱아일랜드 남해안 출신으로, 금융사에 들어가겠다는 목표를 품고 대학에 입학했다. 하지만 2012년에 대학을 졸업하자 다른 일을 하고 싶었다. 그래서 미얀마에 있는 수도원으로 여행을 갔고, 거기에서 미얀마 승려로 임명을 받았다. 미얀마에서 지내는

6개월 동안 하루 14~20시간 동안 명상을 하고, 나무판자 위에 얇은 매트리스를 깔고 잠을 잤다. 식사는 하루 두 번, 아침 5시 30분과 10시 30분에 간단하게 먹었다. 대화도 음악도 독서도 허용되지 않았다. 그저 금욕적 양생법으로 자아의 벽을 깨는 훈련을 했다.

출발 당시에는 모험을 기대했다. "저는 눈을 크게 뜨고 들뜬 채 온실 속 화초 같은 편안한 삶에서 벗어난다는 기대에 부풀어 있었습니다." 40만 제곱미터에 달하는 경사진 언덕 위에 자리잡은 수도원에 도착해 자신이 머물 감옥처럼 좁은 방 안에 개미가 득실대는 광경을 보고는 생각했다. '바로 이거야.' 12시간이 지나자 확신이 사라졌다. 침대에서 울면서 미얀마에 온 이유를 떠올렸다.

상황은 나아지지 않았다. 매일 새벽 3시 30분에 시작하는 엄격한 명상 프로그램에 따라 수련을 한 지 며칠 만에 극심한 고통이 찾아왔다. 거의 하루 온종일 명상실 바닥에 책상다리를 하고 앉아 있었으니 그럴 만도 했다. '고통'은 목에서 시작해 등을 타고 배 주변으로 내려왔고, 숨을 너무 깊이 쉬면 배에 경련이 일었다. 고통은 명상을 방해했다. 잡념을 내려놓을 수가 없었다. 극심한 신체적 고통에 온 신경이 집중됐다. 5일째 되던 날, 코리는 6개월 동안 이렇게 살 수는 없다고 결론 내리고 집으로 돌아가기로 마음먹었다. 하지만 떠나기로 한 날, 처음에 수도원에 오기로 한 이유가 다시 떠올랐다. 고통을 더 깊이 이해하고 싶었다. 결국 수도원에 남아 고통을 마주하기로 했다. 자신이 알고자 했던 고통에서 달아나지 않기로 했다.

길고 고통스러운 날을 보내는 동안 '마음챙김 명상mindfulness

meditation'을 수련했다. 사실 수도원이 정한 일정이었다. 마음챙김 명상의 목적은 의식이 깨어 있는 상태를 유지하는 것이다. 수련자들은 다른 명상을 할 때처럼 만트라를 반복하기보다는 자신과 자기 주변에서 일어나는 모든 일에 의식을 집중한다. 호흡이 올라가고 내려가는 움직임이나 몸을 움직일 때 미세한 감각 등을 바라본다. 마음챙김의 가장 유명한 스승 존 카밧진John Kabat-Zinn은 마음챙김을 이렇게 정의한다.[16] "의도적이거나 판단하는 태도 없이 특별한 방식으로 현재의 순간에 집중하는 것."

결국 명상자는 자신의 생각, 감정, 감각, 경험에서 한 걸음 물러나, 그 모든 것이 자신을 규정하게 두기보다는 중립적으로 관찰할 수 있음을 깨닫는다. 불교에서 마음챙김 명상은 깨달음을 향한 길이다. 자아는 환상에 불과하다는 깨달음. 자신을 둘러싼 겹들이 명상을 통해 벗겨져 나갈 때 딱 한 가지 남는 것은, 세상에 대한 있는 그대로의 경험이다. 자아가 떠들어대는 말들보다는 결속과 상호 연결이 존재하는 세상.

코리는 명상실로 돌아가면서 고통에서 지혜를 얻을 수 있기를 기대했다. 고통에 집중할 때마다 머릿속에 온갖 잡념이 들어찬다는 사실을 깨달았다. "이 짓을 왜 하고 있는 거지? 여기서 뭘 얻겠다고? 이 찜통에서 명상을 어떻게 해? 여긴 모기가 너무 많아. 다른 수도원으로 가야겠어. 수도원을 나가서 여자를 만나자. 온종일 입을 꾹 처닫고 앉아 있는 짓은 관두고." 이런 생각들이 분노를 키워 몸의 고통을 가중했다. 하지만 스스로 이 악순환을 깰 수 있다는 사실을 늦기 전에 깨달았다. 자신의 생각과 감정에서 거리를 두는 것이다. '고통 자체와 함께 머물면' 된다. 마음챙김의 비유를 빌리자면, 강둑에 앉아 강물이 흘러가는 모습을 지켜보는 것이다. 강물에 휩쓸려가지 않고. 몸은 여전히 고통스러웠지만 2차적 고통인 감정적 고통은 더는 없었다. 고통의 경험을 스스로 통제할 수 있다는 사실을 깨닫자 수도원에서 6개월을 채울 수 있겠다는 생각이 들었다.

몇 주가 지나자 며칠은 고요하게 명상을 하고 또 며칠은 마음이 어지러웠다. 평온 같은 좋은 감정이 찾아올 때마다 이렇게 되뇌었다. "네가 원하던 거잖아. 꽉 붙들어." 하지만 그 감정은 사라졌다. 고통을 느낄 때마다 이렇게 되뇌었다. "나쁜 감정이야. 흘려보내." 그러면 그 감정 역시 사라졌다.

"나중에는 이렇게 말했죠. '그만둬. 하고 싶은 경험은 하려고 버둥대고, 하기 싫은 경험은 피하려고 버둥대는 짓은 그만하자. 인생에는 좋은 일도 있고 나쁜 일도 있겠지. 좋은 일은 끌어당기고 나쁜 일은 밀쳐낼 수 있어. 하지만 모든 건 결국 변하니까 그냥 내버려두자.' 이렇게 생각하자 더는 밀고 당길 필요가 없어졌습니다. 그저 저의 경험과 함께 머무르면서 깊은 평온함을 느꼈습니다."

그때쯤 명상 수련의 강도를 높였다. 처음 수도원에 들어왔을 때는 의무적으로 정해진 하루 14시간을 명상했고, 대개 명상실에서 했다. 이제 하루 20~22시간을 명상했으며, 대개 작고 어두운 자신의 방 안에서 했다. 새벽 2시 30분에 일어나고 자정쯤 잠자리에 들었다. 아침과 점심을 먹을 때만 방을 나왔다.

수도원에서 지내는 마지막 몇 주를 남겨둔 어느 날 잠에서 깼는데, 유독 의식이 집중되는 느낌을 받았다. 눈을 뜨기 전 모든 감각이 마치 전류처럼 몸을 차례로 통과하는 느낌이 들었다. 천천히 침대에서 일어나자 자신이 그냥 움직이는 것이 아니라 몸의 움직임을 관찰하고 있다는 사실을 깨달았다. 아침 명상을 하는 동안 마음이 전혀 흐트러지지 않았다.

잠시 뒤 아침을 먹고 방으로 돌아가는 길에 다리 위에 멈춰 서서 연못이 내려다보이는 자리에 앉았다. 이전에 다리에서 명상을 할 때는 평화롭고 고요했지만 그뿐이었다. 그런데 그날은 연못을 바라보는데, 집중력이 점점 더 커지고 강해지더니 놀라운 일이 일어났다. 자신과 연못 사이 단절감이 사라졌다. 전에는 별개의 독립체로 멀찌감치 거리를 두고 또 다른 독립체인 연못을 바라봤다면, 지금은 '둘이 아닌 하나가 되어 교감했다.' 주변의 모든 것에 스스로를 내맡긴 기분이었다.

"자아에 대한 생각, 즉 다른 사람들과의 차이와 제 자신, 내면과 외면에 대한 생각이 그저 환상에 불과했음을 확실히 깨달았습니다. 생각이 만들어낸 허상이었던 거죠. 파이프에서 피어오르는 연기처럼요. 그 생각은 만들기를 멈추자 바로 사라졌습니다." 그날 아침 연못에서 머릿속으로 그 환상을 만드는 일을 멈추자 코리의 가슴이 활짝 열리면서 연민의 물결이 밀려왔다. "아무것도 아닌 존재가 되면 비로소 모든 것과 하나가 됩니다."

한 달 뒤 롱아일랜드의 집으로 돌아온 코리는 삶을 대하는 태도가 달라져 있었다. 돈을 잘 버는 직업을 찾는 대신 다른 사람들을 고통에서 벗어나게 해주고 싶었다. 코리는 마음챙김 명상 지도자로 일하기 시작했다. 미얀마에서 경험한 황홀감은 이미 사라지기 시작했지만 거기서 배운 것은 남았다. 예를 들어, 명상을 가르치기 시작하자 더 많은 돈을 벌고 더 좋은 선생이 되려고 안간힘을 쓰는 자신을 발견했다. 하지만 자아가 강해지고 있음을 알아채자 곧바로 자만심을 버리고 학생들에게 집중할 수 있었다. "지금은 자기중심적 사고에서 벗어나는 일이 더 쉬워졌습니다. 자아가 얼마나 허상인지 똑똑히 알았으니까요."

과학자들은 실제로 코리 같은 사람들의 신비 체험이 뇌 속에서 일어나는 과정을 직접 확인할 수 있다. 토머스 제퍼슨 대학교의 신경과학자 앤드루 뉴버그Andrew Newberg는 오랜 시간을 들여 명상하는 사람들의 뇌 활동을 연구한다. 불교 승려, 가톨릭 수녀, 수피 등이 초월 상태를 경험하는 동안 뇌에서 정확히 무슨 일이 일어나는지 조사한다. 한 연구에서 뉴버그와 동료들은 단일광자방출촬영single photon emission computed tomopraphy, SPECT이라는 뇌 영상법을 이용해 숙련된 명상가인 티베트 수도승 8명의 명상 활동을 연구했다.[17]

연구자들은 참가자들의 뇌 활동 기본 수치를 측정한 뒤 개인실에서 각자 명상하게 했다. 명상 수련자는 초월 상태에 다가간다는 느낌이 들면 긴 줄을 잡아당겼고, 뉴버그와 동료 유진 다킬리Eugene d'Aquili가 다른 방에서 이를 지켜봤다. 그러면 연구자들이 긴 정맥 주사줄을 이용해 명상 수련자에게 방사성 물질을 주입했다. 명상이 끝나면 수련자를 특수 최첨단 카메라 앞으로 데려와 뇌 활동 영상을 촬영했다. 방사성 물질을 이용해 연구자들은 뇌의 여러 부분으로 흘러들어가는 혈액의 양을 확인할 수 있었다. 혈류량이 많을수록 해당 뇌 부위에서 뇌 활동이 더 많이 일어나고, 혈류량이 적을수록 뇌 활동이 더 적게 일어난다.

뉴버그와 다킬리는 신비 체험이 절정에 달할 때 명상 수련자들의 후상부 두정엽posterior superior parietal lobe 활동이 감소했음을 발견했다. 뉴버그가 '방향 인식 영역orientation association area'이라고 부르는 뇌 부위이다. 이 부위의 주요 기능이 공간 안에서 자신의 위치를 인식하고, 물리적 경계를 파악하고, 자신과 타자를 구분하는 것이기 때문이다. 이 부위는 평소 활발하게 활동하면서 바깥 세계로부터 감각 정보를 수용하고, 우리가 이 정보를 통해 공간을 탐색하는 데 중요한 기능을 수행한다. 이 뇌 부위에 전달되는 뉴런의 감각 정보가 급격히 감소할 때 뇌는 더는 자신과 주변 환경을 구분하지 않는다. 우리는 세상 만물, 세상 만인과 연결되어 있다는 느낌을 받는다. 즉 일체감을 느낀다.

새로운 연구에서 뉴버그는 명상하는 수피 신비주의자들의 머릿속을 연구했다.[18] 수피 연구는 초기 탐색 단계이지만(지금까지 두 개의 연구를 진행했다), 신비 상태를 뒷받침하는 신경학 연구에 새로운 단서가 될 수 있다. 연구 결과, 명상을 하는 동안 수피들의 뇌 속 전두엽 활동이 감소했다. 전두엽은 의식적 의사 결정을 담당하는 부위로, 주변 환경과 행동을 통제하고 있다는 기분을 느끼게 해준다. 뉴런에서 전두엽에 전달하는 정보가 평소보다 급격히 감소하면 논리를 제어하는 뇌 부위가 작동을 멈추고 우리는 패배감을 느끼게 된다.

/
조망 효과,
관점의 극적인 변화 /

초월의 순간은 결국 끝나겠지만 마음에 지워지지 않는 흔적을 남길 수 있다고 윌리엄 제임스William James는 지적했다. 사람들은 자아 상실self-loss을 경험한 뒤 완전히 다른 사람이 될 수 있다.

전 우주 비행사 제프 애시비를 예로 들어보자.[19] 제프가 어릴 때 미국인 최초로 앨런 셰퍼드Alan Shepard가 우주 비행에 나섰다. 1961년 5월이었다. 나사NASA가 설립된 지 3년 뒤였다. 구소련이 한 달 앞서 최초의 인간을 우주로 보냈다. 애시비는 여섯 살이라는 어린 나이에 우주로 가겠다는 꿈을 갖기 시작했다.

우주 탐험이라는 꿈을 가진 어린 소년에게는 흥미진진한 시기였다. 셰퍼드가 머큐리 계획Project Mercury 아래 우주 비행을 한 지 10년이 안 돼서 미국은 아폴로 8호를 우주로 쏘아 올려 달 궤도를 돌게 했다.[20] 역사적으로 중요한 시기였고, 다른 면에서는 격동의 해였던 1968년에 희망과 낙관의 불을 지핀 사건이었다. 마틴 루터 킹과 로버트 케네디가 암살당한 해이기도 했다. 이전에는 우주 비행사가 지구 저궤도를 벗어나 비행한 일이 단 한 번도 없었다. 우주의 다른 천체 궤도를 돈 적도 없었다.

열네 살이 된 애시비는 크리스마스이브에 행해진 이 임무를 세상 사람들과 함께 텔레비전 생방송으로 지켜봤다. 비행사들이 달 주변을 10차례 돌며 차례로 창세기를 읽었다. "태초에 하느님이 천지를 창조하시니라. 땅이 혼돈하고 공허하며 흑암이 깊음 위에 있고 하느님의 영은 수면 위에 운행하시니라. 하느님이 이르시되 빛이 있으라 하시니 빛이 있었고."

아폴로 8호 팀원들 역시 아찔한 사진을 찍었고, 그중 가장 유명한 사진은 지구돋이Earthrise라는 사진이다. 우주에서 찍은 지구의 사진은 인류가 스스로를 이해하는 관점을 바꿔놓았다. 수천 킬로미터 밖에서 우리 지구는 작고 약해 보였다. 1968년 12월 25일, 사진이 찍힌 다음 날 시인 아치볼드 매클리시Archibald MacLeish는 〈뉴욕타임스〉에 이런 시를 실었다.[21] "있는 그대로의 지구, 영원한 침묵 속에서 떠도는 작고 푸르고 아름다운 지구를 보자니, 우리는 모두 지구에 함께 탄 사람들이요, 영원한 추위 속 눈부시게 아름다운 지구 위의 형제임을 알겠다."

최초로 인간이 우주 비행에 성공한 이래 수십 년 동안 미국과 러시아와 중국의 600명가량 되는 우주 비행사들이 높은 곳에서 지구전체를 내려다봤다. 애시비도 그중 하나였다. 1999년, 마흔다섯에 애시비는 어린 시절의 꿈을 이뤘다. 최초의 여성 우주선 사령관이었던 에일린 콜린스Eillen Collins의 비행사로, 우주 비행에 성공했다. 그들의 임무는 찬드라Chandra라는 대형 망원경을 우주 공간에 설치해 허블 망원경과 함께 블랙홀, 폭발하는 별, 충돌은하 등 고에너지 현상을 촬영하는 것이었다. 애시비와 콜린스는 달 착륙 30주년이 되는 날 출발하기로 되어 있었다. 우주로 이륙하기까지 남은 시간은 8분. 지구에서 240킬로미터 위 궤도에 들어서기까지 8분. 드디어 천장을 깨고 나갔다.

우주에서 애시비는 캄캄한 허공에 위태롭게 매달린 둥근 지구를 쳐다봤다. 대기가 "눈에 띄게 얇았습니다. 마치 야구공을 덮고 있는 종잇장처럼요." 인간은 모두 아주 얇은 막 뒤에 있었다. "모든 인간이 그 바위 표면의 얇은 막 위에 있음을 알게 됩니다. 우리 인간이 진공 상태의 우주에서 소멸되기 직전임을 알게 됩니다. 지구가 정말 작다는 걸 알게 됩니다. 고작 90분이면 지구 한 바퀴를 돌 수 있습니다. 한두 번 예외를 제외하고는 나라 간 국경은 보이지 않습니다. 지구 한쪽에서 일어나는 일이 반대쪽에 영향을 미친다는 느낌이 들었습니다. 그래서 우리 인간이 어떤 식으로든 모두 연결되어 있구나 싶었습니다."

우주 비행을 위해서는 학계, 군대, 정부 차원에서 오랜 훈련과 피나는 노력이 필요하다. 우주 비행에 성공하는 사람들은 동시대 사람들에게 찬사를 받는 영웅이 되고, 역사책에서도 위인 대접을 받는다. 애시비를 포함한 우주 비행사들이 대부분 포부와 성취감 때문에 그 일을 계속했다는 것은 어쩌면 당연하다.

우주 비행이라는 영예가 오랜 시간 애시비에게는, 이 일을 계속하는 동기였다. 하지만 첫 번째 임무를 마친 뒤 애시비는 자신이 완전히 다른 사람이 된 느낌을 받았다. 성취감을 느끼는 더 근본적 방법을 찾기 시작했다. 개인의 목표가 아닌 공공의 이익을 위한 길. 우주 비행에 참여한 다른 우주 비행사들도 비슷한 변화를 경험했다. 한 연구에 따르면, 그들의 가치는 성취감, 즐거움, 자기 주도 같은 자기중심적 일에서 자연과 조화롭게 살기, 신앙, 세계 평화 같은 자기 초월적인 일로 변했다.[22] "잠깐 동안 글로벌 의식, 인간 중시, 세계의 현 상황에 대한 강한 불만이 생깁니다. 그리고 세상을 위해 무언가 해야겠다는 충동이 입니다. 달에서 보면 국제정치는 아주 사소한 일처럼 보입니다. 정치인의 목덜미를 잡고 수천 킬로미터 밖으로 끌고 가 이렇게 말하고 싶을 겁니다. '저것 좀 보라고, 이 개자식아!'"[23] 과학자들은 이 급격한 관점 변화를 '조망 효과Overview Effect'라고 한다.

애시비는 우주 비행사로 두 개의 임무를 더 수행했다. 국제 우주 정거장 건설을 돕는 일이었다. 그리고 마흔다섯에 나사를 나왔다. 조망 효과를 경험한 다른 많은 우주 비행사처럼 경험과 재능을 더 큰 무언가를 위해 쓰고 싶었다. 예를 들어, 전직 우주 비행사였던 론 개런Ron Garan [24]과 에드거 미첼Edgar Mitchell [25]은 정신과학연구소Institute of Noetic Sciences를 설립해 인간 의식을 연구한다.

애시비는 우주에서 한 경험을 바탕으로 인류와 지구의 미래를 놓고 오랜 시간 고민했다. "우주에서는 지구 대기의 얇은 푸른색 둥근 테가 보이지 않습니다. 그 약한 생명 테를 보호하는 데 관심을 기울이고 보존하겠다는 마음이 없으면 말이죠.”[26]

어느 날 지구가 소멸하거나 사람이 살 수 없는 환경이 되면 인류는 살아남기 위해 다른 행성으로 이사를 가야 한다. “아마 태양계 안에 있는 행성이 되겠죠. 하지만 결국 우리 태양계의 수명이 유한하기 때문에 우리는 다른 항성 주변의 행성으로 이사를 가서 새롭게 문명을 일궈야 할 겁니다.” 애시비는 현재 아마존닷컴의 최고경영자 제프 베이조스Jeff Bezos가 설립한 블루 오리진Blue Origin이라는 회사에서 일하고 있다. 블루 오리진의 동료들과 협력해 합리적인 비용으로 사람들을 우주로 실어 보내는 기술을 개발하는 중이다. 이 회사의 장기적 목표는, 지구가 더는 인간이 살기 힘든 환경이 될 때 사람들이 지구에서 떠날 수 있도록 돕는 것이다. 하지만 당장의 목표는 평범한 사람들이 안전하게 우주를 여행하고, 조망 효과를 경험하고, 아마도 달라져서 돌아오게 만드는 것이다.

/
관대함이
탄생하는 순간 /

평생 우주선을 타보는 사람은 몇 안 될 것이다. 하지만 우리가 살고 있는 이곳 지구에서도 주변 세상으로 주의를 기울이면 초월을 경험할 수 있다. 이 경험이라면 19세기 환경 운동가 존 뮤어John Muir만큼 잘 아는 사람도 없을 것이다.[27]

뮤어는 국립공원을 지정하기 위해서 노력했으며, 환경보호단체 시에라 클럽Sierra Club을 창설해 초대 회장을 지냈다.

뮤어는 스코틀랜드의 해안도시 던바에서 태어났다. 그곳에서 처음으로 자연과 사랑에 빠져 걸음마를 시작한 나이에 할아버지와 주변을 걸어 다녔다. 혼자서 걸을 수 있을 만큼 자란 뒤에는 북해의 해변이나 주변 초원에서 여가 시간을 보냈다. 1849년 가족이 미국으로 이민을 갈 때 열한 살이었던 뮤어는 가족과 새롭게 정착한 위스콘신의 농장에서 또 다른 야생 놀이터를 발견했다. 그곳에서 자라는 새, 곤충, 다람쥐, 꽃, 양치식물에 푹 빠졌다.

뮤어의 자연 사랑은 자랄수록 더 깊어졌다. 이십 대 초반에 위스콘신 대학에 입학해 처음 식물학을 공부했다. 식물학을 전공하면서 "열광해서 숲과 들로 뛰어 나갔습니다. 다들 그렇듯 저는 늘 꽃을 좋아했습니다. 옛날에는 겉으로 보이는 꽃의 아름다움과 순수함에 반해서요. 이제는 내면의 아름다움이 눈에 들어왔습니다. 하느님이 세우신 계획의 영광스러운 흔적들이었고, 무한한 우주로 계속 뻗어 나가는 존재들이었죠." 뒤에 뮤어는 이렇게 말했다.

꽃들이 뮤어를 흥분하게 만들었다면 캘리포니아의 시에라네바다 산맥은 뮤어에게 황홀감을 줬다. 뮤어는 1868년에 캘리포니아로 이사를 가서 다음 해 여름을 지금의 요세미티 국립공원에서 보냈다. 그곳에서 "바위 위와 산비탈을 껑충껑충 뛰어다니고, 아찔한 높이의 벼랑에 매달리고, 폭포의 물보라에 얼굴을 흠뻑 적시고, 백합이 흐드러지게 핀 풀밭을 헤치고 다니고, 메뚜기와 나람쥐의 익살스러운 행동에 웃음을 터트리고, 높이 솟은 연필향나무와 사탕소나무 나무 껍질을 쓰다듬고, 매일 밤 향기로운 가문비나무 가지로 만든 매트리스에서 잠들었습니다." 침례교인 뮤어는 자연에서 느낀 결속과 조화에 감탄했다. "우리가 무언가를 그 자체만으로 인식할 때, 그 무언가가 우주 만물과 연결되어 있다는 사실을 깨달을 수 있습니다."

뮤어의 자연 숭배는 뮤어가 태어날 당시 뉴잉글랜드에서 유행한 철학 운동인 초월주의Transcendentalism에서 영향을 받은 것이었다.[28] 초월주의의 중요한 작품 중 하나가 랠프 왈도 에머슨Ralph Waldo Emerson의 1836년작 《자연론Nature》이다.[29] 에머슨이 보기에 우리가 자연에서 찾는 아름다움은 성스러운 아름다움이며, 자연 자체가 신에게로 가는 문이다. 하지만 사람들은 대부분 그러한 탁월함을 알아보지 못한다고 에머슨은 생각했다. 에머슨의 친구 헨리 데이비드 소로우가 탄식한 것처럼, 하루하루 사는 일에 너무 바빠서 말이다. 그 문제는 산업화와 기차의 발달로 삶의 속도가 빨라지면서 더 심해지고 있다. "둔한 인간의 눈에 자연은 그저 우중충한 납빛으로 보인다. 깨어 있는 사람의 눈에는 온 세상이 환하고 반짝거린다."[30] 에머슨은 이렇게 말했다.

뮤어는 대단히 깨어 있는 사람이었다. 그에게는 자연 속에 있는 것이 초월적 경험이었다. 뮤어는 야생으로 나갈 때 산과 강, 들만 보지 않았다. 신의 얼굴을 보았고, 그 모습에 겸손해졌다. "인간은 왜 자신을 하나의 커다란 창조 단위에 속한 일부보다 더 큰 존재로 평가할까?" 에머슨은 《자연론》에서 이 감정을 다른 표현으로 설명했다. 숲에서는 "어떤 나쁜 일도 일어나지 않을 것 같다. 수치도, 재앙도, 자연이 되돌릴 수 없는 어떤 일도. (그리고 숲은 나의 눈을 뜨게 해 줬다.) 맨땅에 서서 기분 좋은 바람에 머리를 씻기고 무한한 우주로 머리를 한껏 들어 올리고 있으면 속 좁은 이기주의는 모두 사라진다. 나는 투명한 눈알이 된다. 아무것도 아닌 존재인 동시에 모든 것을 본다. 우주의 흐름이 내 몸을 타고 흐른다. 나는 신의 일부, 신의 작은 조각이다."

뮤어와 에머슨은 제프 애시비가 우주에서, 코리 무스카라가 미얀마의 수도원에서 한 경험을 자연에서 경험했다. 하지만 그들이 천장을 깨고 나가기 위해 해야 했던 일은 하나같이 밖에서 산책하는 것이었다. "이것이 신비주의라면 흔히 일어나고 쉽게 받아들일 수 있는 종류의 신비주의입니다."[31] 에머슨의 전기에 이렇게 적혀 있다.

2015년에 발표한 연구에서 심리학자 폴 피프Paul Piff와 동료들은, 경외심을 불러일으키는 자연을 만나는 경험이 참가자들에게 어떤 영향을 미치는지 연구했다.[32] 에머슨이 그랬던 것처럼 숲 속을 거닌 뒤 투명한 눈알이 된 기분을 느낄까? 이를 알아보기 위해 연구자들은 대학생 90명을 높다란 유칼리 나무 숲으로 한 사람씩 불렀다. 학생들의 절반은 1분 동안 60미터에 달하는 나무를 쳐다봤고, 나머지 절반은 같은 시간 동안 몇 미터밖에 있는 높은 건물을 쳐다봤다.

학생들은 이 연구의 목적을 알지 못했다. 연구자들은 학생들에게 시지각을 연구 중이라고 말했다. 그럼에도 높은 나무 숲 아래에서 보낸 1분은 대단히 큰 변화를 불러왔다.

학생들이 1분 동안 나무 또는 건물을 쳐다보고 나면 실험자가 펜과 설문지를 들고 각 학생에게 다가갔다. 실험자는 '실수로' 펜을 바닥에 떨어뜨렸다. 피프와 동료들은 자연에 경외심을 느낀 학생들은 자신의 관심사에 덜 집중하고 다른 사람들과 더 큰 세상에 집중하리라고 가정했다. 사실이었다. 나무를 쳐다본 학생들이 펜을 떨어뜨린 실험자를 더 적극적으로 도왔다. 통제 조건에 속한 학생들보다 펜을 주워 주는 학생들의 수가 현저히 많았다. 그 뒤에 학생들이 작성한 설문지를 보면 그 이유를 알 수 있다. 연구자들에 따르면, 자연에 경외심을 느낀 사람들은 자신이 다른 사람들보다 중요하다고 생각하는 감정이 줄었고, 그 때문에 더 관대한 행동을 했다. 에머슨이 그랬던 것처럼 학생들의 속 좁은 이기주의가 사라졌다. 그들은 우리 대다수가 생각하듯 자신이 세상의 중심이라는 자만심을 버렸다. 대신 자신에게서 한 발 떨어져 다른 사람들과 관계를 맺고 그들에게 집중했다.

죽음으로써
비로소 존재하는 것 ╱

초월적 경험을 하는 동안 느끼는 자아 상실은 때로 '자아 죽음ego death'이라고도 하는데, 이는 모든 사람이 생의 마지막에 경험할 자기 상실을 준비시킨다. "많은 사람이 죽음을 생각할 때 이런 의식적 대상, 즉 자기 존재에 가장 중요해 보이는 자아가 더는 존재하지 않으리라는 사실을 떠올립니다." 심리학자 마크 리어리Mark Leary가 말했다.[33] 죽음으로 자신이 소멸한다는 생각은 대부분이 두려워하는 생각이다. 하지만 이미 초월적 경험을 통해 자아 죽음을 경험한 사람은 훨씬 더 준비된 상태에서 그런 상실을 마주하고 받아들인다.

제닌 델레이를 예로 들어보자.[34] 제닌은 2005년에 백혈병 말기 판정을 받았다. 제닌은 미시간의 기독교 가정에서 자랐지만, 나중에는 신앙을 버렸다. 어른이 되어서는 스스로 애매한 종교인이라 생각했고 불교에서 영감을 얻기도 했지만, 예전처럼 종교의식을 지키거나 묵상을 하지는 않았다. 백혈병 진단을 받았을 때 종교가 없는 것이 갑자기 자기 삶의 빈 구멍처럼 느껴졌다. "저는 신앙 체계가 제대로 정립되어 있지 않았고, 그래서 힘들었습니다."

암 진단을 받기에 좋은 때가 어디 있겠느냐마는, 제닌에게는 진단 시기가 특히 힘들었다. 2년 전인 2003년에 제닌은 심장 절개 수술을 받았다. 그 상처가 낫자마자 치료하기 힘든 말기 백혈병에 걸렸다는 소식을 들은 터라 받아들이기가 훨씬 힘들었다. "큰 고난을 겪을 때마다 저는 늘 제자리로 돌아왔어요. 하지만 백혈병 진단을 받은 뒤에는 이런 생각이 들더군요. '정말이지 언제까지 계속 돌아와야 하는 거야?'" 단절된 느낌이 들었지만 무엇으로부터 단절됐는지는 확실치 않았다. 마치 '황무지에 서 있는' 느낌이었다.

2008년에 제닌은 존스홉킨스 대학교에서 진행한 한 연구에 대해 알게 됐다. 연구자들은 실로시빈psilocybin이라는 환각제로 일어나는 초월적 경험이 죽음을 앞둔 사람들에게 치료 효과가 있는지 알아보고자 했다. 실로시빈, 이른바 환각 버섯 속에 들어 있는 유효성분은 복용자에게 신비 체험과 경외심, 황홀감을 불러일으킬 수 있으며, 많은 환각제처럼 오랜 기간 종교적 목적으로 사용되었다. "그 연구 자료를 읽은 순간 직감했습니다. 전화를 걸기 전부터 '바로 이거야'라는 느낌이 들었어요." 제닌이 말했다.

고대부터 전 세계의 신비주의자, 구도자, 주술사들은 의식을 수행할 때 환각제를 사용했다.[35] 예를 들어, 북아메리카의 많은 토착민은 페요테 선인장에서 채취한 마약과 환각을 일으키는 '신의 버섯'을 먹었으며, 환각제가 근대 인도와 이란의 아리아인들의 종교의식, 그리고 고대 그리스의 엘레우시스 제전Eleusinian mysteries(곡식의 여신 데메테르를 받드는 신비 의식−옮긴이)에 사용되었다고 알려져 있다. 이런 식물들이 극도로 신성시되고 숭배 받았으며, 정령과 신의 세계로 통하는 문을 열어준다고 믿었기 때문이다. 이런 환각제를 사용하는 사람들은 초월의 세계로 들어가 환상을 보고 목소리를 들었다. 사람들은 이를 신의 환영이자 목소리라고 생각했다. 아즈텍 사람들은 환각 버섯을 '신의 살God's flesh'이라는 의미의 테오나나카틀Teonanácatl이라고 불렀다.

이 연구의 수석 연구원 롤런드 그리피스Roland Griffiths는 환각제에 아무런 신성한 성분이 없다고 믿는다.[36] 하지만 20년간 명상 수련을 한 그리피스는 신비주의에 대해, 그리고 신비주의가 정신약리학자인 자신의 세속적 세계관과 어떻게 공존할 수 있을지 알고 싶었다. 초월적 경험이 제닌과 자신 같은 사람들이 불치병 판정을 받을 때 느끼는 공포심과 불안감을 줄여줄 수 있을까?

이를 알아내기 위해 연구자들은 실험 참가자를 여러모로 준비시켰다. 환각제 복용을 위해 참가자를 편안한 개인실로 안내한 뒤 안대와 헤드폰을 제공했다. 안대는 시각적 교란 요소를 차단해 내적 경험을 방해하지 않기 위한 목적이었다. 헤드폰에서는 연구자들이 미리 담아둔 노래가 흘러나왔는데, 참가자들이 약물을 이용하여 초월적 경험의 절정에 다다를 때 노래 역시 클라이막스에 다다르도록 설정되어 있었다. 참가자들은 약을 복용하면 어떤 감정 상태가 되는지 설명을 들었고, 연구가 진행되는 동안 연구 직원 2명이 필요할 때 도움을 줄 자원봉사자와 함께 방에 남았다. 대개 참가자들이 안정감을 느낄 수 있도록 배려했다. 즉, '불쾌한 환각 체험'이 되지 않도록 신경 썼다.[37]

그리피스의 연구팀이 연구 과정을 그토록 엄격하게 진행한 데는 1960년대 대항문화의 아이콘이자 카리스마 있는 심리학자 티머시 리어리Timothy Leary[38]의 운명을 맞고 싶지 않아서이기도 했다. 리어리는 하버드 대학교의 심리학과 교수로, 멕시코에서 '신의 버섯'을 먹는다는 이야기를 들었다. 1960년 여름, 리어리는 멕시코에 가서 쿠에르나바카의 한 별장에서 친구 몇 명과 버섯을 먹어봤다. 당시 리어리는 40대쯤 사람들이 흔히 겪는 불안 증상인 중년의 위기^{midlife} crisis를 심하게 겪고 있었다. 마흔을 목적에 둔 리어리는 "저는 '중년의 사망 과정'을 겪고 있는 남자였습니다. 인생의 기쁨, 감각들, 창의성 모두 바닥을 치고 있었습니다"라고 불평했다. 하지만 환각제를 복용한 뒤 생기는 환영에서 비롯된 초월적 경험은 리어리에게 순식간에 활기를 찾아줬다. "쿠에르나바카의 수영장에서 네 시간 동안, 성실한 심리학자로 15년간 배운 것보다 마음과 뇌, 뇌 구조에 대해 더 많은 것을 배웠습니다." 리어리의 눈을 덮고 있던 장막이 걷혔고 리어리는 '다른 사람'이 되었다.

하버드로 돌아왔을 때는 환각제가 좋은 목적으로 쓰일 수 있다는 확신이 들었다. 하버드 실로시빈 프로젝트를 실시해 '실로시빈을 이용해 인간의 경험을 확대하고 심화할 수 있는' 조건을 알아보는 연구를 시작했다. 그리고 환각제 사용을 공개적으로 홍보하기 시작했다. 하지만 환각제에 대한 열정은 연구 방법론에서 결함을 낳았다. 강력한 환각제인 엘에스디^{LSD}가 유흥의 목적으로 널리 사용되면서 리어리와 환각제를 향한 거센 반발이 일었다. 리어리는 1963년 하버드 대학교에서 해고됐고, 환각제는 몇 년 뒤 미 전역에서 불법 약물로 지정됐다. 리처드 닉슨 대통령은 리어리를 '미국에서 가장 위험한 인물'로 규정했다.[39]

50년도 더 지난 뒤 그리피스와 연구팀은 연방 정부의 허가를 받아 이 같은 종류의 연구를 위한 기반을 다졌다. 연구팀은 실로시빈이 4개의 피실험 집단에 미칠 수 있는 영향을 조사했다.[40] 4개 집단은 각각 건강한 지원자 집단, 불안감이나 우울증을 경험하는 생명이 위독한 암 환자 집단, 금연 희망자 집단, 그리고 성직자를 포함한 종교인 집단이었다. 연구 결과는 초월적 경험이 의미를 찾는 과정에 얼마나 강한 효과가 있는지 거듭 확인시켜줬다. 제닌도 곧 알게 될 사실이었다.

캡슐을 복용한 뒤 제닌은 8시간 정도 연구실에 머물렀다. 소파에 누워 연구자들이 고른 음악을 들었다. 그 시간 동안 평소에 경험하는 세계 밖에 있는 더 큰 세상과 연결된 느낌을 받았다. 경외심이 흘러넘쳤다. "제 몸의 모든 원자가 신과 하나된 느낌이었습니다. 보통 이런 것들을 생각하면 초월적인 경험을 하죠. 하지만 그때 더 놀라운 일이 일어납니다. '오, 대박! 신이시여.'"

가장 극적인 순간은 새뮤얼 바버Samuel Barber가 작곡한 〈현을 위한 아다지오〉가 흘러나올 때였다. 이 곡은 제닌이 절정의 환각 반응을 경험할 때 나왔다. 아름다운 음악을 집중해서 듣는 동안 제닌은 자신의 호흡이 멜로디를 따라가고 있음을 깨달았다. 음악이 절정으로 치달을수록 음이 점점 더 높아지기 시작했다. 제닌은 절정에서 숨을 멈췄다. "그리고 곡이 끝났고, 그 순간 더는 숨을 쉬지 않아도 괜찮다는 사실을 깨달았어요. 이상했어요. 숨을 멈춰도 괜찮다는 깨달음은 저에게 대단히 중요했습니다."

그리피스가 연구한 다른 암 환자들이 그랬던 것처럼 제닌은 불안감이 사라졌다.[41] 죽음의 공포가 줄었다. "그 경험을 하면 두려움이 사라집니다. 내 신장이 언제 작동을 멈출지, 이 암이 얼마나 공격적인지 두렵지 않다는 말이 아닙니다. 그저 제가 한 말을 스스로 되뇌면 됐어요. 마지막 순간이 왔을 때 숨을 쉬지 않아도 괜찮다."

"육체가 죽으면 모든 것이 의미도 희망도 없이 끝난다는 강한 물질 만능적 세계관에서 보자면 죽음은 대단히 우울하게 느껴지겠죠. 하지만 초월을 경험한 뒤 모든 것이 서로 연결되어 있음을 느끼고, 삶과 의식에 대한 놀라운 사실을 깨달으면 천국, 카르마, 사후세계 뭘 믿든 간에, 살아 있음과 깨어 있음에 대한 믿기 힘든 신비에 그동안 얼마나 무지했는지 알게 됩니다." 제닌의 경우 그러한 신비를 경험하면서 자신의 죽음을 편하게 받아들일 수 있었다.

"지금 이렇게 뒷 베란다에 앉아 식물들이 자라는 모습과 내 시선이 닿는 모든 것, 즉 우주를 보고 있습니다. 우리는 우주입니다. 더 큰 전체의 일부입니다." 자신이 훨씬 더 큰 세상의 일부라는 사실을 깨닫자 안심이 되었다. 죽음은 그저 더 큰 순환 속으로 나아가는 한 걸음일 뿐이구나 싶었다.

불교에서는 구름을 예로 들어 이 사실을 설명한다고 제닌이 말했다. 하늘에서 사라진 구름은 죽는가? 불교 승려 틱낫한은 이렇게 말한다. "언젠가 그 구름은 비나 눈, 얼음으로 변할 것이다. 비를 자세히 들여다보면 구름이 보인다. 구름은 사라지지 않았다. 비로 변한 것이다. 비는 풀이 되고, 풀은 소가 되고, 소는 우유, 그리고 당신이 먹는 아이스크림이 된다."[42] 구름은 죽지 않았다. 어떤 모습으로든 늘 우주 안에 존재했다. 비슷한 방식으로 제닌은 초월적 경험을 통해 자기 역시 어떤 모습으로든 늘 우주에 존재하리라는 사실을 깨달았다. 덕분에 마지막 순간에 숨을 멈춰도 괜찮았다. 제닌은 2015년 숨을 거뒀다.

Part 2

내 삶을 어떤 의미로
채울 것인가

The Power of Meaning

역경을 넘어
더 단단해지는
힘

6

• • •

고통은 삶의 의미를 찾는 과정을 심각하게 위협한다.
이때 경험하는 냉소와 증오는 역경의 미완성된 그림이다.
힘들었던 경험이 깊은 상처를 남길 수 있다.
하지만 아픈 경험을 극복하려는 노력은
우리로 하여금 더 충만한 삶을 살도록 성장시킨다.
유대감, 목적, 스토리텔링, 초월이라는 네 개의 기둥에 의지하면
고난이 닥쳐올 때 견딜 수 있다.
삶을 산산조각 내는 큰 상처로 이 기둥들이 무너지더라도
더 튼튼하게 다시 세울 수 있다.

"어머니 꿈을 얼마나 자주 꾸세
요? 그러니까 꿈에 나타나서 '다 잘될 거야'라고 말씀하시는 건가
요?" 세라가 물었다.

"맞아요. 그런 꿈을 꿔요. 하지만 그보다 더 일상적인 꿈이에요.
이를테면 어머니가 설거지를 하고 있는데 제가 다가가서 이렇게 말
하는 거예요. '놔둬요. 내가 할게요.' 그리고 끝이에요. 짧은 꿈이죠.
그런데 한번은 제가 벤치에 앉아 있는데 어머니가 다가와서 제 옆
에 앉았어요. 제 손 위에 자기 손을 포개더니 '다 잘될 거야'라고 얘
기했어요. 강렬한 꿈이었죠. 어머니 손이 제 손 위에 있는 게 '실제
처럼' 느껴질 정도로요." 크리스틴은 자신의 한 손을 다른 손 위에

올려놓았다.

"잠에서 깼는데 이런 생각이 들었어요. '다시는 어머니를 못 볼 거야.' 그 생각이 수시로 들어요. 길을 걷다가 무슨 일이 일어나면 '어머니한테 이야기해야지'라고 생각했다가 그럴 수 없다는 걸 기억해내요. 엄마는 돌아가셨으니까." 크리스틴은 포크로 접시에 있는 음식을 이리저리 굴렸다. "어머니는 방금 전까지 여기 있었어요. 방에 들어오는 걸 봤어요. 그런데 이제 다시는 못 보겠죠." 크리스틴이 머리를 흔들면서 아래를 내려다봤다.

"아버지가 그런 식으로 꿈에 나타난 적은 없어요." 세라가 말했다.

나는 어퍼 맨해튼 지역 워싱턴 헤이츠에 위치한 세라의 아파트, 자그마한 사각 식탁에 앉아 있었다. 식탁에 앉은 사람은 총 다섯 명이었다. 세라, 세라의 남자친구 라울, 크리스틴, 다른 젊은 여성 샌디, 그리고 나까지. 세라와 크리스틴이 돌아가신 부모님 꿈을 꾸는지의 여부를 놓고 이야기한 때는 10월의 청명한 일요일 밤 8시였다. 크리스틴과 샌디와 나는 2시간 30분 전에 도착했다. 와인과 과자, 과카몰리, 애플파이를 준비해 왔다. 샌디는 가지와 고기 위에 치즈를 얹은 그리스 요리 무사카를 만들었고, 우리가 도착하자 라울이 칵테일을 만들었다. 테킬라로 만든 칵테일은 사이드 테이블 위에 놓여 있었다. 불빛은 희미했다. 배경음악으로 감미로운 인디 연주 음악이 흘러나왔다. 이따금씩 고양이 둘 중 한 마리가 거실을 날쌔게 가로질러 지나갔다.

/

상실에서
의미로 /

이 모임은 갑작스럽게 사랑하는
사람을 잃은 전국 청소년 단체, 디너파티Dinner Party다.[1] 세라, 크리스
틴, 샌디, 라울처럼 전국 각지에서 온 디너파티 회원들이 정기적으
로 모여 함께 식사를 하면서, 사랑하는 사람의 죽음이 자기 인생에
어떤 영향을 미쳤는지 이야기를 나눈다. 나는 이번에 네 사람을 처
음 만났지만, 그들은 세라와 라울의 집에서 몇 주째 디너파티를 해
오는 중이었다. 비록 나는 그들과 같은 상실을 경험한 적은 없지만
디너파티에 초대받았다. 사람들이 함께 모여서 어떻게 의미를 찾고
고통을 극복하는지 알고 싶었다.

우리는 누구나 마음속에 어떤 감정의 응어리를 품고 있다. 거기
에는 공포, 상처, 죄의식, 불안감이 따라온다. 사람들은 대부분 세계
관에 영향을 주는 고통스러운 경험을 적어도 하나쯤은 가슴에 품고
있다. 알코올에 중독된 어머니나 폭력을 휘두르는 아버지에 대한 기
억, 학교에서 따돌림을 당한 고통, 아이를 잃은 공포, 강간의 상처,
우울증과 암, 중독을 포함해 병의 포로가 된 무력감 등 고통스러운
경험은 대단히 극복하기 힘들 수 있다.

이런 경험은 삶의 의미를 찾는 과정을 심각하게 위협한다. 세상
에 대한 근본적 가정, 즉 사람들은 선하고 세상은 공정하며 우리가
사는 곳은 안전하고 예측 가능하다는 생각들까지 산산조각 낼 수

있다. 냉소주의와 증오를 키울 수 있다. 또 관계 불화를 겪고, 정체성과 목적의식을 잃고, 신념을 버리고, 자신은 무가치하고 삶은 무의미하다는 결론에 이를 수 있다. 셰익스피어의 《맥베스》에 나오는 대사처럼 삶은 '바보가 지껄이는 이야기'이며, 소음과 분노로 가득하지만 아무 의미도 없는 것'이라고 생각할 수 있다.

하지만 이는 역경의 미완성된 그림이다. 힘들었던 경험은 깊은 상처, 때로는 영원히 지워지지 않는 상처를 남길 수 있다. 하지만 아픈 경험을 극복하려는 노력은 우리로 하여금 더 현명한 사람이 되도록, 더 충만한 삶을 살도록 성장시키기도 한다.[2] 이를 위해서는 유대감, 목적, 스토리텔링, 초월이라는 네 개의 기둥에 의지하면 된다. 이 기둥들이 튼튼하면 고난이 닥쳐올 때 기댈 수 있다. 삶을 산산조각 내는 큰 상처로 이 기둥들이 부서지거나 무너지더라도 더 튼튼하고 견고하게 다시 세울 수 있다. 내가 만난 세라, 크리스틴, 샌디, 라울이 가을밤에 뉴욕의 식탁에 둘러앉아 하던 그 일이 바로 기둥들을 다시 세우는 일이었다.

디너파티가 처음 시작된 시기는 두 여성, 레넌 플라워스와 카를라 페르난데스가 2010년 로스앤젤레스에서 만나 이야기를 나누다가 두 사람 다 최근에 부모님 중 한 분이 돌아가셨다는 사실을 알게 된 때였다. 카를라의 아버지는 뇌종양으로 돌아가셨고, 레넌의 어머니는 폐암으로 돌아가셨다. 둘 다 스물한 살 동갑이었고 같은 경험을 했기에 금세 친해졌다. 무엇보다 부모님이 돌아가신 이야기를 다른 친구들에게는 털어놓기 힘들었다. 친구들은 죽음 이야기가 나오면 불편해했다. 어떻게 반응해야 할지 몰라 위로의 말을 건넨 뒤 재빨리 화제를 바꿨다. 친구들 잘못은 아니었다. 더 나은 방법을 몰라서일 뿐이니까. 하지만 친구들이 보인 반응에 레넌과 카를라는 외로웠다. 그래서 슬플 때 기댈 수 있는 사람이 생겼다는 사실이 위로가 됐다.

카를라는 사랑하는 사람을 잃은 이십 대 몇 명을 더 모아 자기 아파트에서 여는 저녁 식사 모임에 초대했다. 여성 다섯 명이 찾아왔다. 그들은 새벽 2시까지 이야기를 나눴다. 마치 친한 친구 사이처럼 말이다. 레넌과 카를라는 자신들이 그날 밤 특별한 공동체를 만들었다는 사실을 깨달았고, 그 공동체를 전국으로 확대할 방법을 고민하기 시작했다.

2016년, 카를라의 아파트에서 부담 없는 식사 모임으로 시작한 공동체는 전국 비영리 단체로 성장했다. 카를라와 레넌 덕분에 사랑하는 사람을 잃은 젊은 사람들이 지금은 전 세계 60개가 넘는 도시에서 함께 모여 식사 모임을 갖는다. 샌프란시스코, 워싱턴 DC, 밴쿠버, 암스테르담 등의 도시에서 내가 참석한 워싱턴 하이츠의 식사 모임처럼 친밀한 모임을 연다. 또 레넌과 카를라는 세라 같은 디너 파티 주최자들이 조용히 지낼 수 있는 공간도 마련했으며, 뉴욕과 샌프란시스코에서 행사를 열고 사람들이 슬픔을 어떻게 이겨내는지 살핀다. 하지만 이 단체의 핵심은 디너파티, 즉 식사 모임이다. 각 모임마다 6~10명의 사람을 초대하고, 자리가 꽉 차면 흔히 대기자 목록을 만들거나 해당 도시에서 다른 모임이 만들어지기를 기다린다.

모임에는 안건도 주제도 없다. 이른바 디너파티 참석자들은 내가 참석했던 모임에서처럼 관계의 어려움, 언론에서 정하는 미의 기준 등 어떤 이야기든 할 수 있다. 하지만 결국에는 사랑하는 사람의 죽음이라는 주제로 돌아온다. 제일 사랑하던 사람이 죽으면 어떻게 살아야 할까? 늘 용기를 북돋아주고 조언을 해주던 사람이 더는 내 옆에 없으면 어떻게 해야 할까? 그 사람이 살아 있을 때 받아 마땅했던 대우를 해주지 못한 죄책감을 어떻게 감당해야 할까? 그 사람은 완전히 사라졌을까? 아니면 지금도 나를 지켜보고 있을까? 이 갑작스럽고 예기치 못한 상실을 어떻게 받아들여야 할까? 이런 질문들이 식사 자리에서 어김없이 나온다.

크리스틴의 어머니는 크리스틴이 디너파티에 참석하기 5년 전에 돌아가셨다. 당시 크리스틴은 미시간 대학교 공대 3학년에 재학 중이었다. 어머니는 일을 마치고 집에 가는 길에 길을 건너다가, 전속력으로 달려오던 트럭에 치었다. 어머니는 그 자리에서 돌아가셨다.

크리스틴과 어머니는 정말 친했다. 정기적으로 만나서 영화를 보고 저녁을 먹었다. 어머니는 돌아가시기 전에 심한 자동차 사고를 당해 운전을 하지 않던 때라, 크리스틴이 수업 시간표를 조절해 평일에는 거의 매일 앤아버Ann Arbor에서 출발해 어머니를 실어 날랐다. 크리스틴이 공대에 가기로 결심한 한 가지 이유는 학교를 졸업하고 좋은 일자리를 얻어 어머니를 모시기 위해서였다.

크리스틴은 학교생활에만 너무 열중한 나머지 친구라고 부를 만한 사람이 없었다. 어머니는 공부하라는 부담을 별로 주지 않았지만, 크리스틴은 대개 어머니와 보낼 시간에 공부를 했다. "학교 과제를 그만둘 수가 없어 어머니에게 전화해서 이렇게 말했죠. '엄마, 오늘 데리러 못 가겠어. 과제해야 해.' 그러면 어머니는 '괜찮다'라고 하셨죠. 항상 괜찮다고 하셨어요."

어머니가 돌아가신 날 밤, 크리스틴은 미술관에서 데이트를 하고 있었다. 흔치 않게 공부를 쉬는 날이었다. 어머니에게 그날은 데리러 가지 못한다고 이야기했다. 괜찮다고, 버스를 타고 가면 된다고 어머니는 대답했다. 그날 밤 늦게 크리스틴의 휴대폰이 울렸다. 어머니였다.

"미술관에서 통화하는 걸 별로 좋아하지 않아요. 그래서 전화가 울리는 걸 보고 나중에 전화해야겠다고 생각했죠."

크리스틴은 그날 밤 휴대폰을 다시 확인하지 않았다. "모르는 번호로 부재중 전화와 음성메일이 10개나 와 있더라고요. 예감이 좋지 않았어요. 전화를 했더니 어떤 여성분이 병원이라면서 이렇게 말했어요. '어머니가 사고를 당하셨어요. 지금 바로 와주셔야 할 것 같습니다.' 제가 물었죠. '어머니는 괜찮아요? 무슨 일이죠?' 그러자 이렇게 답하더군요. '지금 바로 오셔야 합니다. 다른 분한테 운전 부탁하시고요.' 지금도 믿어지지 않아요. 저는 대개 일의 원인을 따지는 편이에요. 논리 말이에요. 하지만 그게 안 돼요." 크리스틴은 어머니의 갑작스러운 죽음에 대해 이렇게 말했다.

"의미는 필요 없어요. 가끔 말도 안 되는 일들이 그냥 일어나니까요. 그런 일들은 그냥 내버려둬야죠. 삶에는 많은 혼란이 있음을 받아들이는 거예요. 삶은 혼란스럽지만 인간은 투쟁을 통해 거의 모든 불확실성을 통제해왔습니다. 하지만 어느 날 무책임한 인간이 우리 어머니를 차로 치는 거예요. 제 말은, 어머니가 한 멍청이에게 죽임을 당했어요. 무책임하고 멍청한 사람한테요. 그 사람은 자기가 한 가족의 삶을 망가뜨리고 너무나 많은 것을 파괴했다는 사실조차 몰라요. 어떻게 그런 사람은 계속 살아가고 우리 어머니는 죽었죠? 그 뒤로 저는 너무 큰 절망감을 느꼈고 그 무엇도 이해되지 않았어요. 어머니는 그렇게 돌아가셨어요. 어떻게요? 저는 이 분노와 모든 걸 잊고 제 삶을 살고 싶은 마음 사이에서 고통받고 있어요. 앞으로 나가고 싶은 마음이요." 크리스틴이 두 손으로 쾅 소리 나게 식탁을 내려치며 말했다. "인간이 너무 싫어요. 그러면서도 살아야 하잖아요. 앞으로 가야 하잖아요."

"그게 허무주의예요." 라울이 말했다.

앞서 라울은 친구가 죽고 난 뒤 인간에 대한 신뢰를 잃었다고 말했다. 당시 라울은 알래스카에서 대학을 다니고 있었다. 친구와 함께 알래스카의 페어뱅크스에 있는 자갈로 만든 연못에서 수영을 하던 중이었다. 그런데 차가운 물 안에서 둘 다 쥐가 났다. 라울의 친구가 물 아래로 가라앉기 시작했다. 라울은 친구를 구하려고 했지만 금세 힘이 빠졌다. 해변에 있던 사람들에게 큰 소리로 도움을 청했지만 누구도 오지 않았다. 사람들은 젊은 친구 둘이 짓궂은 장난을 친다고 생각했다. 라울은 친구가 물 위로 올라오려고 자신을 불 밑으로 누르는 바람에 거의 익사할 뻔했다. 라울은 해변으로 헤엄쳐 가지 않으면 죽을 거라는 사실을 깨달았다. 헤엄을 쳐서 안전한 곳으로 돌아오면서 친구가 물 위로 올라오려고 허우적대다 가라앉고, 허우적대다 가라앉고, 또다시 허우적대다 가라앉았더니 끝내 물 아래로 사라지는 모습을 지켜봤다.

마침내 해변에 도착했을 때는 의식이 희미했다. 라울을 처음 발견한 사람은 어머니와 고무보트를 가지고 놀던 라울의 동생이었다. 의식이 희미해져 가는 와중에 동생에게 물에 빠진 친구를 구해야 한다며 보트를 빌려달라고 했다. 두 사람은 라울의 말을 믿지 않았다. 어머니가 말했다. "그럼 가서 친구를 구해." 하지만 너무 늦었다. 관계당국은 3일 뒤 시신을 발견했다. 라울로서는 친구의 죽음이 무의미하다는 건 상상할 수 없었다.

"저는 취미로 철학을 공부했어요. 그런데 무슨 쓸모가 있는지 모르겠더라고요." 크리스틴이 허무주의에 대해 이야기했다.

대신 크리스틴은 대학을 졸업하고 뉴욕으로 갔고, 그곳에서 공학자가 되려던 꿈을 접었다. 천직이라고 생각한 길을 가기로 했다. 빵을 만드는 파티시에였다. "엄마가 돌아가시지 않았다면 이 길을 택하지 않았을 거예요. 그런 일을 겪으면 자신의 삶과 정체성, 그리고 자신이 하고 싶은 일이 무엇인지 생각하게 되죠. 지금 제가 하는 결정의 99퍼센트는 어머니가 돌아가신 사실 때문이에요. 맞아요, 그래서 파티시에가 됐어요."

나는 거기 앉아서 그들이 하는 이야기를 집중해서 들었다. 때로는 분노하며, 때로는 슬픈 마음으로, 때로는 깊은 후회와 죄책감으로 그들의 상실과 그 상실이 지금의 삶에서 갖는 의미를 이해하려고 발버둥쳐온 과정을 한 문장 한 문장 귀 기울여 들었다. 어떤 사람들은 그 과정에서 유독 더 회복하고 성장했다. 하지만 그들은 모두 의미의 네 기둥 전부는 아니더라도 일부에 의지하고 있었다. 커뮤니티를 이루고 있었다. 상실의 아픔 속에서 자신의 목적이 무엇인지 알고자 했다. 자신에게 일어난 일을 이해하려고 노력 중이었다. 그리고 바쁘고 정신없는 일상에서 벗어나 평온을 찾는 의식에 동참했다.

이런 이유로 카를라와 레넌은 디너파티를 설립했다. 슬픔으로 삶이 산산조각난 사람들에게 의미를 찾게 해주고 싶었다. "우리는 사람들이 슬픔 때문에 망가진 삶을 살기보다 더 의미 있고 강한 삶을 사는 움직임을 만들고 싶습니다."

나를 죽이지 못한 것은 나를 강하게 만든다

역경을 통해 더 깊이 있고 의미 있는 삶을 살 수 있다는 개념은 문학과 종교, 철학에서는 아주 오래된 생각이다. 니체가 한 유명한 말이 있다. "나를 죽이지 못하는 것은 나를 더 강하게 만든다." 하지만 주류 심리학에서는 비교적 낯선 개념이다. 최근까지 많은 심리학자가 정신적 외상, 즉 트라우마를 심각한 스트레스의 주요 원인이라고 생각했다. 어떤 사람에게 정신적, 신체적 손상을 입히고, 때로는 정상적 생활이 불가능할 지경으로 만드는 것이 정신적 외상의 한 가지 특징이라고 생각했다. 1980년에 미국 정신의학회American Psychiatric Association는 심리학자와 정신과 의사들이 정신 장애 진단을 할 때 매뉴얼로 사용하는 정신 장애 진단 및 통계 편람Diagnostic and Statistical Manual of Mental Disorders에, '외상 후 스트레스 장애post-traumatic stress disorder, PTSD'를 추가했다.[3] 그때부터 PTSD는 큰 사고를 겪은 사람들에게 일어나는 일을 이해하고자 하는 심리학자, 미디어, 그리고 평범한 사람들의 큰 관심을 받고 있다.

밥 커리의 이야기가 딱 적절한 사례이다.[4] 커리는 미국 위스콘신주 밀워키 출신으로 베트남전 참전용사이다. 커리는 위스콘신의 노동자 집안에서 자랐으며, 커리가 말하기로 위스콘신은 애플파이와 서부극의 간판스타 존 웨인의 영화가 불티나게 팔리는 지역이다. 어린 시절 커리는 존 F. 케네디 대통령의 유명한 취임 연설이 준 교훈을 가슴에 아로새겼다. "국가가 당신을 위해 무엇을 할 수 있는지 묻지 말고 당신이 국가를 위해 무엇을 할 수 있는지 물어보라."

커리가 십 대 때 베트남전 반대 시위가 극에 달했다. 그럼에도 커리는 나라를 위해 일해야겠다는 강한 소명의식을 느꼈다. 그래서 고등학교를 졸업하자마자 군대에 자원했다. "저는 옳은 일, 평생을 바쳐 해야 할 일을 하고 있다고 생각했습니다. 제 인생의 명예로운 시기였습니다. 시키는 일은 뭐든지 했습니다. 제가 하는 일은 더 나아가 사람들을 구하는 일이라고 생각했습니다."

베트남전쟁 당시 커리는 북베트남과 라오스 지역에서 공중 정찰 임무를 맡았다. 끔찍한 경험이었다고 커리는 말했다. 커리가 탄 비행기는 자주 적의 포격을 받았고 죽을 고비도 수차례 넘겼다. 전쟁을 경험한 공포는 평생 따라다녔으며, 친구를 포함한 다른 많은 사람이 죽은 전쟁에서 살아남았다는 죄책감 역시 평생 지속되었다. 1971년에 집으로 돌아왔을 당시 커리는 다른 사람이 되어 있었다. 비교적 정상적인 삶을 살아보려고 천천히 노력했고, 처음에는 성공했다. 가정을 꾸리고, 집을 장만하고, IBM에서 일했다. 하지만 문득문득 옛날 일이 생생하게 떠올랐고, 거의 항상 죄책감과 두려움을 감추려고 안간힘을 썼다.

1991년에 걸프전이 시작되자 겨우 붙잡고 있던 삶에 대한 의지가 사라지기 시작했다. 텔레비전과 신문마다 도배되는 전쟁 장면에서 벗어날 수가 없었다. 베트남의 기억이 떠올랐다. 베트남전에 대한 기억은 더 심해져 자신이 탄 비행기가 추락하는 악몽을 꾸기 시작했다. 한밤중에 침대 머리판을 손으로 세게 치는 바람에 아내를 공포에 떨게 만들기도 했다. 마치 비행기 천장에 붙은 탈출 레버를 잡아당기려는 듯했다. 술에 빠져 살기 시작했다. 하지만 소용이 없었다. 911테러가 일어나면서 전쟁이 또다시 국가적 관심사가 된 뒤 커리의 회상도, 음주도 심해졌다.

2002년 어느 날, 커리는 밀워키의 한 약국에서 아내의 처방전을 받으려고 기다리면서 잡지를 보다가, 무언가를 보고 깜짝 놀랐다. 군대에서 함께 복무하다가 임무 중 실종된 두 진우의 시체가 라오스에서 발견됐다는 기사였다. 옛 친구들이 죽었다는 소식에 술을 진탕 마셨다. 나중에 일어나보니 병원이었고, 침대 옆에 경찰관 두 명이 서 있었다. 경찰관은 자동차 사고가 났다고 이야기했다. 커리가 차로 한 남자를 치어 남자가 사망했다는 것이다.

사고 뒤 커리는 살인 혐의로 재판을 받았다. PTSD 진단을 받은 뒤 무죄 판정을 받았고, 주립 정신병원으로 이송됐다. 그곳에서 커리는 자신이 얼마나 많은 것을 파괴했는지 돌아봤다. 재판을 받는 동안 커리와 아내는 집을 잃었고, 딸은 경제 사정으로 대학을 그만둬야 했다. 커리는 스스로 목숨을 끊을까도 생각했다. 결국 자기 가족은 물론 자기가 죽인 남자의 가족들의 삶까지 파탄 났다. 재판이 끝난 뒤 이렇게 생각했다. '감옥에 갔어야 했어. 끝내야 했어. 내 손으로 생을 끝내야 했어.' 하지만 두 번째 기회를 얻었다. "이렇게 큰 피해를 입혔는데 앞으로 어떻게 살지?"

커리는 재판이 진행되던 동안의 경험을 떠올렸다. 그때 알코올중독자협회Alcoholic Anonymous 후원자이자 베트남전에 함께 참전한 전우가 해외전쟁참전군인회VFW 오찬 모임에 커리를 데려갔다. 거기서 속이 후련해지는 경험을 했다. 참전 군인들은 햄버거와 다이어트 콜라를 먹으며 기념품들 사이에 둘러싸여 있었다. 전쟁을 떠올리게 하지만 나쁜 기억을 떠올리게 하지는 않는 기념품들. 실제로 커리는 기념품을 보면서 처음 군대에 지원했던 이유를 떠올렸다. 사랑하는 나라를 위해 일하고 싶은 마음 말이다.

이 안전한 공간에서 커리는 전쟁 중에 비슷한 경험을 하고 그 뒤로 비슷한 후유증을 겪고 있는 사람들과 유대를 맺을 수 있었다. 그들은 커리를 이렇다 저렇다 판단하지 않았다. 많은 사람이 증오한 전쟁에 참여했다는 마음의 짐을 30년 넘게 안고 살아온 커리에게는 큰 의미가 있었다. 1971년 베트남에서 미국으로 돌아왔을 때 공항의 시위자들이 커리와 다른 참전 군인들에게 계란을 던지면서 '어린이 살해범'이라고 소리쳤다. 커리는 나중에 고국에서 이방인이 된 기분이 죄책감과 스트레스를 키웠음을 깨달았다. PTSD의 원인이기도 했다.

VFW 모임에 갔더니 그곳의 전우들은 자신을 이해해줬다. "같이 힘든 일을 겪은 사람을 만나면 고통이 좀 줄어듭니다." 커리는 여기서 유대를 맺은 경험을 동료 참전 군인들과 나눌 수 있는 방법을 고민하기 시작했다. 다른 참전군인 단체도 많이 알고 있었지만, 대개 더 연령대가 높고 주로 술자리 모임 위주였다. 커리처럼 PTSD나 약물 남용 같은 문제가 있는 참전 군인들에게는 위험했다. 커리는 조금 더 젊고 술이 없는 모임을 원했다.

그래서 2008년에 커리는 친구들 몇 명과 함께 술 없는 참전용사 커뮤니티 센터 드라이후치Dryhootch를 출범했다. 일종의 커피숍이었다. 센터는 참전 군인들이 운영했으며, 참전군인과 가족들을 위한 라이브 음악 연주, 독서 모임, 미술 수업, 치료 수업도 진행했다. 화요일 아침마다 체스 클럽을 열었고, 금요일 점심 식사 전에 모여 마음챙김 명상을 했다. 일반인에게도 센터를 개방했는데, 덕분에 참전 군인들은 민간인으로 사회에 적응하는 데 도움을 얻었다. "참선 군인들이 술집 대신 카페에 모여서 매일 서로 어울린다는 취지였어요. 맛있는 커피와 동료들. 그걸 제공하고 싶었습니다." 커리가 말했다.

처음에는 카페를 열 돈이 부족해, 낡은 빨간색 팝콘 트럭을 이동용 카페로 개조해서 드라이후치를 운영했다. 그리고 2009년, 밀워키에 처음으로 건물을 얻어 카페를 열었다. 2012년 백악관은 참전군인들에게 한 기여를 인정해 커리를 '변화의 챔피언champion of change'으로 선정했다. 2014년 드라이후치는 미국 중서부로 센터를 확대했으며, 밀워키에 2개 지점, 매디슨에 1개 지점, 시카고 지역에 2개 지점을 뒀다.

음주 운전 사고를 계기로 커리는 자신을 들여다봤다. 즉 세상에 어떤 기여를 할 수 있는지 고민했다. "봉사는 힘든 일을 겪고 난 뒤 할 수 있는 유일한 일입니다. 시간을 되돌릴 수는 없지만 변화를 만들 수는 있어요. 그게 저를 앞으로 나아가게 했고요. 참전군인 하나가 드라이후치 덕분에 자기 인생이 달라졌다고 이야기할 때 그 모든 일이 이루어지는 거죠."

충격적인 일을 경험한 뒤 많은 사람이 자신과 같은 고통을 겪은 사람들을 돕고 싶은 강한 충동을 느낀다. 심리학자와 정신의학자들은 때로 이러한 충동을 '생존자 사명survivor mission'이라고 부른다. 정신의학자 로버트 제이 리프턴Robert Jay Lifton은 이렇게 말했다.[5] 생존자는 "죽음의 가능성에 노출되었거나 다른 사람들의 죽음을 목격하고 살아남은 사람이다. 그들은 죽은 사람에게 부채의식을 느끼며 고인을 위로하고 고인의 소망을 이루어 자신의 생존을 정당화해야 한다고 느낀다."

오늘날 '생존자'라는 용어는 목숨에 지장이 없는 외상 희생자까지 확대해서 사용되며, 그들의 사명은 다른 사람들이 자신이 경험한 일을 겪지 않도록 하는 것이다.[6] 예를 들어, 성폭행 생존자들은 학대 치료사가 된다.[7] 총기 난사 생존자들은 더 강력한 총기 규제법 제정을 위해 일하는 로비스트로 일한다. 백혈병으로 아이를 잃은 부모들은 암 연구와 예방에 대한 인식 개선과 지원 강화를 위해 싸운다. 히로시마와 나가사키 원폭 생존자들은 핵무기 비축량 감소를 위해 활동한다. 이런 목적을 가진 행동들은 생존자들이 정신적 외상을 극복하는 데 도움을 준다. 고통을 겪은 사람들은 다른 사람을 도우면서 우울증과 불안감, 분노가 줄고 낙천주의, 희망, 삶의 의미가 커졌다고 한다.[8]

커리는 젊은 참전 군인들이 자기처럼 술독에 빠져 사는 실수를 저지르지 않도록 돕고 싶어 한다. "시간을 되돌릴 수도, 제가 한 일을 바꿀 수도 없지만, 요즘 참전 군인들이 제가 택한 길을 가는 일만은 막을 수 있습니다." 목적을 좇으며 사는 삶은 새로운 세대의 참전 군인들은 물론 커리 자신에게도 도움이 됐다. 그 사명은 커리의 삶을 제자리로 되돌리는 데 핵심적 역할을 했다. 커리는 2002년부터 술을 입에 대지 않고 있다.

시련 극복과
5가지 성장 신호 /

거의 모든 사람이 PTSD가 한 사람의 인생을 어떻게 망가뜨리는지 들어봤을 것이다. 한편 외상 후 성장post-traumatic growth 이라는 말을 들어본 사람은 더 적을 것이다. 이 과정이 커리를 절망에서 건져 올려 참전 군인 단체의 리더 역할을 맡게 했다. 커리의 이야기에서 볼 수 있듯이 외상에 대한 이 두 가지 반응은 서로 상반되지도 상호 배타적이지도 않다. 하나를 경험한 사람이 다른 하나를 경험할 수 있으며, 대부분은 외상을 입은 뒤 PTSD를 앓지 않고도 악몽, 회상 등 PTSD 증상 일부를 경험한다.[9] 하지만 연구자들은 외상 생존자들의 2분의 1 또는 3분의 2 정도가 외상 후 성장을 경험하며,[10] 극히 일부만이 PTSD를 앓는다는 사실을 발견했다.[11]

샬럿에 위치한 노스캐롤라이나 대학교의 리처드 테데스키Richard Tedeschi 교수와 로런스 캘훈Lawrence Calhoun 교수는 외상 후 성장 분야를 대표하는 전문가들이다.[12] 두 연구자는 외상 후 성장을 '극도로 힘든 삶의 위기를 극복하려고 분투한 끝에 일어나는 긍정적 변화'라고 정의한다. 테데스키와 캘훈은 1990년대 중반에 '외상 후 성장'이라는 용어를 만들었으며, 사람들이 지혜를 얻는 과정을 연구하다가 이 개념을 생각해냈다. 두 사람은 힘든 일을 겪은 사람들과 인터뷰를 진행하고, 그 대화를 토대로 사람들이 어떻게 균형감과 깊이를 얻는지 알 수 있으리라 생각했다. 역경을 통해 세상을 새로운 방식으로 바라보게 만드는 교훈을 얻었으리라 추측했다. 많은 외상 생존자들과 대화를 나눈 뒤 테데스키와 캘훈은 고통은 사람들을 근본적으로 좋은 방향으로 변화시키며, 이 변화는 두 사람이 예상한 것보다 더 흔하게 일어나고 심오하다는 사실을 발견했다. 테데스키가 말했다.

"우리는 아이를 잃은 부모들을 10년 정도 연구해왔습니다.[13] 세상에서 가장 힘든 종류의 상실을 경험한 사람들이죠. 저는 그들이 서로를 얼마나 많이 돕는지, 아이를 잃은 다른 부모들에게 얼마나 연민을 느끼는지, 자신도 슬픔을 겪는 와중에 자기 아이를 죽음으로 이끈 환경을 바꿔 다른 가족들이 같은 상실을 경험하지 않도록 하기 위해 얼마나 노력하는지 관찰했습니다. 이 비범하고 분별 있는 사람들은 삶의 우선순위를 분명하게 알고 있었습니다."

다양한 유형의 생존자들을 연구한 끝에 테데스키와 캘훈은 사람들이 위기를 겪은 뒤 5가지 방식으로 성장할 수 있다는 사실을 발견했다. 첫째, 인간관계가 좋아진다. 이를테면 유방암 진단을 받은 한 여성은 인간관계가 '가장 중요한 자산'[14]임을 깨달았다. 많은 사람이 관계라는 의미의 기둥을 열심히 쌓아 정신적 외상을 이겨낸다. 1부 2장에서 언급한 제임스는 자살 충동으로 힘든 시간을 보낸 뒤 창조적 시대착오 협회 활동을 시작하면서 살아갈 힘을 얻었다. 아이를 잃은 부모들은 아이를 잃은 뒤부터 사람들에게 더 큰 연민을 느낀다고 이야기한다.[15] "아픔과 슬픔을 겪는 사람들에 너 많이 공감하게 됐어요."

둘째, 삶의 새로운 길과 목적을 발견한다. 이는 때로 특정한 생존자 사명과 관련된다. 이를테면 암으로 아이를 잃은 한 어머니는 종양 전문 간호사가 되었다.[16] 때로 위기는 우선순위에 대한 생각을 바꾸는 촉매제 역할을 한다. 크리스틴이 교통사고로 어머니를 잃은 뒤 빵을 만드는 파티시에가 된 것처럼 말이다.

셋째, 정신적 외상은 내면의 힘을 깨닫게 해준다. 카를로스 에이레는 문득 자신이 미국의 빈곤층이라는 사실을 깨닫고 지금까지 몰랐던 자신의 강점을 이용해 생존 기술을 키웠다. 테데스키와 캘훈이 연구한 사례들의 공통점은 '약하지만 더 강한' 이야기라는 점이다.[17] 이러한 모순적 관점은 한 성폭행 생존자의 태도에서 엿볼 수 있다.[18] 성폭행 피해자인 그 여성은 지금 세상이 자신에게 더 위험해 보이지만, 동시에 성폭행을 겪은 뒤 쌓은 내면의 힘 덕분에 회복탄력성은 더 강해진 것 같다고 했다.

넷째, 영적인 삶이 깊어진다. 이 말은 카를로스의 경우처럼 신에 대한 믿음이 달라진다는 의미일 수도 있지만, 존재의 문제를 더 폭넓게 이해하고 세상이나 자기 자신에 대한 본질적 진실을 깨닫는다는 의미일 수도 있다. 에메카 나카가 척수 부상을 입은 이후에 그랬던 것처럼.

마지막으로 큰 아픔을 겪은 사람들은 삶에 더 감사함을 느낀다. 낯선 이의 친절이나 가을 단풍잎의 영롱한 색을 당연시하기보다 매일을 빛나게 만드는 아름다운 일상의 순간들을 소중히 한다. 백혈병 말기 진단을 받은 제닌 델라니는 병 진단을 받은 뒤로 자연과 수시로 교감하며, 자신에게 정말 중요한 일에 집중하는 삶을 살았다. 한 비행기 추락 생존자는 이렇게 말했다.[19] "이제 사소한 일을 사소하게 받아들이게 됐어요. 덕분에 옳은 일을 하는 것이 얼마나 중요한지 확실히 깨달았어요. 그때그때 필요하거나 정치적으로 영리한 일이 아니라 옳은 일이요."

테데스키와 캘훈은 지진을 비유로 들며, 우리가 위기를 경험한 뒤에 어떻게 성장하는지 설명한다. 대규모 지진이 일어나기 전 도시에 어떠한 구조가 존재하는 것처럼, 우리도 삶과 세상에 대한 근본적 믿음을 가지고 있다. 정신적 외상은 이런 믿음들을 산산조각 낸다.[20] 하지만 그 잔해 속에 재건의 기회가 있다. 지진을 겪은 도시들은 잿더미가 된 지금의 도시보다 더 튼튼한 건물과 사회 기반 시설을 짓고자 애쓴다. 마찬가지로 위기 이후에 심리적으로, 영적으로, 아니면 다른 부분에서 다시 일어설 수 있는 사람들은 앞으로 닥칠 고난에 대비해 만반의 준비를 갖추며, 결국은 더 의미 있는 삶을 살아간다.

시련을 직시해야 성장한다

테데스키와 캘훈은 왜 어떤 사람들은 정신적 외상을 입은 후 성장하고, 어떤 사람들은 그러지 않는지 궁금했다. 연구 결과, 외상의 특징과 정도는 생각보다 덜 중요하다는 사실을 발견했다. 외상 후 성장을 연구하는 또 다른 연구자에 따르면 "실제 정신적 외상은 변화의 원인이 아니다.[21] 외상 자체가 아니라 자신에게 일어난 일을 어떻게 해석하는지, 자신과 삶, 그리고 세상을 변화시킨 원인에 대해 어떻게 믿는지가 개인을 성장시킨다." 테데스키와 캘훈은 연구 자료를 더 자세히 살펴본 뒤 두 집단의 차이가 이른바 '의도적 반추deliberate rumination' 또는 '자기 성찰'에 있음을 발견했다. 두 사람이 연구한 참가자들은 자신이 겪은 고통스러운 경험을 이해하려고 애쓰고, 그 일이 자신을 어떻게 변화시켰는지 오랫동안 생각했다. 그 과정에서 삶의 변화가 외상 후 성장의 결과임을 알 수 있었다.

의도적 반추를 시작하는 한 가지 방법은 글쓰기이다. 사회 심리학자이자 오스틴에 위치한 텍사스 대학교 교수 제임스 페니베이커James Pennebaker[22]는 사람들이 언어를 이용해 자신의 경험을 해석하는 과정을 연구한다. 페니베이커는 1980년대에 외상 연구를 시작했다. 그는 이전 연구에서 충격적 사건을 경험한 사람들이 그렇지 않은 사람들보다 더 우울하고 정서적으로 불안하며, 심장병과 암으로 사망할 확률이 더 높다는 사실을 발견했다. 하지만 외상이 건강에 악영향을 미치는 원인이 무엇인지는 파악하지 못했다.

그러던 어느 날, 페니베이커는 자료를 자세히 들여다보다가 흥미로운 상관관계를 발견했다. 어릴 때 심한 정신적 외상을 경험했지만 아무에게도 이 사실을 말하지 않은 사람은, 누군가에게 이 사실을 말한 사람에 비해 성인이 되었을 때 눈에 띄게 건강이 나빴다. 한 가지 의문이 들었다. 아픈 경험을 누구에게도 말하지 않은 사람들에게 익명으로 그 경험을 털어놓게 하면 건강이 좋아질까?

지난 30년 동안 페니베이커는 이 질문에 답하고자 사람들을 연구실로 불러 3~4일간 연이어 매일 15분씩 '인생에서 가장 속상했던 경험'을 주제로 글을 쓰게 했다. 참가자들에게 자신이 겪은 경험과 그 경험이 자신에게 미친 영향에 대해 '솔직하게 이야기하고 가장 내면의 감정과 생각을 들여다보라고' 격려했다. 페니베이커가 진행한 연구의 참가자들은 성폭행을 당한 경험, 강도를 맞은 경험, 사랑하는 사람을 잃은 경험, 자살을 시도한 경험 등을 글로 썼다. 많은 참가자가 울면서 연구실을 나갔다고 페니베이커가 말했다.

페니베이커는 정신적 외상에 대한 생각과 감정을 글로 쓴 사람들이 병원을 덜 찾았다는 사실을 발견했다. 또 그런 사람들은 외상을 경험한 뒤 학교 성적이 더 좋았고, 불안과 우울 증세를 덜 보였으며, 혈압과 심박수가 더 낮았고, 면역체계도 더 튼튼했다. 즉 표현적 글쓰기expressive writing는 치유 효과가 있었다. 하지만 외상 경험에 대한 글쓰기가 유독 효과를 발하는 이유는 무엇이었을까?

페니베이커는 다양한 연구에서 참가자들이 쓴 글을 분석한 뒤, 표현적 글쓰기 조건 집단에 속한 사람들이 단순히 정신적 외상을 겪는 동안 일어난 일을 기록하거나 분노를 발산하고 감정을 표출하는 데 그치지 않음을 발견했다. 그보다는 자신에게 일어난 일을 이해하고자 열심히 노력했으며, 의미에 대한 그러한 탐색 과정은 신체적, 정신적 외상을 극복하는 데 도움이 됐다.

　참가자들은 글쓰기 활동을 통해 다양한 방식으로 의미를 발견했다. 첫째, 역경의 원인과 결과를 분석해 자신의 경험을 더 분명하게 이해했다. 참가자들은 글을 쓸 때 페니베이커가 이름 붙인 '통찰 언어insight words', 즉 '깨닫다realize', '안다I know', '왜냐하면because', '해결하다work through', '이해하다understand' 같은 단어를 더 많이 사용했다. 예를 들어, 한 아버지는 아들이 자살한 이유가 자기 때문이 아님을 깨달았고, 그 사실이 어느 정도 해결책이 될 수 있음을 이해했다.

　둘째, 3~4일 동안 참가자들은 생각의 변화를 보였는데, 페니베이커는 이 사실을 참가자들이 사용하는 대명사 사용 습관에서 알 수 있었다. 그들은 '나'에게 무슨 일이 일어났고 '내'가 어떤 일을 겪고 있는지 쓰는 대신 '그'가 왜 나를 학대했고 '그녀'가 왜 나와 이혼했는지 쓰기 시작했다. 정신적 외상을 다른 각도에서 볼 수 있다는 것은 희생자가 자신과 사건 사이에 어느 정도 거리를 둔다는 의미이며, 그때 희생자는 그 사건이 자기와 자기 삶에 어떤 영향을 미쳤는지 이해한다고 페니베이커가 말했다.

　의미를 찾는 사람들이 다른 사람들과 구분되는 세 번째 특징은 외상 경험에서 긍정적 의미를 찾을 줄 안다는 점이다. 페니베이커가 한 가지 사례를 들었다. "제가 골목에서 강도를 당했다고 칩시다. 누군가 타이어 체인으로 저를 때린 뒤 돈을 빼앗아 갔고, 그 사건으로 세상을 향한 저의 신뢰는 깨졌습니다. 저는 이렇게 쓸 수 있겠죠. '끔찍한 경험이었다. 뭘 어떻게 해야 할지 모르겠다.' 그 사건을 이야기한 다음에 의미 이야기를 꺼낼지도 모르죠. '세상은 위험하고 조심해야겠다고 생각했다.' 아니면 이렇게 쓸 수도 있죠. '이 사건은 여러모로 충격이었다. 하지만 이 사건 덕분에 내가 그동안 얼마나 행운아였는지 깨달았고, 다행히 나에게는 이 경험을 잘 이겨내도록 도와줄 친구들이 있다.'" 두 번째 해석이 건강에는 더 좋다고 페니베이커가 말했다. 다른 연구에서도, 외상 경험에서 긍정적 의미를 찾는 사람들은 자신이 겪은 경험에 대한 나쁜 생각이 수시로 떠오른다고 해도 우울증이 덜하고 더 건강하다는 사실이 밝혀졌다.[23]

홀로코스트 생존자이자 정신과 의사인 빅터 프랭클Viktor Frankl 이야기를 해보자. 프랭클은 아내를 잃은 지 2년 된 연로한 의사를 위로한 적이 있다.[24] 아내를 진심으로 사랑한 의사는 아내가 세상을 떠나자 심각한 우울증에 걸려 헤어 나올 수가 없었다. 프랭클은 의사에게 다른 각도로 생각해보라고 했다. "선생님이 먼저 돌아가시고 사모님이 선생님보다 더 오래 사셨으면 어땠을까요?" 의사는 이렇게 답했다. "아이고, 아내는 정말 힘들었을 거예요. 얼마나 고통스럽겠어요!"

프랭클은 의사에게 아내보다 오래 살아서 다행인 점을 이야기했다. "선생님, 사모님은 그 고통을 겪지 않으셨어요. 선생님 덕분에요. 물론 그 대가로 지금 선생님이 살아남으셔서 사모님을 애도하고 계시고요." 프랭클이 이렇게 말하자 의사는 의자에서 일어나 프랭클에게 악수를 건네고는 진료실을 나갔다. 프랭클은 의사가 아내의 죽음에서 긍정적 의미를 찾을 수 있도록 도왔고, 덕분에 의사는 마음을 추스를 수 있었다.

페니베이커가 진행한 연구에서 실험 뒤 가장 큰 수혜를 입은 참가자들은, 뒤로 갈수록 글쓰기에서 제일 진전을 보인 사람들이었다. 처음에는 글이 감정적으로 정제되지 않고 앞뒤도 맞지 않았다. 하지만 날이 갈수록 이야기가 점점 매끄러워지고 생각이 깊어졌다. 페니베이커는 정제되지 않은 감정을 표현하고 상투적인 표현을 하는 것은 건강에 도움이 되지 않는다는 사실을 발견했다. 하지만 지속적이고 많은 고민 끝에 나온 글쓰기는 건강을 개선했다. 그 같은 글쓰기는 처음의 감정적 반응을 넘어 더 깊은 내면을 들여다볼 수 있게 해줬다.

실제로 페니베이커는 표현적 글쓰기의 고유한 치료 효과를 연구에서 확인했다. 충격적인 외상 경험에서 비롯되는 감정을 춤으로 표현한 참가자들은 글로 표현한 참가자들보다 효과를 보지 못했다.[25] 페니베이커는 글쓰기가 다른 형태의 표현들과는 달리 사건을 체계적으로 생각하고 질서를 부여하게 해준다고 주장한다. 글쓰기를 통해 사람들은 새로운 사실을 발견하고 자신이 겪은 위기가 삶이라는 더 큰 모자이크에 어떻게 들어맞는지 이해한다. 그러한 이해와 이야기는 정신적 외상에서 의미를 찾고 궁극적으로는 외상 경험을 극복하게 해주는 효과적인 방법이다. 하지만 글쓰기가 힘든 경험을 극복하는 유일한 방법은 아니라는 사실이 인간 회복탄력성을 다루는 최근 연구에서 증명됐다.

/
회복탄력성이 강한
사람들의 비밀 /

회복탄력성 연구자들은 이렇게 질문한다. 왜 어떤 사람들은 다른 사람들보다 역경을 더 잘 이겨내고, 누군가의 삶은 만신창이가 되는 동안 나쁜 경험을 하고도 정상적인 삶을 살아갈 수 있을까. 1990년대 초반, 심리학자 지나 히긴스Gina Higgins는 이 질문에 답하고자 했다. 저서 《회복탄력성 강한 어른들Resilient Adults》에서 히긴스는, 심각한 외상을 경험하고 놀라울 정도로 완전히 회복한 사람들을 소개한다.

그중 한 사람이 시본이다.[26] 시본은 찢어지게 가난한 집에서 자랐으며 부모님의 관계도 불안정했다. 아버지는 아이들을 사랑했지만 무뚝뚝했다. 정신 질환을 앓고 있어, 시본이 일곱 살 때 자살 기도를 하기도 했다. 한편 어머니는 공포 그 자체였다. 몸집이 크고 목소리가 우렁찼으며, 수시로 시본과 세 동생을 때리고 밤에는 아이들을 침대에 묶어뒀다. 시본과 동생들을 두 차례 고아원에 보냈지만 나중에 다시 데려왔다. 시본이 아홉 살이 되자 학대는 악몽으로 변했다. 시본의 어머니는 자기 남자친구가 주기적으로 시본을 성폭행하도록 방치했다. 어머니의 남자친구가 다른 사람에게 발설하면 아버지를 죽이겠다고 협박해 시본은 입을 다물었다.

시본은 어린 시절을 '혼돈'이라는 단어로 설명했다. '무수한 비명'과 '끝없는 고함 소리', 그리고 방 여기저기 내던져진 기억. 시본은 어머니에게 사랑이나 관심을 받은 기억이 없다. 그저 끊임없이 '멍청한 년', '빌어먹을 년'이라고 고함치던 기억뿐이다. 수차례에 걸쳐 어머니는 시본을 유산하려고 했다고, 자신이 시본의 아버지와 결혼한 유일한 이유는 시본을 임신해서였다고 말했다. "날 얼마나 끔찍하게 싫어하는지 말하는 다른 방법 같았어요. 저는 그저 배설물이자 희생양이었던 거죠." 시본은 성폭행에서 어머니가 한 역할을 이렇게 표현했다.

당연히 학대의 결과는 대단히 심각하다. 어린 시절의 상처는 가장 극복하기 힘든 형태의 역경이며, 희생자의 몸과 마음에 평생 지워지지 않는 상처를 남긴다.[27] 어린 시절에 심각하고 예측 불가능한 스트레스를 경험하면 나이가 들어서 뇌와 몸이 다른 스트레스 요인에 과민 반응을 보이고 질병에 걸리기도 쉬워진다. 심장병, 비만, 암에 걸릴 확률도 높아진다.[28] 또한 어릴 때 심각한 스트레스를 경험한 어른들은 마약과 술에 빠지고, 우울증에 걸리고, 학습 장애를 경험하고, 폭력 범죄를 저지르고 체포될 가능성 역시 높다.

시본의 이야기가 그토록 놀라운 이유는 바로 여기에 있다. 시본은 성인이 되어 때로 우울증과 불안감을 겪기는 했지만 결국 극복했다. 그녀의 삶은 어린 시절에 지속된 스트레스와 혼란에도 망가지지 않았다. 현재는 소아과 간호사가 되어 신생아 집중 치료실에서 일하고 있다. 진심으로 사랑하는 남자와 스물한 살에 결혼해 세 아들을 뒀다. 함께 행복한 가정을 꾸리고 사는 중이다.

회복탄력성에 대한 체계적 연구는 1970년쯤 시본과 같은 아동을 연구하면서 시작됐다.[29] 처음에 심리학자와 정신의학자들은 정신 질환의 원인 규명에 집중했다. 유년 시절 겪은 역경이 정신 질환의 한 가지 예측변수였기 때문에 연구자들은, 불우하거나 문제 가정에서 자라는 아이들을 연구하기 시작했다. 하지만 위험한 환경에 처한 아이들을 장시간 연구하면서 예상치 못한 사실을 발견했다. 이런 아이들 상당수가 어려움을 겪고 심리적 문제를 경험했지만, 일부는 힘든 상황을 극복하고 심각한 정신 질환을 앓지 않았다. 정서적으로 건강하고, 인간관계가 원만하고, 학교 성적도 좋았다. 왜 그들은 달랐을까?

연구자들은 이 질문에 답하기 위해 역경, 스트레스, 외상을 경험한 뒤 건강하고 생산적인 삶을 살아가는 아동과 성인들을 장기간 면밀히 연구했다. 회복탄력성 분야의 전문가인 예일 대학교 의과대학 스티븐 사우스윅Steven Southwick 교수와 마운트 시나이 아이칸 의과대학 데니스 차니Dennis Charney 교수는 연구 인생 마지막 30년 동안, 유괴, 강간, 전쟁 포로 같은 외상을 견뎌낸 사람들을 연구했다.[30] 두 연구자의 표현대로 휘어졌지만 부러지지 않은 사람들, 회복탄력성이 강한 이 사람들은 회복하는 데 그치지 않고 실제로 성장했다. 두 정신의학자는 연구 대상이었던 전쟁 포로들에 대해 이렇게 기록했다. "실제로 전쟁 포로들 상당수가 삶에 더 감사하는 마음을 갖고, 가족과 더 가까워지고, 새로운 의미와 목적의식을 찾았다. 전쟁 포로 경험 때문이었다." 그런 사람들과 대규모 인터뷰를 진행한 끝에 사우스윅과 차니는 회복탄력성이 강한 사람들에게서 다른 사람들과 구분되는 10가지 특징을 발견했다.

하나는 목적이었다. 두 연구자는 목적을 '삶의 가치 있는 목적이나 사명을 갖는 것'이라고 정의했다. 목적과 관련된 이들의 또 다른 특징은 대가 없이 다른 사람을 돕는 마음, 즉 이타주의에 관한 도덕적 잣대를 갖고 있다는 점이었다. 이 두 가지 주제는 시본의 이야기에서 중요한 역할을 했다. 어머니가 시본과 동생들을 고아원에 보냈을 때, 당시 열 살이었던 시본은 육아실의 수녀들을 도와 버려진 아기들을 돌봤다. 그곳에서 수녀와 아기들은 시본에게 사랑과 관심을 보였고, 시본은 거기서 위로를 받았다. 덕분에 삶의 목표를 더 폭넓게 고민할 수 있었다. "고아원에 계시던 수녀님들처럼 되어야겠다고 많이 생각했어요. 그렇게 해서 아이들을 돌보는 일을 하게 됐죠. 돌아와서 힘든 환경에 처한 이 아이들이 더 나은 삶을 살 수 있도록 도왔습니다. 그게 제 삶의 첫 번째 목표였어요." 그러한 미래를 고민하고 계획하는 일은 시본에게 더 나은 삶을 살 수 있다는 희망을 줬다. 시본은 자기 어머니가 품었던 증오와 상처 대신, 사랑과 온기로 다른 사람들을 도울 수 있음을 깨달았다. '다른 사람들에게 나눌 수 있는 것이 많지는 않지만 나 자신이 있잖아.'

회복탄력성을 결정하는 또 다른 중요한 요인은 사회적 지지이다. 특히 아이들에게 성인이나 양육자와의 건강한 관계는 역경의 해로운 영향을 막는 완충제 역할을 할 수 있다.[31] 시본의 어머니는 시본을 밀어내고, '어디에도 속하지 못한' 기분을 느끼게 했지만, 시본은 아버지와 근처에 살던 고모에게 사랑을 받았다. 비록 서로 자주 만나지는 못했지만 고모와의 관계는 특히 중요했다. 하지만 시본과 동생들이 고아원에 있을 때 고모가 '늘' 찾아와 저녁을 사주던 기억이 난다. 어머니와 같이 집에 있을 때는 음식과 옷을 가져다줬고, 시본이 고모집에 찾아가면 고모는 시본에게 편안함과 안정감, 그리고 소중한 사람이라는 기분을 느끼게 해줬다. "고모는 늘 저를 중요한 사람처럼 대했어요." 고모의 사랑과 관심은 시본에게 힘든 상황을 헤쳐나가고, 제때 극복할 수 있는 힘을 줬다.

의미의 초월적 원천 역시 정신적 외상을 견디는 힘이 된다. 예를 들어, 사우스윅과 차니는 베트남전에서 전쟁 포로 생활을 했던 참전 군인들을 연구했다. 8년 동안 포로 생활을 한 사람도 있었다. 이들은 고문받고 굶주리고 참혹한 환경에서 생활했다. 하지만 그들을 견디게 해준 한 가지는 신앙이었다. 누군가는 수감소 안에서 주기적으로 기도를 했고, 또 누군가는 신이 자기 옆에 있다는 사실을 기억하며 힘을 얻었다. '이 상황을 함께 이겨낼 수 있어'라는 마음이었다고, 전쟁 포로였던 한 사람이 말했다. 그들은 하노이 힐턴Hanoi Hilton이라 불리던 악명 높은 포로수용소에서 다 함께 모여, 예배와 애국 의식을 행했다.[32] 사우스윅과 차니가 알기로 전쟁 포로들이 전부 독실한 종교인은 아니었지만, 상당수가 신앙에 의지해 힘든 시간을 견뎠다. 그중 한 사람이 말했다. "자기보다 더 강한 힘에 기대지 않고는 살아갈 수 없습니다."

연구에 따르면 어떤 사람들은 태생적으로 다른 사람들보다 힘든 상황을 더 잘 견딘다. 과학자들은 인간의 회복탄력성이 어느 정도는 유전적 요인[33]과 어린 시절 삶의 경험[34]으로 결정된다고 믿는다. 하지만 다행히 회복탄력성은 영구불변한 특징은 아니다. 어떤 사람들은 태생적으로 다른 사람들에 비해 스트레스에 약하지만, 모든 사람이 스트레스에 더 효과적으로 대처할 수 있다고 차니는 말한다.[35] 몇 가지 심리적 도구로 스트레스 상황에 맞서는 방법을 통해서다.

회복탄력성을 학습할 수 있다는 사실은 2004년 바사 칼리지 교수 미셸 투가데Michele Tugade와 채플힐에 있는 노스캐롤라이나 대학교 교수 바버라 프레드릭슨Barbara Fredrickson이 발표한 연구에서 밝혀졌다.[36] 투가데와 프레드릭슨은 참가자들을 연구실로 초대해 안정 상태의 심박수와 혈압, 기타 생리지표들을 기록했다. 그런 뒤 참가자들은 스트레스가 따르는 작업을 수행했다. 각 참가자는 왜 자신이 좋은 친구인지를 주제로 짧은 시간 안에 3분 발언을 준비해 발표하는 과제를 받았다. 참가자들은 발표 장면을 영상 녹화한 뒤 평가받을 것이라는 설명을 들었다.

참가자들이 받은 과제는 이번 장에 나오는 다른 사람들과 비교하면 스트레스가 적은 일이었지만, 그들 역시 긴장했다. 심박수와 혈압이 급증했다. 하지만 일부 참가자는 다른 사람들보다 더 빨리 안정 수치로 돌아왔다. 연구자들은 누가 더 빠르게 회복하고, 누가 더 느리게 회복했는지 생리적 회복률을 측정해 기록했다. 그런 다음 회복탄력성이 빠른 사람과 느린 사람들이 과제에 접근한 방식을 살펴봤다. 태생적으로 회복탄력성이 빠른 사람들은 발표 과제를 대하는 태도가 달랐다. 회복탄력성이 느린 사람들과 달리 발표 과제를 위협으로 보는 대신 도전이라고 생각했다.

그 점을 염두에 두고 연구자들은 별도의 실험을 통해 회복탄력성이 느린 사람의 회복탄력성이 증가할 수 있는지 알아봤다. 투가데와 프레드릭슨은 새로운 참가자들을 연구실로 불러 이전 실험을 똑같이 실시했다. 다만 처음 실험을 약간 변형했다. 일부 참가자들에게는 발표 과제를 위협으로 보라고 말했고, 나머지 참가자들에게는 도전으로 보라고 말했다.

연구 결과는 회복탄력성이 빠른 사람에게도, 느린 사람에게도 희소식이었다. 태생적으로 회복탄력성이 강한 사람들은, 과제를 위협으로 보든 도전으로 보든 빠른 시간 안에 안정 상태로 회복했다. 하지만 회복탄력성이 약한 사람들은 과제를 도전으로 볼 때 그 격차가 사라졌다. 즉 과제를 위협이 아닌 기회로 보라는 말을 들은 사람들은 갑자기 심혈관 수치가 회복탄력성이 강한 사람들과 같아졌다. 빠른 시간에 안정 상태로 회복한 것이다.

연구자들이 실험실 안에서 부정적 경험을 연구하기는 힘들지만, 사람들이 장기간 스트레스 요인에 어떻게 대처하는지 파악하는 한 가지 방법은 삶의 힘든 시기를 경험하는 참가자들을 관찰하는 것이다. 스탠퍼드 대학교 교수 그레고리 월턴Gregory Walton과 제프리 코언Jefferey Cohen은 2011년 발표한 연구에서 이 방법을 사용했다.[37] 두 연구자는 대학생 집단을 3년간 관찰하며 학생들이 고등학교에서 성인이 되기까지 힘들지만 중요한 전환기를 어떻게 헤쳐나가는지 연구했다. 연구 결과, 의미의 네 기둥이 역경을 더 잘 헤쳐나가는 데 어떻게 도움이 되는지 알 수 있었다.

대학 신입생은 처음 대학 생활을 시작하면서 새로운 세계에 던져진다. 뭐가 뭔지 혼란스러울 수 있다. 어떤 수업을 들을지, 어떤 모임에 가입할지 결정하고 대개 새로운 친구들도 사귀어야 한다. 월턴과 코언의 지적처럼 이 전환의 시기는 아프리카계 미국인 학생들에게 특히 어렵다. 모든 학생이 학교생활에 어떻게 적응할지 걱정하지만, 대개 아프리카계 학생들은 특히 더 소외감을 느낀다고 월튼은 설명했다. 거의 모든 대학교 캠퍼스에서 소수집단이자 성차별 대상인 아프리카계 학생들은 '나 같은 사람'이 이곳에 어울릴지 걱정할 것이다. 두 연구자에 따르면 이 학생들의 소속 욕구는 위협을 받고, 이 경험으로 자신의 경험을 해석하는 방법이 달라질 수 있다. 성적이 나쁘거나 부정적 피드백을 받으면 대학 생활의 자연스러운 부분이라고 생각하기보다 자기 스스로에게 문제가 있다고 생각할 수 있다.

연구자들은 흑인과 백인으로 이루어진 학생 집단을 연구실로 불러 몇 개의 이야기를 읽게 했다. 참가자들보다 상급자 학생들이 쓴 이야기를 읽게 한 목적은 참가자들에게 유대감을 키워주기 위해서였다. 이야기의 공통된 맥락은, 신입생들은 힘든 일을 흔히 겪지만 이는 짧은 적응 과정의 일부라는 것이었다. 실험 조건에 해당하는 참가자들은 선배들이 쓴 이야기를 읽으면서 좌절을 경험하거나 소외감을 느끼는 것은 대학 생활의 자연스러운 부분일 뿐, 자신에게 결함이 있거나 사람들이 인종이나 국적 때문에 그 사람을 좋아하지 않는다는 의미가 아니라는 사실을 깨달았다. 그 이야기는 학생들이 대학 생활이 어떤지 각자 수정하게 만들 목적으로 쓰인 것이었다.

연구자들은 3년 뒤 졸업을 앞둔 참가자들을 대상으로 후속 연구를 이어갔고, 이야기 수정 과제가 상당한 영향을 끼쳤음을 발견했다. 다만 아프리카계 미국인 학생들만 변화를 보였다. 그들의 성적 평점은 3년 동안 지속적으로 오른 반면, 통제 조건 집단에 속한 아프리카계 학생들의 평점은 변화가 없었다. 성적이 오른 아프리카계 학생들의 성적 향상 폭이 하도 큰 나머지, 전체 아프리카계 미국인 학생들의 학력차가 절반으로 줄었다. 이전의 세 배에 달하는 학생들이 수업의 상위 25퍼센트를 차지했다. 또 더 건강하고 행복했으며, 병원을 찾는 횟수도 예전보다 줄었다. 소속에 대한 이야기를 읽은 경험은 대학 생활을 더 원만하게 해나가는 데 도움을 줬다. 통제 조건 집단에 속한 학생들은 좌절을 경험할 때 자신을 의심하고 자신이 학교에 어울리는 사람인지 의심했다. 반면 실험 조건에 속한 학생들은 비슷한 스트레스 상황에서도 유대감이 흔들리지 않았고, 덕분에 힘든 상황을 잘 견뎌냈다.

월턴과 코언은 백인 학생들에게서는 이런 효과를 찾지 못했다. 실제로 통제 집단과 실험 집단에 속한 백인 학생들의 평점은 신입생부터 졸업학년이 될 때까지 증가했다. 이야기를 읽은 경험이 성적이나 신체 건강, 정신 건강에 아무런 영향도 미치지 않았다. 대학의 주류 집단인 백인 학생들은 스트레스의 원인을 유대감이라고 생각하지 않았기 때문에, 특정 수단을 동원해 힘든 상황을 다르게 바라

볼 필요가 없었다. 흑인 학생들은 달랐다. 대학생이 되는 경험이 어떤지 자신의 이야기를 바꾸는 경험을 할 때 남은 대학 생활을 더 잘했다. 이 같은 개입이 불평등의 만능 해결책은 아니다. 월턴이 지적한 것처럼 "기회가 없는 사람들에게 기회를 주지는 않는다." 하지만 생각을 어떻게 바꾸느냐에 따라 오랜 세월 소외당한 집단의 긍지를 높일 수 있다.

/
의미를
늘 기억한다는 것 /

의미의 네 기둥은 사람들을 학대, 감금, 인종 차별의 상처에서 회복시켜준다. 하지만 살면서 겪는 힘든 일은 이것만이 아니다. 우리의 일상은 새로운 도시로 이사를 가거나 직장을 구하거나 학교와 직장에서 힘든 과제를 수행하는 등, 크고 작은 스트레스 요소로 가득하다. 정신적 외상이 그렇듯 어떤 사람들은 다른 사람들에 비해 이 같은 일상적 스트레스를 더 잘 견딘다. 그리고 여기서도 역시 의미는 중요한 역할을 한다.

2014년 발표된 연구에서 미시간 대학교의 제임스 아벨슨James Abelson교수가 이끈 연구 팀은 까다로운 면접을 보는 동안 의미 사고 방식meaning mindset이 개인의 수행 능력에 어떤 영향을 미치는지 알아보고자 했다.[38] 연구자들은 각 참가자에게 3분간 시간을 주고, 면접관에게 자신이 왜 이 업무에 적임자인지 발표하는 준비를 하게 했다. 하지만 연구자들은 모의 면접을 진행하기 전 일부 참가자에게, 면접에서 자신을 알리는 데 집중하기보다 그 업무가 다른 사람들을 돕고 자기 초월적 가치를 실현하는 데 어떤 도움이 되는지 집중해서 이야기하라고 말했다. 연구 결과, 의미를 조정하자 스트레스에 대한 몸의 생리 반응이 감소했다.

의미 사고방식의 이점은 실험실 실험의 일시적 결과에 그치지 않고, 실생활에서 지속적 결과로 나타난다. 텍사스 대학교의 데이비드 예거David Yeager 교수[39]와 말런 핸더슨Marlon Handerson 교수는 고등학생들을 대상으로 연구를 진행했다. 연구 결과, 학교 공부가 삶의 목표를 실현하는 데 어떤 도움을 줬는지를 주제로 글을 쓴 고등학생들은 몇 달 뒤 수학과 과학 점수가 올랐다. 한편 대학생들을 대상으로 한 같은 연구에서는, 자신의 목적을 고민한 학생들은 지루한 수학 과제를 끝까지 해내는 경향이 있었다. 실험을 진행하는 동안 언제라도 자유롭게 온라인 게임을 할 수 있었는데도 말이다. 글쓰기 활동이 효과를 발휘한 이유는 학생들이 '공부의 목적'을 정했기 때문이라고 예거와 앤더슨 교수는 밝혔다. 자신에게 의미 있는 일이 무엇인지 생각한 학생들의 경우 어려운 수업을, 또한 의미 사고방식을 연구한 아벨슨의 참가자들은 긴장되는 면접을 하기 싫거나 두려운 일이라고 보는 대신 자신의 목적을 실현하고 가치에 따라 사는 데 꼭 필요한 과정이라고 생각했다.

의미를 늘 기억하고 살 때 우리는 스트레스가 주는 악영향에서 스스로를 지킬 수 있다. 스탠퍼드 대학교의 심리학 강사 켈리 맥고니걸Kelly McGonigal [40]은 대규모 연구를 다음과 같이 정리한다. "스트레스는 건강 문제의 위험을 증가시키지만, 주기적으로 사회에 환원하는 사람은 예외다. 스트레스는 사망의 위험을 증가시키지만, 목적의식을 지닌 사람은 예외다. 스트레스는 우울증의 위험을 증가시키지만, 노력의 가치를 아는 사람은 예외다."

랍비 해럴드 쿠슈너Harod Kushner는 슬픔에 관한 고전이자 자신의 저서 《왜 착한 사람에게 나쁜 일이 일어날까Why Bad Things Happen To Good People》에서 역경에서 의미를 찾는 일이 얼마나 어려운지 이야기한다. [41] 쿠슈너는 어린 아들 애런을 잃은 뒤 성장한 경험을 이렇게 설명한다. "내가 더 예민한 사람, 더 유능한 목사, 더 공감할 줄 아는 상담가가 된 까닭은 무엇보다 아론의 삶과 죽음 때문이다. 아들을 되찾을 수만 있다면 내가 가진 모든 것을 바로 포기할 수 있다. 나에게 선택권이 있다면 이 경험 때문에 얻은 영적 성장과 깊이를 모두 포기하고 15년 전 평범한 랍비로, 무신경한 상담가로 돌아가 도울 수 있는 사람들만 돕는 사람으로, 밝고 행복한 아버지로 돌아갈 것이다. 하지만 나에게는 선택권이 없다."

우리 바람과는 달리 누구도 고통을 겪지 않고는 삶을 헤쳐나갈 수 없다. 그만큼 고통을 잘 극복하는 과정은 중요하다. [42] 있는 힘껏 역경을 헤쳐나가는 사람들은 의미의 기둥에 의지해 역경을 극복한다. 그런 뒤 이 의미의 기둥들은 더 튼튼해진다.

어떤 사람들은 거기서 더 나아간다. 삶에서 유대감, 목적, 스토리텔링, 초월의 힘을 목격한 사람들은 이러한 의미의 원천들을 학교, 직장, 이웃에서 활용하고 또 전파하고자 노력한다. 그리고 궁극적으로는 사회 전체를 변화시키고 싶어 한다. 다음 장에서는 이러한 의미 공동체들을 살펴보고자 한다.

더불어 의미를
세우는 일의
힘

• • •

"저는 거의 하루 종일 트럭에서 상자를 내리고
여러 가지 육체노동을 합니다.
제가 제 일을 제대로 하는 것만으로도 저는 아이들을 돕는 겁니다.
다른 사람들을 위해 선한 일을 하는 회사에서 일하고 있고,
그 사실이 대단히 자랑스러워요."

'성스러운 상자'라고도 불리는 시애틀의 세인트 마크 성당St. Mark's Cathedral은 인테리어가 단순하고 최소한의 가구만 갖추고 있다.[1]

원래 하얀색이던 벽은 페인트가 벗겨지면서 지저분한 잿빛으로 변했고, 샹들리에 몇 개는 전구가 나갔다. 성경에 나오는 스테인드 글라스도, 제단의 바로크 양식 십자가상도 없다. 내가 일요일 미사에 참석한 10월 아침, 성당 안에서는 축축한 개 냄새가 났다. 그날은 마침 자연을 사랑한 중세 수도사 성 프란체스코의 축일이었다. 성당은 신도들에게 성 프란체스코를 기리는 의미에서 아침 미사에 반려동물을 데려오게 했다. 개들은 신도석에 앉아 있기도 하고 성당

뒤편을 돌아다니기도 했다. 그중 한 마리는 몇 분 간격으로 몸을 들썩이며 시끄럽게 짖어댔다.

하지만 밤이 되자 성당은 평화롭고 고요한 성소로 변했다. 나는 완전한 고요가 내린 성당 안으로 들어가 자리에 앉았다. 위쪽의 희미한 등불과 제단에서 깜박이는 양초 몇 개만 제외하면 성당 안은 캄캄했다. 개를 옆자리에 앉히고 미사를 보는 여성, 허리에 끈을 두른 수도사가 보였다. 아이들과 함께 온 가족들도 있었다. 붐비는 신도석에 앉은 우리 말고도 신도들 수십 명이 교회 벽을 따라 놓인 긴 의자에 앉아 있었고, 어떤 사람들은 바닥에 앉거나 누워 있었다. 설교단 옆에 편하게 자리를 잡은 사람들도 보였다. 우리는 침묵 속에서 고대 수도원에서 하루를 마치면서 드리던 '종과' 기도를 드렸다.

라틴어 '콤플레토리움completorium(complete)'에서 유래한 종과Compline는 4세기 무렵부터 시작됐다. 시편 찬송, 기도, 찬송가, 복음성가 순으로 잠자기 전에 드리는 기도이며, 수도사들이 매일 드리는 하루의 마지막 기도이다. 종과는 눈에 보이지 않고 알 수 없는 밤의 공포로부터 지켜달라고 하느님에게 비는 간청이자 죽음 앞에서 평온을 달라는 간청이다.

수도원 밖에서 종과 기도회를 하는 일은 드물다. 세인트 마크 성당을 비롯한 몇 개 성당이 독특하게 주기적으로 종과 기도회를 연다.[2] 1956년 세인트 마크 성당에서 시작한 종과 기도회가 미국 최초로 대중에 공개된 종과 기도회였다. 초반에는 기도회에 참석하는 신도 수가 많지 않았다. 하지만 1960년대가 되자 입소문이 퍼져,

'중재자 없이 하느님과 직접 교제하기를' 갈망하는 히피 수백 명이 일요일 밤마다 성당에 모여들었다.[3] 미사처럼 종과 기도회 역시 일정한 순서에 따라 진행된다. 설교나 신부는 없지만 성가대의 성스러운 노랫소리가 성당 가득 울려 퍼진다.

/
의미 공동체
세우기 /

미국의 히피 운동인 '사랑의 여름Summer of Love'이 일어난 지 거의 50년이 지난 지금도 반문화 정신은 세인트 마크 성당에 여전히 생생하게 살아 있다. 제단 근처에 자리를 잡은 신도 몇 명은 머리를 형광색으로 염색했다. 문신과 피어싱을 한 사람도 있다. 상당수가 젊은 사람들이다. 사람들은 담요와 방석, 심지어 침낭까지 가져와서 바닥에 누워, 목재 기둥으로 떠받친 천장을 똑바로 올려다보며 기도회가 시작되기를 기다린다. 염소수염을 한 남자 하나가 부처처럼 책상다리를 하고 앉아 턱을 가슴으로 바싹 당긴 채 묵상 중이다. 대학생 나이로 보이는 여자 하나는 성당의 커다란 하얀색 기둥에 기대고 있다. 무릎을 가슴으로 당기고 팔로 다리를 감싼 채 생각에 잠긴 듯 앞쪽을 응시한다.

남성 성가대가 성당 뒤편 구석, 신도들에게는 보이지 않는 곳에 자리한다. 목소리 하나가 침묵을 깬다. "만군의 여호와께서 우리에게 고요한 밤과 완벽한 끝을 주시네." 이어서 성가대가 합류해 찬송을 불렀다. "영광이 성부와 성자와 성령께, 처음과 같이 이제와 함께 영원히." 누구의 것인지 알 수 없는 목소리들이 성당을 가득 메운다. "사람이 무엇이기에 주께서 그를 생각하시며 인자가 무엇이기에 주께서 그를 돌보시나이까." 그들은 시편 8장의 구절이 담긴 찬송을 불렀다. 이어서 20세기 음악가 프랑시스 풀랑크Francis Poulenc가 작곡한 신비로운 성가에 성 프란체스코의 가사를 붙여 불렀다. "주여, 바라오니 주의 뜨겁고도 다정한 힘이 제 영혼을 채우고 하늘 아래 모든 것을 잊게 하소서. 주가 저를 사랑하사 죽으신 것 같이 저도 주에 대한 사랑으로 죽을 것이니."

예배가 끝나자 성당 안에 적막이 감돌았다. 어떤 예배자들은 줄지어 조용히 자리를 빠져나갔다. 어떤 사람은 자리에 남았다. 제단 근처에 있던 남녀가 자리에서 일어나 서로를 껴안더니 담요를 챙겨서 나갔다. 몇몇 사람들은 성당 밖에 삼삼오오 모여 목소리를 낮춰 대화를 나눴다. 예배 시간은 불과 30분 정도였지만 사람들은 눈에 띄게 달라져 있었다. 더 고요하고 온화하고 차분했다.

1960년대에 이 성당에 모여 종과 기도회를 드리던 사람들처럼 오늘날 세인트 마크 성당의 많은 신도 역시 반체제주의자들이다. 성당에는 분명 기독교인들이 있었지만 상당수가 불가지론자이며 무신론자들이었다. 일부는 조직적 종교에 노골적인 적대감을 드러냈다. 이 때문에 종과 기도회는 더욱 놀랍다. 교회 안에는 매주 일요일 밤 신자와 비신자를 모두 불러 모으는, 영적으로 강력한 무언가가 있다.

"종과 기도회는 생각을 정리하게 해줍니다." 스무 살 대학생인 엠마가 성당 밖 계단에 서서 이야기한다. 엠마는 몇 년간 종과 기도회에 비교적 주기적으로 참석하고 있다. "유대인 가정에서 자라서인지 그 정서는 공감할 수 없어요. 하지만 음악 속 무언가가 저를 신성한 곳으로 데려다줍니다. 영적 샤워를 하는 기분이에요. 사소한 걱정들을 모두 씻어내주죠. 능력자의 존재를 느끼면 사소한 문제들이 얼마나 얄팍한지 깨닫게 됩니다."

엠마는 딜런과 제이크라는 두 친구와 함께였다. 딜런은 25세의 프리랜서로 머리를 뒤로 넘겨 한 갈래로 묶은 남성이었다. 딜런 역시 엠마처럼 음악에서 감동을 받았다. "사람들은 늘 각자의 헤드폰을 끼고 살잖아요. 하지만 여기서는 수많은 사람이 같은 음악을 듣고 있습니다. 성가대의 목소리가 성당 전체에 울려 퍼집니다." 딜런이 말했다.

"교회 전체가 노래하는 것 같아요." 제이크가 거들었다.

"맞아요. 성가대의 목소리는 보통 사람들의 목소리보다 크게 들려요. 음악이 자아보다 크다는 사실을 일깨워주죠." 딜런이 말했다.

"나의 자아가 더 작고 약간 더 차분해진 느낌이 듭니다." 제이크가 말했다.

세인트 마크 성당에서 일어나는 일은 독특하다. 우리 사회는 신비하고 초월적인 의미의 원천에서 점점 더 멀어지고 있다. 경외심 연구자 폴 피프Paul Piff와 대커 켈트너Dacher Keltner는 이렇게 말한다. "성인들은 일하고 출퇴근하는 데 점점 더 많은 시간을 쓰고, 밖에서 다른 사람들과 보내는 시간은 점차 줄인다. 캠핑 여행, 소풍, 야간 스키는 주말 근무와 야근을 하느라 포기한다. 라이브 음악, 연극, 박물관, 미술관 같은 문화생활을 즐기는 사람들도 몇 년 사이 감소했다."[4] 교회 예배, 미술관, 숲 속에서 초월을 경험하기 위해서는 보통 주의력, 집중력, 차분함이 필요하다. 요즘처럼 주의산만한 요소가 넘쳐나는 시대에는 기르기 힘든 덕목들이다. 그 사실은 2007년 어느 금요일에 명백히 드러났다. 바이올리니스트 거장 조슈아 벨Joshua Bell이 출퇴근 시간에 워싱턴 DC의 어느 지하철역에 서서 슈베르트의 〈아베 마리아〉, 바흐의 〈샤콘〉 등 가장 어렵고 현란한 클래식 곡들을 연주했다.[5] 이 일을 하기로 결심한 이유는 〈워싱턴 포스트〉의 한 기자 때문이었다. 그 기자는 사람들이 출퇴근길에 가던 길을 멈추고 아름다운 음악을 감상할지 아니면 평소처럼 그냥 지나칠지 궁금해했다. 당연히 사람들 대다수가 바쁜 삶을 사느라 음악을 듣기 위해 가던 길을 멈추지 않았다. 그날 아침 1000명이 넘는 사람들이 벨을 바삐 지나쳤다. 불과 7명만이 가던 길을 멈추고 벨의 연주를 감상했다.

종과 기도회는 '일상의 백색 소음'에서 도망치고 싶은 사람들을 불러 모았다. 그들은 공동체에 함께 모여 음악과 고요와 하느님에게 자신을 내맡김으로써 의미를 찾는다. 종과 기도회는 '궁극적으로 자신에게 어떤 의미를 갖든 더 큰 무언가와 연결되는' 느낌을 준다고, 종과 기도회의 성가대 지휘자 제이슨 앤더슨Jason Anderson이 말했다.

지금까지 이 책은 개인에게 집중했다. 즉 우리 각자가 개인적으로 어떻게 하면 더 의미 있는 삶을 살 수 있을지 이야기했다. 하지만 의미를 찾는 사람들은 사회에서 힘든 싸움을 벌인다. 현대인의 삶을 지배하는 '일하고 소비한다'는 생각이 사람들을 진정으로 중요한 것에서 멀어지게 만든다고 미국의 작가 그레그 이스터브룩Gregg Easterbrook은 말했다.[6] 이웃과 사무실에서 사람들과 교류하는 일은 점차 뜸해진다. 현대사회의 빠른 속도와 주의를 산만하게 만드는 온갖 요소들이 자기 성찰을 거의 불가능하게 한다. 과학 지식을 최고로 치는 세상에서 초월적 경험은 의심의 눈길을 받는다.

이러한 분위기가 많은 사람들로 하여금 현실에 만족하지 못하고 더 많은 것을 찾아 헤매게 만들었다. 더 나은 삶을 원하는 이들은 기존의 태도를 거부하고 더 깊이 있는 삶의 방식을 찾는 중이다. 미국 전역의 의료 전문가, 기업가, 교육자, 성직자, 그리고 보통 사람들은, 의미의 네 기둥을 이용해 우리가 살고 일하는 조직을 바꾸고, 사람 사이 관계를 구축하는 공동체를 만들고, 목적을 추구하며, 스토리텔링의 기회를 제공하고, 신비한 경험을 할 여지를 남겨 둔다. 이런 노력들은 의미를 찾고자 하는 우리 사회의 더 큰 변화의 일환이다. 이스터브룩이 말한 것처럼 "물질적 욕구에서 의미 욕구로의 전환이 지금 유례없는 규모로 진행되고 있으며, 수많은 사람이 이러한 전환기를 맞고 있다. 이는 결국 우리 시대의 주요한 문화 발전으로 인정받을 것이다."[7]

미시간 대학교의 정치학자 로널드 잉글하트Ronald Inglehart는 세계

가치관 조사World Values Survey의 책임자로, 1981년부터 사람들의 가치, 동기, 신념을 추적 연구해왔다. 연구에서 잉글하트는 미국 같은 탈공업화 국가들이 커다란 문화적 변화를 겪는 중이라는 사실을 발견했다.[8] 이들 국가는 경제적, 물질적 안정을 중시하는 '물질주의 가치관'에서 자기표현과 '의미와 목적의식'을 중시하는 '탈물질주의' 가치관으로 가고 있다. 시카고 대학교에서 교수를 지낸 노벨상 수상 경제학자 고 로버트 윌리엄 포겔Robert William Fogel 역시 비슷한 흐름을 포착했다. 포겔은 우리가 '4차 대각성'[9] 과정에 있다고 말했다. 즉 돈과 소비재 등 '물질적인' 것보다 목적, 지식, 공동체 등 '정신적' 문제에 더 관심을 갖는다는 것이다.

불행히도 실존적 공허를 채우기 위해 생긴 의미 공동체가 전부 훌륭하다고 할 수는 없다. 의미 공동체는 가치와 목표에 따라 선할 수도 악할 수도 있다. 선한 의미 공동체와 마찬가지로 사이비 종교 집단이나 증오 집단처럼 악한 공동체도 의미의 네 기둥을 이용해 더 많은 것을 갈망하는 사람들을 끌어모은다. 이를테면 이슬람 수니파 무장단체 IS는 IS 추종자들에게 동료 추종자 공동체와 신의 명령으로 보이는 목적, 영웅 서사에서 역할을 맡을 기회, 그리고 신에게 최대한 가까이 다가갈 기회를 제공한다. 배울 만큼 배운 많은 서양인이 그러한 메시지에 혹해 IS에 합류한다. 어떤 사람들은 우리 사회가 더 나은 대안을 주지 않는 한 그런 집단 안에서 계속 성취감을 찾으려 할 것이다.

이 책에서 강조하는 의미 공동체는 네 개의 의미 기둥을 통해 궁정적 가치와 목표를 키운다. 공동체의 일원들은 각 개인의 존엄을 인정하고 존중한다. 공포, 증오, 분노보다는 친절, 연민, 사랑 같은 덕목을 강조한다. 다른 사람들에게 해를 입히는 것이 아니라 다른 사람들을 높이려고 애쓴다. 이들 공동체는 파괴와 혼란의 씨앗을 뿌리기보다 세상에 긍정적 기여를 한다.

/ 긍정적 변화를 불러오는 마중물 /

긍정적인 의미 공동체들은 우리 모두를 성장시키지만 청소년들에게 특히 중요할 것이다. 많은 십 대가 삶의 방향을 정하지 못하고 결국 범죄 조직이나 다른 나쁜 영향의 유혹에 쉽게 넘어간다.[10] 이때 옳다고 믿고 목표로 삼고 나아갈 무언가가 있다면 이런 위협을 극복할 수 있다.

이것이 '퓨처 프로젝트Future Project'의 근본에 깔린 생각이다. 앤드루 망기노Andrew Mangino와 칸야 발락리시나Kanya Balakrishna가 설립한 단체인 퓨처 프로젝트의 목표는 '모든 청소년의 무한한 잠재력'을 끌어내는 것이다. 망기노와 발락리시나는 유능한 전문가들로 고문팀을 구성해 이 목표를 달성하려고 노력 중이다. 스탠퍼드 대학교 청소년센터 센터장 윌리엄 데이먼William Damon, 펜실베이니아 대학교 심리학과 교수 앤절라 더크워스Angela Duckworth, 스탠퍼드 대학교의 심리학과 교수 캐럴 드웩Carol Dweck 등이 대표적인 고문들이다. 데이먼과 더크워스와 드웩은 각각 목적, 불굴의 끈기grit와 성장형 사고growth mindset를 주제로 한 획기적 저서로 잘 알려져 있으며, 망기노와 발락리시나는 그들의 연구 결과를 바탕으로 청소년들이 목적을 찾고 이룰 수 있도록 돕는다.

이러한 노력의 결실은 2014년 겨울 어느 토요일 아침, 타임스퀘어에 있는 극장 에디슨 볼룸Edison Ballroom에서 보았다. 700명에 달하는 십 대들이 하늘색 핀 조명을 받으며 카리스마 넘치는 DJ가 연주하는 카니예 웨스트, 제이 지, 앨리샤 키스의 음악에 맞춰 무대에서 춤을 추고 있었다. 아이들은 의자 위에서, 무대 위에 올라가서, 위쪽 발코니에 매달려서 음악에 맞춰 몸을 움직였고, 음악은 공연장 곳곳의 스피커에서 쾅쾅 울려 퍼졌다. 두 남자 아이가 헝클어진 머리로 로봇춤을 췄고, 히잡을 쓴 여자아이 하나가 엘비스처럼 엉덩이를 흔들었다. 극장 전체가 나이트클럽처럼 들썩거렸다.

쿵쾅대는 음악, 춤을 추고 환호하는 십 대들, 뛰어다니며 주변을 단속하는 어른들까지, 모두 그날의 목적에 충실해 보였다. 에디슨 볼룸에 있던 십 대들은 뉴헤이븐, 디트로이트, 뉴어크, 필라델피아 같은 도시의 가장 험한 동네에서 드림콘DreamCon[11]에 참석하려고 이곳까지 날아왔다. 하루 종일 열리는 이 행사에서 700명의 청소년은, 자신의 꿈과 지난 몇 개월 동안 그 꿈을 실현하려고 노력한 과정들을 성인 판정단 앞에서 펼쳐 보였다.

십 대들은 깨어 있는 거의 모든 시간을 학교에서 보낸다. 하지만 대부분의 학교는 아이들에게 대수학 문제를 풀고 글 쓰는 법을 가르친다. 아이들 각자가 천직을 찾을 수 있도록 돕지 않는다. 그 결과 많은 학생이 무엇을 하고 싶은지 알지 못한 채 학교를 졸업한다. 어떤 아이들은 학교가 무의미하다고 판단해 그만두기도 한다. 망기노와 발락리시나는 그런 교육을 바꾸고 싶은 것이다. 삶의 이 중요한 순간에 있는 십 대들, 특히 불우한 환경에 놓인 십 대들을 찾아 자신만의 목적을 찾을 수 있도록 돕고자 한다.

두 사람이 보기에 모든 학교에는 드림 디렉터Dream Director, 즉 아이들과 나란히 앉아서 아이들 각자가 사회에 어떤 기여를 하고 싶은지 고민할 수 있도록 돕는 일종의 지도 교사가 필요하다. 그런 다음 망기노와 발락리시나는 모든 학생이 그 목표를 위한 단계별 계획을 짜는 과정을 돕는다. 많은 사람이 꿈을 갖지만 상당수는 그 꿈을 이루려고 노력하지 않는다. 퓨처 프로젝트는 미국 전역의 공립학교 수십 곳에 드림 디렉터를 배정했다. 퓨처 프로젝트가 설립된 지 몇 년 만에 드림 디렉터들은 학생 수천 명을 도와 목적 있는 삶을 살 수 있도록 이끌었다.

나는 드림콘에서 뉴욕 출신의 여학생 하나를 만났다. 그 여학생은 경찰이 되어 자기 동네 같은 지역의 안전과 질서를 지키고 싶다고 했다. 그 학생의 드림 디렉터는 목표로 삼을 수 있는 다양한 법 집행관에 대해 더 조사해보라고 조언했다. 여학생은 더 알아본 끝에 FBI 수사요원이 되기로 결심했고, 현재 그 목표를 달성하는 데 필요한 교육 등 준비 과정을 알아보는 중이다. 뉴 헤이븐에서 온 고등학교 졸업반 남학생도 만났다. 그 학생은 혼자서 딸아이를 키우고 있었다. 딸의 어머니는 '아이를 거의 찾아오지 않는다'고 했다. 그 아이의 꿈은 싱글 대디를 위한 공동체를 만들어 서로 육아를 돕는 것이라고 했다. 그 이야기를 하면서 아이는 휴대폰에 저장된 딸 사진을 보여줬다. 현재는 주변의 싱글 대디들을 모아 뉴헤이븐에서 모임을 갖고 있다. 다음 목표는 이 모임을 다른 도시들로 확대해 전국 모임으로 만드는 것이다.

망기노와 발락리시나는 학생들이 목적을 좇아 살 때 그 효과가 삶의 다른 부분으로까지 확장된다는 사실을 발견했다. 드림 디렉터에게 지도를 받는 학생들은 공부에 더 의욕을 보이고, 학교 출석률이 더 높았으며, 공감 능력과 리더십도 좋아졌다. 5명 중 4명이 '불가능하다고 생각했던 일을 해냈다'고 말했고, 드림 디렉터 프로그램을 마친 졸업생 거의 전부가 여전히 그 프로그램에서 긍정적 영향을 받고 있으며 대학 생활과 직장 생활, 사업을 잘하고 있다고 답했다. 목적의식도 더 강했다. 드림콘에 참석한 한 고등학교 1학년 학생은, 목적을 정하고 그 목적을 이루기 위해 노력했더니 자신감이 강해졌다고 했다. 다른 학생 하나는 드림 디렉터와 의논해 예술가의 꿈을 키우면서 길거리로 내몰리지 않을 수 있었다고, 그렇지 않았다면 자기는 마약 판매상이 되었을지도 모른다고 했다. 의사가 꿈이었던 한 여학생은 목적을 이루기 위해 노력하면서 성적도 좋아졌고 자기 남동생까지 더 열심히 공부하게 되었다고 했다.

망기노와 발락리시나의 노력은 우리 사회에서 일어나는 더 큰 변화의 일부이다. 한 사회학자에 따르면, 지난 200년 동안 목적을 향한 사회의 관심이 지금보다 뜨거웠던 적이 없다.[12] 목적에 대한 이러한 관심은 교육뿐 아니라 기업 안에서도 뿌리를 내렸다. 회사들은 점점 회사의 사명을 단순히 수익 창출이 아니라 사회에 기여하는 데 두고 있다.

대표적인 회사가 미국의 패션회사 라이프이즈굿Life is Good이다. 라이프이즈굿은 1994년 버트 제이컵과 존 제이컵 형제가 창립한 회사로, 두 사람은 라이프이즈굿의 출발은 회사를 창립한 시점이 아니라 어린 시절이라고 이야기한다.[13] 여섯 형제 중 각각 다섯째, 막내인 두 사람은 보스턴 외곽에 있는 매사추세츠 주 니덤이라는 마을에서 자랐다. 누가 봐도 제이컵네 가족의 삶은 힘겨웠다. 그들이 살던 작은집 2층은 난방이 들어오지 않았다. 아버지는 다혈질이었다. 제이컵의 가족은 늘 생필품이 모자랐다. 어머니 조앤은 일부러 아이들이 좋아하지 않은 음식을 사서 오래 먹었다고 농담을 했다.

온갖 고생에도 불구하고 조앤은 밝은 면을 볼 줄 아는 회복탄력성 강하고 쾌활한 여성이었다. 매일 저녁 식탁에서 여섯 아이들에게 그날 일어난 좋은 일을 이야기하게 했다. 아이들이 쓰레기장에서 롤링스톤스 CD를 주운 일, 재미있는 농담을 들은 일, 학교에서 재미있는 걸 배운 일 등을 이야기하는 동안 방 분위기가 달라졌다. 온가족이 웃기 시작했다. 조앤의 낙천적 성격은 온 가족을 유쾌하게 만들었다. "나는 돈이 떨어지면 좋아. 뭘 사야 할지 걱정할 필요가 없잖아." 조앤은 아이들에게 이렇게 말하곤 했다. 그런 어머니에게서 아이들은 기쁨은 처한 환경이 아니라 마음 자세에서 온다는 사실을 배웠다. 버트와 존은 그런 교훈 덕에 라이프이즈굿에서 그런 사명을 갖게 된 것이다.

1989년, 이십 대였던 버트와 존은 티셔츠를 디자인해 보스턴 거리에서 판매하는 사업을 시작했다. 미국 동해안 지역의 대학 캠퍼스를 하나하나 돌면서 티셔츠를 팔았다. 매번 판매 수익이 변변치 않아 다음 여행을 할 돈이 모자랐다. 두 사람은 차에서 잠을 자고, 땅콩버터와 잼을 바른 샌드위치를 먹으며, 형편이 되는 곳이면 어디서든 샤워를 했다.

길 위에서 두 사람은 많은 대화를 나눴다. 한번은 대중매체가 살인, 강간, 전쟁, 고통에 관련한 뉴스를 매일같이 너무 많이 싣는다는 이야기를 했다. 물론 나쁜 일들이 일어난다는 사실을 알 필요는 있지만, 세상에는 좋은 소식들도 많다. 두 사람은 어머니 조앤과 어두운 방을 밝히는 그녀의 능력을 생각했다. 어머니의 가치를 자신들의 일을 통해 알리기로 결심한 두 사람은, 사회에서 직접 목격한 냉소주의를 해결할 상징물을 만들었다. 바로 낙관주의라는 능력을 가진 슈퍼 히어로였다.

존은 티셔츠에 활짝 웃는 막대 모양의 사람을 스케치했다. 캐릭터 이름은 제이크로 정했다. 두 사람은 보스턴으로 돌아가 파티를 열고 새로운 티셔츠를 벽에 걸었다. 친구들은 티셔츠를 마음에 들어했다. 친구 하나가 티셔츠 옆쪽 벽에 "이 녀석은 삶을 이해했다"라고 적고 제이크를 향해 화살표를 그려 넣었다. 이 그림이 라이프이즈굿의 상징이 되었다.

두 형제는 친구가 쓴 문상을 'Life is Good'이라는 세 단어로 만들었다. 그리고 제이크 그림과 이 문구를 티셔츠 48장에 새겨 넣었다. 두 사람이 케임브리지 인도에 노점을 차린 지 한 시간도 안 돼 티셔츠가 전부 동이 났다. 처음 있는 일이었다. 그때가 1994년이었다. 당시 두 사람이 번 돈은 78달러였다. 그리고 현재는 1억 만 달러에 달하는 라이프 스타일 브랜드를 운영하고 있다.

사업을 시작한 뒤 두 사람은 회사의 목적은 다른 사람들의 삶에 긍정적 영향을 미치는 것이라고 선언했다. 어머니 조앤이 자식들에게 그랬던 것처럼. 그러자 예상치 못한 일이 벌어졌다. 사람들로부터 편지와 이메일이 오기 시작했다. 암, 사랑하는 사람의 죽음, 노숙 생활, 자연 재해 등 힘든 일을 겪었거나 겪고 있는 사람들이었다. 사람들은 라이프이즈굿의 옷이 화학요법과 절단 수술을 받는 동안 어떤 도움이 됐는지 편지에 적어 보냈다. 911테러로 소방관 남편을 잃은 한 여성은 남편의 생전 좌우명이 '라이프 이즈 굿'이었다고 했다. 그들은 라이프이즈굿의 메시지의 큰 감동을 받았으며, 덕분에 역경을 이겨내고 삶에 더 감사하는 마음을 갖게 되었다고 했다.

버트와 존은 처음에는 이 편지들을 어떻게 해야 할지 몰랐다. "우리가 처음 회사를 만들었을 때는 우리가 만든 메시지의 깊이를 제대로 몰랐던 것 같아요." 존이 말했다. 작은 회사를 꾸려가려고 용을 쓰는 동안 편지를 읽기는 했지만, 서랍 안에 넣어뒀다. 그리고 2000년, 직원 회의와 회사 모임에서 그 편지들을 공유하기로 했다.

직원들의 노력이 다른 사람들의 삶에 눈에 보이는 변화를 만들고 있음을 전 직원에게 보여주고 싶었다. 편지는 직원들의 노력이 낙관주의 전파라는 더 큰 목적을 실현하는 데 도움이 된다는 사실을 모든 직원에게 확인시켜 줬다. "매일의 단조로운 업무가 일의 가치를 가릴 때 이 감동적인 이야기들은 기운을 북돋우고 우리가 더 큰 사회의 일원이라는 사실을 일깨워줍니다." 버트와 존은 이렇게 말했다.

2010년부터 라이프이즈굿 직원들은 다른 의미의 원천을 활용하고 있다. 그해 회사는 라이프이즈굿 키즈 재단Life is Good Kids Foundation이라는 비영리 부문을 발족했다. 재단은 질병, 폭력, 학대, 가난 같은 불우한 환경에 처한 아이들을 돕는 일을 한다. 재단의 주요 프로그램은 플레이메이커스Playmakers라는 프로그램으로, 교사, 사회복지사, 병원 근로자 같은 보육 전문가에게 교육과 심화학습 프로그램을 제공한다. 이 프로그램에서 사람들은 낙관주의와 회복탄력성에 대한 연구 결과를 공부하고, 그 연구 결과를 자신들이 돌보는 아이들의 삶을 개선하는 데 어떻게 적용할지 배운다. 매년 라이프이즈굿은 순익의 10퍼센트를 도움이 필요한 아이들에게 기부하고 있다. 설립 이후 재단은 6000명이 넘는 플레이메이커를 교육했으며, 그들은 매일 12만 명이 넘는 아이들의 삶을 나아지게 만들고 있다.[14]

아이들을 돕는다는 말은 지위에 상관없이 전 직원이 고객들에게 낙관주의를 전파하는 데 그치지 않고 힘든 환경에 처한 아이들이 더 나은 삶을 살 수 있도록 돕는다는 뜻이다. 모든 직원이 분기별, 연간 판매 목표가 단지 회사의 수익성과 성장에 국한되지 않고 진정으로 도움이 필요한 아이들을 돕는 일로 직결된다는 사실을 안다.

"저는 거의 하루 종일 트럭에서 상자를 내리고 여러 가지 육체노동을 합니다. 제가 제 일을 제대로 하는 것만으로도 저는 아이들을 돕는 겁니다." 뉴햄프셔에 있는 라이프이즈굿 창고에서 일하는 직원이언 미첼이 말했다. 회사의 보스턴 본부에서 일하는 그래픽 디자이너 크레이그 마르칸토니오도 같은 생각이었다. "가끔 일상적 업무에 매여 있을 때 회사의 월간 디자인 미팅에서 플레이메이커들이 하는 일을 들으면, 나의 일이 바늘을 앞으로 밀어 낙관주의를 전파하고 다른 사람들에게 희망의 등불이 된다는 사실을 깨닫죠." 라이프이즈굿의 안내 직원 앨리슨 샤블린은 전화를 받고 방문객을 맞을 때조차 자신이 더 큰 무언가의 일부라는 사실을 안다고 말했다. "저는 다른 사람들을 위해 선한 일을 하는 회사에서 일하고 있고, 그 사실이 대단히 자랑스러워요."[15]

글로벌 프로보노 전문기관 탭룻 재단Taproot Foundation의 대표 에런 허스트Aaron Hurst에 따르면, 라이프이즈굿은 '새로운 목적 경제'의 일부다.[16] 19세기에 농업 경제가 산업 경제에 자리를 내준 것처럼, 정보 경제는 오늘날 목적 중심 경제에 자리를 내주고 있다고 허스트는 주장한다. 목적 경제는 수십억 달러 규모에 달하는 시장으로, 마케터와 디자이너를 비롯한 전문가들을 이들의 도움을 받을 수 있는 비영리 단체와 연결해준다. 허스트가 설명하기로 목적 경제의 특징은 "사람들이 삶의 더 큰 목적을 가지려고 노력한다는 것입니다. 목적 경제의 가치는 종업원과 소비자 모두를 위한 목적을 확립하는 데 있으며, 이는 자신의 필요보다 더 큰 필요를 해결하고, 개인적 성장을 이루게 하고, 공동체를 만듦으로써 가능합니다." 뉴 벨지움 브루잉 컴퍼니New Belgium Brewing Company, 생활용품 기업 컨테이너 스토어The Container Store, 항공사 버진 애틀랜틱Virgin Atlantic 등 목적을 기업 운영의 근간으로 삼는 틈새 기업 외에도 펩시Pepsi, 글로벌 회계 법인 딜로이트Deloitte, 모건 스탠리Morgan Stanley 같은 전통 기업들 역시 목적에 집중해 브랜드 이미지를 쇄신하고 있다.

놀라운 일로 보일 수도 있지만, 기업으로서는 이런 생각들을 수용해야 하는 타당한 이유가 있다. 목적을 추구하면 순익에도 도움이 된다. 홀푸드Whole Foods의 창업주 존 매키John Mackey와 뱁슨 칼리지 교수 라젠드라 시소디아Raj Sisodia는 공동 저서 《깨어 있는 자본주의Conscious Capitalism》에서 직원, 고객, 사회 사이 의미 공동체를 만드는 목적을 좇는 회사가 늘어나고 있으며, 이들 회사는 경쟁사들보다 더 많은 수익을 낸다고 지적한다.[17] 한 가지 이유는 고객들이 그런 회사를 찾기 때문이다. 시소디아는 동료들과 함께 다음과 같은 글을 썼다. "사람들은 점차 삶의 더 숭고한 의미를 찾는다. 단순히 자신의 물건 창고에 다른 물건을 더하고 싶어 하지 않는다."[18] 하지만 앞에서 이야기한 라이프이즈굿의 형제 대표 버트와 존이 발견한 것처럼, 같은 목적을 좇는 공동체가 있으면 실제로 회사가 더 발전하기 때문이기도 하다.

오늘날 근로자의 약 70퍼센트는 일을 '열심히 하지 않거나' '대놓고 딴짓을 한다.'[19] 즉 일에 몰두하지도 헌신하지도 않으며 열정도 없다. 근로자의 절반도 안 되는 수만이 자기 일에 만족한다.[20] 하지만 직장에서 의미를 가질 때 사람들은 일을 더 열심히 하고 능률도 좋아지며 회사에서 보내는 시간을 훨씬 더 좋아하게 된다. 그들은 일상 업무가 얼마나 사소하든 자신이 세상에 긍정적 변화를 만들고 있다는 사실을 안다. 연구 결과, 그것은 대단히 강력한 원동력이다.[21] 하버드 대학교 경영대학원 교수 테리사 아마빌Teresa Amabile은 다음과 같은 연구 결과를 발표했다.[22] "사람들을 일에 집중하게 만드는 가장 중요한 경험은 의미 있는 일에서 성과를 내는 것이다."

/
의미는 생의 모든 순간을
빛나게 한다 /

의미 공동체는 건강에도 대단히 큰 영향을 미칠 수 있다. 특히 빠르게 늘어나는 인구 계층인 65세 이상 노인들을 보면 확실히 알 수 있다. 하지만 슬프게도 노년층은 생의 마지막 몇십 년을 남겨두고 보통 자신들이 옆으로, 아니면 더 멀리 밀려났음을 깨닫는다. 연구에 따르면 노인 학대와 방치는 심각한 문제다. 특히 요양원 같은 장기 요양 기관에서 더 심하다. 한 연구에 따르면, 양로원 직원 40퍼센트가 양로원의 노인들에게 욕을 하고 소리를 지르거나 음식을 주지 않고 '부적절한 격리'를 시키는 등 심리적 학대를 저지른 경험이 있다고 말했다.[23] 또 다른 연구에서는 양로원 거주 노인들 10명 중 4명이 학대당한 경험이 있거나 다른 사람이 학대당하는 것을 목격한 경험이 있다고 했다.

나는 지금도 처음 양로원을 방문했던 때가 생생하게 기억난다. 그곳은 우울했다. 바닥이며 벽이며 사방이 오물 천지였다. 환자들에게 나가는 식판은 지저분했다. 공기 중에는 악취가 가득했다. 이 참혹한 환경은 환자들의 형편없는 건강 상태를 반증한다. 노인들은 무기력하고 혼란스러우며 목적이 없어 보였다. 대부분 찾아오는 이가 없었고, 인지 능력과 건강도 점점 나빠지는 듯했다. 요컨대 또렷한 정신력을 유지할 이유가 전혀 없었다.

이래서는 안 된다. 양로원에서도 건강하게 나이들 수 있다. 하지만 그렇게 되려면 우리 사회가 근본적으로 변해야 한다. 1970년대에 두 연구자 엘렌 랭어Ellen Langer와 주디스 로딘Judith Rodin은 심리학 실험의 고전이 될 연구를 진행했다.[24] 이 연구는 그런 사회가 되려면 무엇이 필요한지 실마리를 제공한다.

평생 독립적인 삶을 산 노인들은 대개 양로원에서 적응하는 시간을 힘들어하며 대체로 무기력하게 보낸다. 몇 개월 또는 몇 년이 흐르면 노인들은 예상대로 삶의 열의를 잃는다. 랭어와 로딘은 그 흐름을 바꿀 수 있을지 알아보기로 했다. 두 사람은 양로원 거주 노인 집단을 선정해 모든 노인에게 실내에서 키울 수 있는 화초를 하나씩 주었다. 참가자 절반에게는 그들이 지내는 층의 담당 간호사가 화초를 돌볼 것이라고 말하고, 나머지 절반에게는 화초를 직접 돌보게 했다. 두 번째 집단의 노인들은 화초는 물론 화초를 어느 방에

놓을지 여부까지 직접 선택하고 언제 물을 줄지도 결정할 수 있었다. 즉 화초를 돌보는 책임을 맡았다.

1년 반 뒤 랭어와 로딘은 두 집단을 추적 연구했다. 두 사람은 화초를 직접 돌본 노인들이 그렇지 않은 노인들에 비해 훨씬 건강하다는 사실을 발견했다. 더 사교적이고 정신력이 좋으며 쾌활하고 활동적이고 건강했다. 가장 놀라웠던 사실은 화초를 돌본 노인들이 실제로 더 오래 살았다는 점이다. 실험을 진행하는 18개월 동안 화초를 돌보지 않은 두 번째 집단에 비해 사망한 노인의 수가 적었다. 아주 사소한 개입만으로 노인들의 삶이 크게 달라졌다.

화초를 돌보는 일이 어떤 의미였을까? 환자들은 화초를 돌볼 책임을 맡았고, 덕분에 스스로 환경을 통제하고 있다는 기분을 느꼈다. 화초는 노인들에게 '중요한 일', 즉 그 일이 없었다면 단조로웠을 삶에 목적을 만들어줬고, 이것이 그들의 원동력이 되었다. 더 최근 연구에서 이 사실을 입증하는 결과가 나왔다. 삶에 더 큰 목적이 있다고 말한 노인들은 그렇지 않은 노인들에 비해 오래 산다.[25] 그들에게는 아침에 일어나야 할 이유, 더 나아가 살아야 할 이유가 있기 때문이다.

실제로 점점 더 많은 연구가, 의미가 수많은 질병을 예방하는 역할을 한다는 사실을 입증한다. 이를테면 삶의 의미가 있으면 더 오래 살고, 면역 기능이 더 좋으며, 뇌 속 회백질이 더 많았다.[26] 특히 목적은 여러모로 건강에도 유익하다. 가벼운 인지 장애, 알츠하이머병,[27] 뇌졸중[28]에 걸릴 가능성을 낮춘다. 심장병을 앓는 사람이 목적을 가지면 심장마비의 위험[29]이 줄어들고, 목적이 없는 사람들은 심혈관계 질환[30]에 걸릴 위험이 높다.

어째서 의미와 건강이 그토록 깊은 연관이 있는지 확실한 이유는 밝혀지지 않았지만, 일부 심리학자들은 의미 있는 삶을 사는 사람들이 자신을 더 잘 돌보기 때문이라고 추측한다.[31] 연구자들에 따르면, 그런 사람들은 담배를 덜 피고 술도 덜 마시며, 운동 습관과 수면 습관이 더 좋고, 더 건강한 식습관을 유지한다. 또 예방적 건강관리를 하는 비율이 높다.[32] 의미 연구자 마이클 스티거Michael Steger는 이렇게 말한다.[33] "삶에 투자하는 것이 곧 건강에 투자하는 것이다." 이 연구 결과는 의료비가 치솟고 인구가 빠르게 고령화되고 사람들의 수명이 더 길어진 세계에 정책적 시사점을 던진다. WHO에 따르면[34] 세계적으로 60세가 넘는 사람들의 비율은 21세기 중반에는 두 배로 증가하고, 2050년에는 미국 전체 인구 중 5분의 1이 65세 이상일 것이다.[35]

안타깝게도 나이가 들면서 목적의식이 함께 약해진다는 연구 결과가 있다.[36] 은퇴와 함께 어머니, 어린이 야구 코치, 의사, 관리자 등의 주된 정체성도 약해지거나 사라지며, 사람들은 대개 예전의 역할 대신 새 역할을 맡으려고 안간힘을 쓴다. 의미 공동체는 이들이 더 건강한 삶을 사는 데 도움이 될까? 많은 혁신가는 그렇다고 말한다. 이를테면 마크 프리드먼Marc Freedman[37]은 노년을 위한 사회단체 앙코르닷오르그Encore.org 설립자로, 퓨처 프로젝트가 십 대들을 위해 했던 일을 노인들에게 하고 있다. 즉 은퇴 후 노인들이 새로운 목적을 찾을 수 있도록 돕는다.

많은 사람이 은퇴를 방학이라고 생각한다. 골프를 치고, 해변에서 여유를 즐기고, 젊은 시절의 책임을 내려놓고 여행할 수 있는 시기. 물론 그렇게 생각할 수도 있다. 학교를 다니고, 아이를 키우고, 일을 하는 바쁜 인생을 산 뒤에 쉬고 싶은 건 당연하다. 하지만 문제는 이러한 태도가 의미를 사라지게 만든다는 점이다. 목적은 할 일이 있을 때 생긴다. "열정, 할 일, 오락, 공부가 빠진 채 완전히 쉬는 일만큼 인간에게 견디기 힘든 일도 없다.[38] 그때 인간은 존재의 공허함, 쓸쓸함, 의존성, 허약함, 허무함을 느낀다. 즉시 마음 깊은 곳에서 권태, 우울, 슬픔, 조급함, 짜증, 절망을 느낄 것이다." 프랑스의 철학자 블레즈 파스칼Blaise Pascal의 명상록 《팡세Pensées》에 나오는 글이다. 하지만 노인들은 사회에서 여전히 할 일이 있다고 믿을 때 강한 목적의식을 유지할 수 있다.

프리드먼은 은퇴 생활을 휴식기라고 보기보다 평생 쌓아온 기술과 경험을 이용해 사회를 발전시키는 시기라고 새롭게 정의하고자 한다. 프리드먼이 만든 사회단체 앙코르닷오르그는, 1년간 펠로십을 향한 사회적 목적을 지닌 단체와 은퇴자를 연결해줌으로써 그 정의를 실현 중이다. 예를 들어, 엔지니어였던 팸 멀홀은 앨버커키에 있는 크로스로즈포위민Crossroads for Women이라는 단체에서 앙코르 펠로십을 했다. 멀홀은 자신이 가진 기술을 활용해 집이 없거나 중독으로 고생하는 여성들을 위한 데이터베이스를 구축해 여성들이 집과 일자리를 찾을 수 있도록 도왔다. 많은 펠로가 펠로십을 마친 뒤 해당 단체에서 시간제 또는 상근직으로 근무하거나, 자신의 기술을 활용해 비영리 부문에서 새로운 역할을 찾는다.

앙코르닷오르그는 펠로십 프로그램에 더해 '다시 직장 생활'을 시작한 사람들의 '이야기 은행'을 만들었으며, 이들의 이야기가 우리 사회의 은퇴 이야기를 바꾸고 인생 후반을 사는 사람들에게 새로운 목적을 찾는 계기가 되기를 바란다. 한 가지 사례를 보자. 앙코르닷오르그 웹사이트에 소개된 톰 헨더샷이라는 사람이 있다. 그는 은퇴한 경찰관으로 지금은 공룡 미술을 만들고 미술관 전시회를 준비하는 일을 하고 있다. 멀홀과 헨더샷 같은 사람들은 인생의 '2막'에 적극적으로 뛰어들었다고 프리드먼은 말한다.[39] 물론 그들의 2막은 1막과는 아주 다를 수 있지만, 대개 젊은 시절 직업과 앙코르닷오르그에서 갖는 직업 사이에는 어느 정도 관련이 있다.

또한 의미 공동체는 공공 정책의 도움을 받아 만들 수도 있다. 2006년, WHO는 세계 고령친화도시 네트워크Global Network of Age-friendly Cities[40]라는 기구를 출범해 각 도시의 지도자에게 긍정적 나이듦을 촉진하는 사회를 만들도록 장려한다. WHO의 대의를 채택한 대표적 도시는 뉴욕이다.[41] 뉴욕은 노인들이 더 풍요롭게 사는 사회를 만들고 싶어 하는 여러 공동체의 본보기가 되었다. 뉴욕 의학 아카데미 회장인 조 아이비 부포드Jo Ivey Boufford 박사는 WHO 고령친화도시 기준을 정하고, 뉴욕에서 이 모델을 실현하겠다고 선언했다. '고령친화 뉴욕 시'는 학계, 뉴욕시장, 시의회의 협력 하에 2007년 출범했다. 프로젝트의 목표는 노인들에게 더 열려 있고 인간미 있는 도시를 만들어 노년층의 건강과 행복을 증진하는 것이다. 프로젝트 총 책임을 맡은 학자 린지 골드먼Lindsay Goldman은 이렇게 말했다. "뉴욕 시의 입장에서 이 프로젝트는 재정적으로 추진해야 할 이유가 충분합니다. 건강과 행복이 개선되면 사회보험제도와 시의 서비스를 필요로 하고 거기에 의존하는 사람들이 줄어들게 되니까요."

이 프로젝트를 처음 시작할 때 시 관계자들은 5개 자치구에서 커뮤니티 포럼과 포커스 그룹을 조직해, 뉴욕에 거주하는 노인들이 뉴욕 시의 어떤 점을 좋아하고 어떤 점을 좋아하지 않는지 조사했다. 몇 가지 주제가 반복적으로 언급됐지만, 한 가지 중요한 주제로 요약할 수 있었다. 거의 모든 사람처럼 뉴욕의 노년층은 풍요롭고 충만한 삶을 살고 싶어 했다. 하지만 나이가 들수록 그 목표를 향해 가는 길에 장애물이 점점 많아졌다. 보행자 안전과 주택 부족 문제 같은 현실적 걱정들도 있었다. 어떤 사람들은 젊은 시절처럼 사회에 참여하고 싶지만 나이 때문에 소외되거나 무시받을까 봐, 아니면 실제로 그런 경험이 있어서 걱정된다고 말했다. 누군가는 이렇게 말했다. "저 스스로 자랑스러운 일을 하고 싶습니다. 나이 드는 건 아무래도 괜찮아요. 그저 무언가를 하고 싶을 뿐입니다."

지난 10년 동안 프로그램 책임자들은 대화를 계속하고, 뉴욕의 노년층이 제기한 문제들을 해결할 수 있는 법안을 발의했다. 이를테면 운수부는 도시 곳곳에 의자와 투명벽을 갖춘 버스 정류장을 더 많이 설치해 노인들이 정류장 안에서 편하고 안전하게 버스를 기다릴 수 있도록 했다. 또 도시 곳곳에 벤치를 추가로 설치해 산책을 장려하고, 시립 수영장에 노인 전용 시간을 도입해 노인들이 어린아이들에게 치일까 걱정하지 않고 수영을 즐길 수 있도록 했다. 이런 변화는 작지만 의미 있다. 너무 빠른 속도로 움직여 지치기 쉬운 뉴욕이라는 도시에서 이러한 개선은 노년층의 삶을 좀더 편안하게 만들어주고, 사회에 적극적으로 참여할 기회를 주고, 또 유대감을 강화한다. "사람들이 서로 어울려 지내요. 자기 나이대의 사람들과 같이 있으면 누가 나를 보고 있지는 않은지 주변을 의식하지 않게 돼요." 노인 전용 시간에 맞춰 수영장에 온 한 여성이 말했다.

이 같은 고령 친화 정책들의 목적은 지원과 지지를 제공하는 데 그치지 않고, 노인들 각자가 가진 강점을 활용해 사회에 돌려주는, 즉 목적 있는 삶을 살게 하는 데 있다. 예를 들어, 성공 멘토Success Mentor는 노인과 불우한 환경에서 사는 학생들을 연결해주는 제도이다. 성공 멘토를 통해 노인들 수십 명이 도시 곳곳의 학교에 있는 학생들을 가르치고 조언한다. 그 결과, 학생들은 학업 성적이 좋아지고 학교에서 징계를 받는 횟수가 줄어든다.[42] 하지만 노인들 역시 도움을 받는다. 연구 결과, 아이들의 멘토로 자원봉사를 한 노인들은 몸과 마음이 더 건강해진다.

무시와 학대가 만연한 고아원은 곧 구시대의 유물이 되고, 의미공동체들이 생겨나면서 노인들은 사회에서 새로운 역할을 맡게 될 것이다. 앙코르닷오르그의 설립자 마크 프리드먼부터 뉴욕 시 공무원들까지 점점 더 많은 사람이, 노인들이 사회에 크게 기여할 수 있고 그 꿈을 실현하기 위해서는 지원이 필요하다는 사실을 깨달아가는 중이다. "평생 하고 싶던 일을 할 수 없을 때 의미와 목적이 있는 삶을 살기 어렵습니다." 린지 골드먼이 말했다. 뉴욕 시는 현재 노인들에게 돌아가는 기회를 확대함으로써 그러한 현실을 바꾸려고 애쓰는 중이다.

/ 귀 기울여줄 단 한 사람이면 족하다 /

의미 공동체를 만들 때 기댈 수 있는 기둥이 초월과 목적만 있는 것은 아니다. 고령 친화 뉴욕 시 프로젝트는 노인들이 사회의 중요한 일원임을 강조하면서 뉴욕 노년층의 유대감을 강화한다. 세인트 마크 성당과 드림콘에 모인 사람들은 공통의 관심사를 위해 함께 모여 고유한 공동체를 이룬다. 또 라이프이즈굿의 직원들은 긴밀한 유대로 이루어진 낙관주의 공동체로, 설립자인 버트와 존은 브랜드의 기원과 의미를 보여주는 매력적인 이야기를 만들어냈다. 유대감과 스토리텔링의 기둥 역시 사회에서 의미 공동체를 만드는 데 헌신한 또 다른 단체의 사명에 잘 녹아있다. 바로 저널리스트 데이브 아이세이Dave Isay가 설립한 구술 기록 프로젝트 스토리코프스StoryCorps이다.

아이세이는 어린 시절 스토리텔링에 매료됐다.[43] 뉴욕 대학교를 졸업한 뒤 스물두 살이 된 아이세이는 의대에 들어갈 계획이었는데, 맨해튼 이스트빌리지를 산책한 경험이 그의 삶을 바꿔놓았다. 아이세이는 길을 걷다가 재미있어 보이는 가게를 발견하고 안으로 들어갔다가 주인 부부 앙헬 페레스와 카르멘 페레스를 만났다. 자기계발서가 빼곡하게 꽂힌 가게는 중독에서 회복 중인 사람들을 위한 장소였다. 이야기를 나누면서 아이세이는 두 사람이 과거 헤로인 중독자였으며, 카르멘은 HIV 보균자라는 사실을 알게 됐다. 두 사람은 카르멘이 죽기 전에 중독 박물관을 여는 게 꿈이었다. "두 사람은 건물의 축소 모형을 보여줬습니다. 의사들이 구강 검사 때 사용하는 압설자와 합판으로 만든 모형이었죠. 그들은 전 층의 청사진과 모든 전시품의 세밀한 도안을 가지고 있었어요."

부부와 나눈 대화에 깊은 감동을 받은 아이세이는 집에 돌아와 텔레비전 방송국과 라디오 방송국에 전화를 걸어, 앙헬과 카르멘의 이야기를 방송으로 만들면 어떻겠느냐고 제안했다. 딱 한 곳, WBAI라는 지역 라디오 방송국에서 관심을 보였다. 보도국장은 자기들 방송국에는 남는 기자가 없다며 아이세이에게 직접 부부의 이야기를 써보라고 했다. "가게에 다시 찾아가 두 사람과 함께 앉아서 녹음기로 그들의 이야기를 녹음했습니다. 이 일이 제 남은 평생 하게 될 일이라는 사실을 깨달았죠."

지난 20년 동안 아이세이는 라디오 프로듀서이자 다큐멘터리 제작자로 일하며 그의 표현대로라면 '보이지 않는 곳에 숨은 약자'들의 이야기를 방송에서 소개하고 있다. 아이세이는 사회가 전통적으로 돌보지 않는 사람들, 즉 교도소 수감자, 마약 중독자, 노숙자, 빈곤층에 주목한다. 이들과 인터뷰를 진행하는 동안 아이세이는 다른 사람의 이야기를 귀 기울여 듣는 단순한 행동만으로도 그 사람은 자신이 가치 있고 존중받고 있으며 위엄 있는 존재라는 기분을 느낀다는 사실을 깨달았다. 즉 유대감을 불러일으켰다. 아이세이가 사람들에게 자신의 대표 질문인 어떤 사람으로 기억되고 싶은지, 자신에게 중요한 사람이 누구인지, 자랑스러운 일이 무엇인지 묻자 그들은 등을 곧게 펴고 눈을 반짝였다. 누구도 그들의 삶이 어떤지 물은 적이 없었고, 누구도 그들의 이야기를 귀담아 들은 적이 없었기 때문이다.

아이세이가 제작한 라디오 다큐멘터리 중 과거 뉴욕의 노동자들이 잠을 자던 싸구려 여관을 다룬 다큐멘터리가 책으로 출간되었다. 아이세이는 책 수익금을 인터뷰에 참여한 노숙인 남성들을 위해 사용했다. "한 남자분이 자기 이야기가 실린 책을 손에 받아들더니 말 그대로 낡은 모텔 복도에서 춤을 추며 이렇게 외쳤습니다. '나는 살아 있어! 살아 있었다고!'" 아이세이는 눈앞에 펼쳐진 광경을 믿을 수 없었다. "지금까지는 얼마나 많은 사람이 자신을 투명인간이라고 생각하는지, 자기 삶이 중요하지 않다고 믿는지, 어느 날 잊힐까 두려워하는지 몰랐습니다." 아이세이는 듣는 행위가 곧 사람들에게 그들과 그들의 이야기가 중요하다고 느끼게 해주는 사랑의 행위임을 깨달았다. 연구 결과, 이야기가 듣는 사람과 이야기하는 사람의 유대를 강화하고, 사람들로 하여금 자기 삶이 의미와 위엄과 가치가

있다고 느끼게 해준다는 점이 사실로 밝혀졌다.[44]

아이세이는 2003년에 스토리코프스를 설립해 평범한 사람들에게 자신의 이야기를 하고 다른 사람들에게 들려줄 기회를 제공한다. 스토리부스StoryBooth라는 친밀한 공간 안에 두 사람이 들어가 듣는 행위를 통해, 둘이 같은 공간에서 서로 존중할 수 있는 시간을 준다. 첫 번째 스토리부스는 뉴욕의 그랜드 센트럴 역에 설치했다. 비록 그 스토리부스는 2008년에 문을 닫았지만 오늘날 뉴욕, 애틀랜타, 시카고, 샌프란시스코에 다른 부스들이 설치되어 있다. 전국을 여행하며 이야기를 녹음할 수 있는 모바일 부스도 있다. 부스 안에서 일어나는 일은 지금이나 그때나 똑같다. 서로 좋아하는 두 사람이 금속 캡슐처럼 생긴 부스 안에서 만나 누구의 방해도 없이 40분 동안 친밀한 대화를 나눈다. 한 사람이 인터뷰 진행자 역할을 하고 다른 사람은 자신의 인생 이야기를 한다. 부스 안에서 진행자가 인터뷰를 녹음한다.

인터뷰가 끝난 뒤 참가자들은 대화를 녹음한 파일을 받는다. 참가자의 허락을 받아 녹음 복사본은 의회 도서관에 있는 미국민속센터American Folklife Center로 보내진다. 파일은 기록 보관소에 보관됨으로써 어떻게 보면 참가자들에게 불멸의 삶을 준다. 이용료는 무료다. 누구나 예약해 대화를 녹음할 수 있으며, 지금까지 수만 명이 참여했다. 아이세이는 스토리코프스가 전국에 있는 다양한 사람들의 이야기를 모아 '인류의 지혜'를 보존할 수 있기를 바란다.

하지만 스토리코프스에는 더 근본적인 목표가 있다. 스토리코프스는 스토리텔링을 물질주의처럼 우리 사회의 해로운 부분과 싸우는 한 가지 방법으로 본다. 물질주의 사회에서 사람들은 더 자기중심적이고 삶의 의미를 갖기 힘들다는 사실은 연구에서도 입증됐다.[45] 2008년 스토리코프스는 전국 경청의 날National Day of Listening이라는 프로젝트를 출범하고, 추수감사절 다음 날이자 크리스마스 이전 최대 규모의 쇼핑이 이루어지는 11월 블랙프라이데이에 미국인들이 가족, 친구, 사랑하는 사람들과 함께 이야기를 녹음하도록 장려한다. 소비자 문화에 저항하는 이 운동은 2015년 전국 추수감사절 경청의 날Great Thanksgiving Listen로 이름을 바꾸었다. 스토리코프스는 전국의 학교들과 손잡고 학생들에게 휴대폰 앱을 이용해 자기보다 나이가 많은 가족의 이야기를 녹음하라는 과제를 줬다. 사람들을 멀어지게 만들고 소외시킨 기술을 이용해 관계를 맺으라는 것이었다. "우리는 사람들의 어깨를 흔들어 무엇이 중요한지 일깨워주고 싶습니다." 아이세이가 말했다.

2015년 10월, 나는 시카고에 있는 스토리코프스 사무실에 들러 서로의 이야기를 나누는 경험을 주제로 사람들과 인터뷰를 진행했다. 한 커플이 부스에서 나오기를 기다리고 있는데, 이베트라는 진행자가 다가오더니 한 여성이 예약을 했는데 대화 상대가 필요하다고 했다. 같이 오기로 한 친구가 사정이 생겨 못 왔다는 것이었다. "제가 들어가도 괜찮을까요?" 내가 물었다.

여성의 이름은 메리 애나 엘시였다.[46] 사우스 캐롤라이나에서 교사로 일하는 51세의 이 여성은 주말을 이용해 시카고에 들른 참이었다. 우리는 악수를 하고 몇 분 동안 대화를 나눈 뒤 부스 안으로 들어갔다. 작은 테이블을 사이에 두고 서로 마주보고 앉았다. 이베트는 우리 앞에 마이크를 놓고는 부스 문을 닫았다. 나무 판넬 벽으로 된 조용한 방 안에 우리 둘만 남았다. 바깥 세상의 소음과 혼잡에서 차단된 채. 조명은 희미했고 방에는 가구 하나 없었다. 우리는 휴대폰 전원을 껐다. 거의 신성하다시피 한 이 공간에서 집중해야 하는 대상은 서로뿐이었다. 이베트가 녹음기를 만지작댔다. 이제 대화를 시작할 시간이라는 암묵적 신호였다.

부스에 들어오기 전 메리 애나는 자기가 어릴 때 입양됐다고 말했다. 부스 안에서 나는 애나에게 입양 이야기를 들려달라고 했다. "우리 부모님은 당신들이 아이를 가질 수 없다는 사실을 알게 됐어요. 그때가 1950년대 후반, 1960년대 초반이었죠. 의사는 부모님에게 이 문제로 이혼을 원한다면 합당한 사유라고 이야기했어요. 하지만 부모님은 의사의 제안을 거절하고 입양을 선택했어요." 애나가 남부 특유의 비음 섞인 말투로 이야기했다. 부모님은 메리 애나의 오빠와 언니를 입양한 뒤 1964년에 메리 애나를 집으로 데려왔다. 그때 애나는 불과 생후 18일이었다.

사람들은 자신이 입양이라는 사실에 두 가지 반응을 보인다고 애나가 말했다. 양부모가 자신을 원했다는 사실에 감사하거나 친부모가 자기를 원하지 않았다는 사실에 분노하거나. 메리 애나는 두 번째였다. "저는 입양과 관련해서 아무것도 묻지 않았어요. 엄마와 아빠를 아주 많이 사랑했으니까요." 하지만 나이가 들면서 친부모가 어떤 사람들인지 알고 싶어졌다. 어린 시절이 늘 따뜻했다는 기억이 나면서 동시에 늘 혼자 지내고 약간 외로웠던 기억도 났다. 학교에 친구가 많았지만 늘 다른 사람들로부터 고립됐다는 느낌을 받았다. 우울증도 앓았다. 친부모를 찾으면 자기 자신은 물론 자신이 겪는 마음의 혼란도 조금 더 이해할 수 있을 것 같았다.

메리 애나는 둘째를 낳은 뒤 사우스캐롤라이나 주에 편지를 보내, 친부모에 대한 정보를 보내달라고 요청했다. 일주일 뒤 친어머니 이름을 들었다. 에피였다. 어머니 에피는 고등학교 졸업식에서 환영사를 했다. 간호사로 일했고, 1963년에 메리 애나를 임신했을 당시 미혼이었다. 그리고 메리 애나가 알게 된 또 한 가지 사실이 있다. 두 사람은 서로 모른 채 같은 결혼식과 장례식에 참석했다.

메리 애나는 친어머니가 지금 찰스턴에 산다는 사실을 알게 됐다. 남편에게 말하자 남편은 찰스턴에서 아동심리학 쪽 일을 하는 삼촌 도널드에게 전화해 그녀를 아는지 물어보자고 했다. "남편이 도널드 삼촌에게 전화를 했어요. 그리고 이렇게 물었죠. '삼촌, 에피라는 간호사 들어본 적 있어요?' 도널드 삼촌이 대답했어요. '응. 바로 옆에 서 있는데 바꿔줄까?' 남편이 말했어요. '삼촌, 그분이 제 아내의 친어머니예요.' 도널드가 '에피'라고 말하자 제 친어머니는 돌아서서 삼촌을 쳐다봤어요."

메리 애나는 몇 주 뒤 찰스턴에서 친어머니 에피를 만났다. 두 사람은 다정하게 점심을 먹었다. 메리 애나는 친어머니에게 잘살고 있다고 이야기했다. 친어머니는 자신의 두 아들 이야기를 했다. 그리고 자신이 메리 애나를 입양 보낸 까닭은 더 나은 삶을 살기를 바라서였다고 했다. 그렇게 두 사람은 헤어졌고 두 번 다시 만나지 않았다.

친어머니와 만난 덕분에 메리 애나는 자신과 세 딸의 관계를 새롭게 바라보게 됐다. "겨우 상상만 하잖아요. 친어머니가 아이를 낳았는데 키울 수 없어서 입양 보내기로 결정했을 때 어떤 기분이었을지. 저의 성격, 저의 기질은 자궁 안에서 태아였던 저의 영향을 얼마나 많이 받았을까요?" 그녀는 이 세상에 나온 뒤 첫 17일을 위탁 가정에서, 양육자와 지속적이고 강한 유대 없이 보낸 그 시간이 자신의 외로움과 우울증의 원인인지 궁금했다. 더 나은 삶을 살게 해주려고 자기를 포기하기로 한 친어머니의 '힘들고 용감한' 결정에 대해 생각했다. 자신이라면 절대 할 수 없었을 결정이다.

부스 안에서 어머니라는 역할이 무언지 많은 생각이 스쳤다. 그녀와 남편은 곧 자식들이 떠나고 난 빈 둥지에 둘만 남게 될 것이다. 딸 하나는 약학 대학에 다니고 있었다. 다른 하나는 법대를 들어갈 예정이었다. 막내딸은 고등학교 졸업을 앞뒀다. 자신의 정체성을 주로 어머니라는 부분에서 생각했던 여성에게 자녀를 떠나보내는 일은, 무척 고통스러웠다. 가장 큰 이유는 자신의 친어머니가 누구인지 몰랐기 때문이다.

"어머니라는 건 당신에게 어떤 의미인가요?" 내가 물었다.

메리 애나는 입술을 꽉 깨물고 손으로 얼굴에 부채질을 하기 시작했나. "설 울릴 작정인가요, 에밀리!" 그녀가 웃으면서 말했다.

어머니의 목표는 아이들이 자기 힘으로 세상과 마주할 수 있도록 준비시키는 것이라고 메리 애나는 설명했다. 그 목표를 이룬 일이 자기 인생의 가장 큰 성취라고 했다. 자기는 남편과 함께 세 아이를 강하고 독립적으로 키워냈으며, 아이들은 더는 엄마를 필요로 하지 않는다. "어머니가 되는 일의 가장 힘든 점이기도 하죠." 메리 애나는 이렇게 이야기하며 울기 시작했다. 하도 울어서 다음 말을 잇기도 힘들 정도였다. "나를 필요로 하지 않는다고요."

"제 삶에서 가장 중요하고 힘든 일을 해냈는데 이제 무엇이 제 삶에 의미와 목적을 줄까요?" 메리 애나가 이렇게 물었다.

인터뷰가 끝났다. 메리 애나와 나는 부스 밖으로 나와 대화를 이어갔다. 부스 안에서 자기 이야기를 한 경험이 어땠느냐고 물었다. 그녀는 카타르시스를 느꼈다고 답했다. "누군가 제 이야기를 듣고 있다는 기분이 들었어요. 진심으로 궁금해하는 것 같았어요." 부스 안에서 한 이야기는 친구나 가족들과 하는 일상적 대화에서는 결코 말한 적이 없다고 설명했다. 부스는 어쩐지 사람을 솔직하게 만든다고, 그 경험이 의미를 찾는 데 도움이 됐다고 했다.

메리 애나에게 부스 안에서 보낸 40분은 과거에 한 경험과 현재 인간관계를 들여다보는 시간이었다. "제가 외로웠던 한 가지 이유는 다른 사람들에게 제 이야기를 하지 않아서예요. 저는 생각과 감정을 속에 담아두거든요. 스토리부스를 경험하면서 깨달았어요. 다른 사람들과 대화하는 시간을 더 소중하게 생각해야겠다고요. 나를 위해서만이 아니라 주변 사람들을 위해서라도요. 우리는 자신의 이야기를 하면서 두 가지 일을 하는 겁니다. 우리 자신을 더 잘 이해하는 일, 그리고 우리가 겪고 있는 일을 똑같이 경험하는 사람들을 돕는 일이요."

또한 우리는 유산을 남긴다. 메리 애나가 스토리코프스에 온 이유는 손녀와 증손녀들을 위해 자신의 이야기를 기록한다는 생각이 마음에 들어서였다. "우리가 사는 세상에서는 세상 모든 일에 비해 우리가 너무 작아 보이잖아요. 몇 세대가 지난 뒤에는 내가 누구인지 아무도 기억하지 못합니다. 그러니까 스토리코프스는 죽은 뒤에 영원한 흔적을 남기는 한 가지 방법인 거죠."

생의 마지막까지
나를 지켜내는 힘

메리 애나가 시사했듯이 죽음은 의미 있는 삶을 사는 데 커다란 걸림돌이 될 수 있다. 우리 삶이 언젠가 끝나고 우리는 곧 잊힌다면 우리가 하는 모든 일이 무슨 의미가 있겠는가? 이 문제를 놓고 윌 듀런트는 친구들에게 편지를 썼다. 사후세계를 믿지 않았던 듀런트는 '죽음으로 무효화되지 않는 의미'를 찾고 있었다.

과연 그런 의미가 있을까?

의미와 죽음, 동전의 양면

뉴욕에 위치한 메모리얼 슬론캐터링 암센터Memorial Sloan Kettering

Cancer Center의 정신의학 행동과학과 학과장 윌리엄 브라이트바트William Breitbart는 말기암 환자들의 연명 치료를 담당하고 있다.[1] 브라이트바트는 죽음이 의미에 가하는 위협을 해결하는 데 거의 평생을 바쳤다. 그가 진행한 혁신적 연구에 따르면, 죽음의 유령은 사람들로 하여금 삶이 무의미하다고 결론짓게 만들지만, 동시에 생애 처음으로 삶의 의미를 찾게 만드는 촉매제 역할을 하기도 한다. 올바른 마음 자세만 갖춘다면 죽음을 생각하는 것만으로도 더 의미 있는 삶을 살 수 있으며, 지구에서 보내는 마지막 순간을 평화롭게 맞을 수 있다.

브라이트바트는 의미와 죽음이 동전의 양면이라고 믿는다. 인간사의 두 가지 근본적 문제이다. 인간은 유한한 삶을 어떻게 살아야 할까? 어떻게 하면 자포자기하는 대신 죽음을 존엄하게 마주할 수 있을까? 죽는다는 사실을 무엇으로 상쇄할 수 있을까? 이러한 질문들이 삶의 마지막 도전을 앞둔 환자들을 치료하는 브라이트바트의 머릿속에 매일같이 떠올랐다.

브라이트바트는 1951년생으로, 맨해튼 동쪽 지구인 로어이스트사이드에서 자랐다. 부모님은 폴란드 동부 출신으로 나치의 죽음의 수용소행을 가까스로 피했다. 전쟁 중에 부모님은 나치를 피해 숲속에 숨었고, 아버지는 지하 저항운동에서 싸웠다. 전쟁이 끝난 뒤에 부부는 난민 수용소에서 지내며 그곳에서 결혼했다. 두 사람은 미국으로 건너가면서 전쟁의 기억도 함께 가져갔다. 어린 시절 브라이트바트는 그 비극적 과거에 발을 담그고 있었다. 어머니는 매일 아침 식탁에서 "내가 왜 여기에 있니?"라고 물었다. 그토록 많은 사람이 죽었는데 자신은 왜 살아 있는지 의아해했다.

"저는 부모님의 생존을 정당화하고 세상에 의미 있는 무언가를 만들어 제 삶을 가치 있게 만들어야 한다는 책임감을 안고 자랐습니다. 제가 죽음을 앞둔 환자들이 지내는 슬론캐터링에서 일하게 된 건 우연이 아닙니다." 브라이트바트가 웃으면서 말했다.

브라이트바트는 1984년에 슬론캐터링에 들어왔다. '삶과 죽음의 가장자리에서' 살고 싶었기 때문이다. 에이즈가 급속도로 확산되어 브라이트바트 나이대의 젊은 사람들이 사방에서 죽어나갈 때였다. 브라이트바트는 말기 암 환자들도 같이 돌봤다. "환자들은 계속해서 저에게 죽여달라고 했습니다. 제가 병실에 들어가면 이렇게 말했죠. '저는 이제 살날이 3개월밖에 안 남았어요. 제게 남은 수명이 그것뿐이라면 살 가치도 목적도 없습니다. 선생님이 저를 돕고 싶다면 저를 죽여주세요.' 그렇게 말하는 사람이 한두 명이 아니었습니다."

대장암 진단을 받은 전 IBM 임원인 여성은 이렇게 말했다. "모든 사람이 긍정적인 생각을 갖는 게 중요하다고 말했죠. 하지만 저는 랜스 암스트롱이 아니잖아요. 당장 무덤 속으로 뛰어 들어가고 싶다고요."[2] 죽고 나서 더는 세상에 존재하지 않는다면 삶에 무슨 의미가 있을 수 있느냐고 환자들은 생각했다. 삶에 의미가 없다면 암으로 고통 받을 이유도 없다고 말이다.

1990년대에는 조력자살physician-assisted suicide이 의료계 안팎에서 뜨거운 화제였다. 죽음의 의사Dr.Death로 잘 알려진 잭 케보키언Jack

Kevorkian은 1990년에 처음으로 환자의 죽음을 도왔다. 케보키언 자신이 주장하기로는 그 뒤 8년 동안 130명에 달하는 환자의 자살을 조력했다. 미국에서는 안락사의 도덕성을 놓고 토론이 벌어졌고, 다른 여러 국가에서는 조력자살을 합법화하는 움직임이 있었다. 1996년, 오스트레일리아 노던 주는 조력자살을 합법화했지만 후에 법을 폐지했다. 그리고 2000년, 네덜란드가 세계 최초로 조력자살을 합법화했다. 2006년 미국은 대법원이 곤잘레스 대 오레건 주 소송에서 각 주가 조력자살을 독립적으로 결정할 수 있다는 판결을 내리면서, 조력자살을 합법화하는 방향으로 큰 걸음을 내딛었다. 오늘날 조력자살은 캘리포니아 주, 버몬트 주, 몬태나 주, 워싱턴 주, 오레건 주에서 법적으로 허용된다. 2014년 '의료윤리저널Journal of Medical Ethics'은 조력자살을 합법화한 나라를 방문하는 '자살 관광'을 분석한 보고서를 발표했다.[3] 2009년과 2012년 사이 조력자살이 법적으로 허용되는 스위스 취리히를 방문해 목숨을 끊은 사람들의 수가 두 배로 증가했다.

브라이트바트는 조력자살에 대한 이야기를 계속 들으면서 말기 암 환자들이 스스로 목숨을 끊는 정확한 원인이 무엇인지 궁금해지기 시작했다. 당시 그는 말기 환자들의 고통과 피로를 주제로 여러 연구를 진행하고 있었기에 연구에 몇 가지 질문을 추가했다. 브라이트바트는 참가자들에게 죽음을 앞당기고 싶은지 물었다. 그는 연구 결과에 깜짝 놀랐다. 연구 가설에 따르면 환자들이 죽고 싶은 이유는 끔찍한 고통 때문이었다. 하지만 브라이트바트와 동료들은 그 가

설이 늘 맞지는 않다는 사실을 발견했다. 대신 죽음을 앞당기고 싶나고 대답한 사람들은 무의미함, 우울증, 절망감 때문이라고 답했다. 그들은 '실존적 진공 상태'에서 살고 있었다. 브라이트바트가 환자들에게 조력자살 처방을 원하는 이유를 묻자 상당수가 삶의 의미를 잃었기 때문이라고 말했다.

우울증은 치료가 가능했다. 약도 있고 좋은 심리 치료법도 있으니까. 하지만 의미 상실을 치료하자니 당황스러웠다. 하지만 1995년이 되자 길이 보이기 시작했다. 브라이트바트는 미국 죽음 프로젝트Project on Death in America에 초대를 받아 합류하게 됐다. 프로젝트의 목표는 죽음의 경험을 개선하는 것이었다. 브라이트바트와 프로젝트에 참여한 철학자, 수도사, 의사들을 포함한 동료들은 죽음과 삶의 의미를 주제로 긴 대화를 나눴다. "이야기 중간중간 니체, 키에르케고르, 쇼펜하우어 같은 사람들이 등장했죠. 저는 어느 순간 깨달았습니다. 의미의 중요성이 인간 행동의 기본적인 원동력이라는 사실을요. 의미를 찾고 만들고 의미를 경험하는 능력 같은 건 의과대학에서는 가르쳐 주지 않습니다!" 브라이트바트는 환자들에게 의미를 찾을 수 있도록 도우면 자살 충동이 줄고, 우울증이 개선되고, 삶의 질이 높아지고, 미래에 대한 더 큰 희망이 생기리라는 확신이 들었다. 즉 환자들에게 살 가치를 만들어줄 수 있을 것 같았다. 죽음을 앞둔 마지막 순간의 환자들이라 해도.

마지막 순간 무엇을 남기고 싶은가

브라이트바트는 8개 단계로 이루어진 집단요법 프로그램을 만들었다.[4] 6~8명의 환자가 함께 카운슬링 워크숍에 참여하는 프로그램이었다. 각 단계는 어떻게든 의미 사고방식을 갖도록 돕는다. 첫 번째 단계에서 환자들은 '삶이 특히 의미 있게 느껴진 한두 가지 경험을 떠올리고 그 경험이 강렬한지 평범한지' 생각해보라는 과제를 받았다.

두 번째 단계에서는 'BC와 AD' 정체성,[5] 즉 그 사람이 암 진단 이전before the cancer disease에 어떤 사람이었고, 암 진단 이후after the diagnosis인 지금 어떤 사람인지 이야기를 나눈다. 환자들은 "나는 누구인가?"라는 질문에 답하며 자신에게 가장 큰 의미를 주는 정체성이 무엇인지 고민한다. 한 여성은 "저는 딸이자 어머니이자 할머니이자 언니이자 친구이자 이웃사촌입니다. 저는 제 속 얘기를 잘 안하는 편입니다. 제 욕구와 걱정을 주변 사람들한테 늘 이야기하지는 않아요. 지금은 다른 사람들이 주는 사랑과 관심, 선물을 받으려고 노력 중입니다." 이어서 그녀는 병이 자신을 어떻게 바꿔놨는지 이야기했다. "저는 관심 받는 걸 좋아하지 않아요. 하지만 이제는… 사실 암 진단을 받으면서 많이 고민했어요. 지금은 무언가를 해주고 싶어 하는 사람들의 호의를 더 받으려고 노력해요."

3~4단계에서는 사람들과 인생 이야기를 주고받는다. "자신의 인생과 성장 과정을 돌아보며 현재 자신의 모습에 지대한 영향을 미친 제일 의미 있는 기억, 관계, 전통은 무엇인가?" 또한 인생에서 이

룬 일과 자랑스러운 점, 그리고 여전히 남은 할 일에 대해 이야기한다. 다른 사람들에게 전하고 싶은 교훈을 고민한다. 마지막으로 숙제를 받는다. 집에 돌아가서 자신의 이야기를 사랑하는 사람과 나누는 과제이다.

5단계는 가장 어려운 단계이다. 이 단계에서는 삶의 한계, 즉 죽음이라는 가장 큰 한계와 마주한다. '좋은' 죽음이 무엇이라고 생각하는지 대화를 나눈다. 집에서 죽고 싶은지 병원에서 죽고 싶은지, 장례식은 어땠으면 좋겠는지, 자신이 죽고 나면 가족들은 어떻게 적응할지, 자신을 사랑한 사람들에게 어떻게 기억되고 싶은지 등을 이야기한다.

6~7단계에서는 '독창적이고' '경험에서 나온' 의미의 원천을 곱씹는다. 즉 자신에게 가장 중요한 가치를 표현하고 '실제로 이룰 수 있도록' 도움을 준 사람과 장소, 일, 생각이 무엇이었는지 떠올린다. 자신이 맡은 책임과 '끝내지 못한 일', 목표를 이루지 못하게 된 원인도 이야기한다. 또 사랑, 아름다움, 유머가 삶에서 어떤 역할을 했는지 고민해보라는 과제를 받는다. 이 단계에서 많은 사람이 가족을 언급한다. 어떤 사람들은 일과 정원 관리 등의 취미를 이야기한다. 전 IBM 임원은 젊은 시절 파리에 있는 루브르 박물관에서 〈사모트라케의 니케〉라는 승리의 여신상을 봤던 이야기를 했다.

마지막 단계에서 환자들은 미래에 대한 희망과 그들이 남길 유산, 그중 일부는 자신이 죽은 뒤에도 영원히 살아남을 유산에 대해 고민한다. 환자들은 다른 사람들 앞에서 '유산 프로젝트'를 발표한다. 대개 무언가를 하거나 만들어 각자 어떻게 기억되고 싶은지 이야기한다. 한 남성은 켈트 삼위일체 상징물을 조각한 하트 모양 목판화를 가지고 왔다. "제 아이들에게 가르쳐줄 겁니다. 영원한 사랑은 존재하고, 제가 죽고 난 뒤에도 아이들 곁에 있을 거라고요."[6]

브라이트바트는 환자 수백 명을 대상으로 의미 기반 심리치료에 대한 3가지 무작위 대조 실험을 실시했다.[7] 브라이트바트는 동료들과 연구 결과를 분석하면서 치료를 통해 큰 변화가 일어났다는 사실을 발견했다. 8단계 심리 치료가 끝날 무렵에 삶과 죽음을 대하는 환자들의 태도가 변했다. 죽음에 대한 절망감과 불안감이 줄었다. 그리고 더는 죽고 싶어 하지 않았다. 정신 건강도 개선됐다. 환자들은 삶의 질이 높아졌다고 이야기했다. 그리고 물론 삶이 더 의미 있다고 답했다. 이 효과는 장기간 지속되었을 뿐 아니라 실제로는 시간이 갈수록 점점 더 강해졌다. 2개월 뒤 한 환자 집단을 추적 연구했을 때 그 환자들은 의미와 정신 건강이 개선됐으며, 불안감과 절망감, 죽고 싶은 욕구가 줄었다고 답했다. 브라이트바트는 진단과 죽음 사이의 시간이 '커다란 성장'을 이룰 기회임을 발견했다.[8] 이를테면 전 IBM 임원이었던 환자는 처음에 대장암 진단을 받고는 절망하고 무너졌지만 치료 프로그램을 시작한 뒤 깨달았다. "애써 삶의 의미를 찾을 필요가 없었어요.[9] 의미는 보이는 곳마다 있었거든요."

브라이트바트가 개발한 치료법은 주목을 받고 있다. 이탈리아, 캐나다, 독일, 덴마크 등 여러 나라의 의사들이 브라이트바트의 치료법을 활용해, 절망하고 자포자기한 환자들에게 의미를 심어주고 있다. "의료계의 반응은 폭발적이었습니다. 그전에는 눈길 한번 주지 않았지만, 지금은 사돈에 팔촌까지 갑자기 의미를 찾기 시작했죠." 브라이트바트가 말했다.

브라이트바트가 개발한 의미 기반 심리 치료법은 말기 환자들을 위한 것이었지만, 그 연구에서 얻은 교훈은 모든 사람에게 더 나은 삶을 열어줄 수 있다. 살날이 얼마가 남았든 죽음은 누구나 피할 수 없는 일이며, 죽음에 대한 고민은 우리 삶을 있는 그대로 평가하게 한다. 또한 죽음은 우리 삶을 어떻게 바꿔야 더 의미 있는 삶을 살 수 있을지 고민하게 만든다. 심리학자들은 이를 '임종 테스트the deathbed test'라고 한다.[10] 지금 죽음을 앞두고 있다고 생각해보라. 아주 기이한 사고를 당하거나 병에 걸렸을 수도 있고, 오래오래 건강한 삶을 살다가 현재 8~90대의 나이라고 쳐보자. 살날을 불과 며칠 남겨둔 임종의 자리에서 어떻게 살아왔는지 되돌아보고 자신이 한 일과 하지 않은 일을 떠올려보라. 현재 모습에 만족하는가? 행복하고 충만한 삶을 살았는가? 자신의 삶이 마음에 드는가? 다시 한 번 살 수 있다면 어떻게 살 것인가?

실제 임종 자리에 있는 많은 사람은 자신이 충분히 의미 있는 삶을 살지 못했을까 봐 걱정한다. 시한부 환자들을 오랫동안 돌본 호스피스 간호사 브로니 웨어Bronnie Ware는 환자들이 마지막 순간에 하는 후회를 몇 가지 기본적 카테고리로 나눌 수 있음을 발견했다. 가장 많이 하는 후회는 진짜 하고 싶었던 일을 하지 못한 것, 일에 치여 사느라 가족들과 더 많은 시간을 보내지 못한 것, 친구들과 자주 연락하지 못한 것 등이다.[11] 결국 사람들은 살아 있는 동안 의미의 기둥을 쌓는 데 더 많은 시간을 쏟았으면 좋았겠다고 후회했다.

삶의 방식은 오직 나만이 선택할 수 있다

브라이트바트는 죽음이 또 하나의 집단, 홀로코스트 희생자와 생존자들에게 안겨준 난관을 오랫동안 고민했다. 브라이트바트는 미국 죽음 프로젝트에 참여한 뒤 홀로코스트 생존자 빅터 프랭클이 나치 강제수용소에서 지낸 경험을 기록한 책 《죽음의 수용소에서Man's Search for Meaning》를 읽었다. 책은 강한 인상을 남겼다. 브라이트바트는 이 책을 읽은 뒤 의미 기반 심리 치료법을 개발했다. 그는 치료를 받는 모든 환자에게 프랭클의 책을 건넸다. 처한 환경은 각각 다르지만 환자들이, 한 남자의 고통스러운 투쟁을 기록한 책에서 지혜와 위로의 원천을 찾을 수 있기를 바랐다.

1942년 9월, 빈에 거주하던 유대인 정신과 의사이자 신경의학자 빅터 프랭클은 아내와 부모님과 함께 체포되어 나치 강제수용소로 보내졌다. 3년 뒤, 수용소가 해방됐을 때 아내를 포함한 가족들은 거의 전부 사망했다. 하지만 수감자 번호 119104번, 프랭클은 살아남았다.

《죽음의 수용소에서》를 통해 프랭클은 고통 속에서 의미를 찾는 일의 중요성을 이야기한다. 수감자들은 모든 것을 잃었다. 가족, 자유, 과거의 신분, 재산까지. 그 결과 많은 사람이 더는 살 이유가 없다고 결론 내리고 희망을 버렸다. 하지만 일부 수감자들은 자기 삶이 여전히 의미 있다고 믿었다. 프랭클은 의미를 찾거나 의미를 버리지 않은 수감자들은 너무나도 참혹한 환경에서도 그렇지 않은 사람들에 비해 고통에서 더 잘 회복하는 것을 목격했다. 살아갈 이유가 있는 사람들은 굶주림, 아픔, 탈진, 그리고 수용소 생활을 하면서 수시로 겪는 모욕감 앞에서 더 '잘 견뎠다'고 프랭클은 주장했다.

프랭클은 수용소에서 치료사로 일했으며, 책에서 자신이 상담한 두 수감자 이야기를 한다. 두 사람은 자살을 하려고 했다. 주변의 많은 사람처럼 이 두 남자는 살 이유가 없다고 믿었다. "두 경우 모두 삶은 그들에게 여전히 무언가를 기대하며, 그들 앞에 펼쳐질 미래가 있다고 깨닫게 해주는 게 중요했죠." 한 남자에게 그 이유는 여전히 살아 있는 어린 자식이었다. 과학자였던 다른 남자에게는 마무리하고 싶은 책이었다. 프랭클은 더 많은 수감자를 관찰하면서 '삶'의 이유를 아는 사람들은 니체가 말한 것처럼 어떠한 '삶'도 참고 견딘다는 사실을 발견했다.

프랭클은 일부 수감자가 인간성을 말살하는 환경 속에서도 자신과 주변인들이 경험하는 고통에 어떻게 반응할지 직접 선택함으로써 품위를 지키는 모습에 크게 놀랐다. "강제수용소에서 지낼 때 막사 사이를 돌면서 다른 사람들을 위로하고 마지막 남은 빵을 나눠주던 사람들이 기억납니다. 그런 사람이 많지는 않았지만, 사람에게서 모든 것을 앗아가도 단 하나만은 빼앗을 수 없다는 충분한 증거였습니다. 인간의 마지막 자유, 즉 어떤 환경에서도 자신의 태도와 삶의 방식을 선택할 수 있는 자유죠."

체포되기 전에 프랭클은 빈에서 인정받는 정신과 의사였다. 심리학과 의미에 관해서는 어릴 때부터 관심이 많았다. 열세 살 때인가에 과학 선생님 하나가 반 아이들에게 이렇게 말했다. "삶은 연소과정, 산화 작용에 불과하다." 프랭클은 결코 동의할 수 없었다. "선생님, 선생님 말씀대로라면 사는 게 무슨 의미가 있어요?" 프랭클은 의자에서 벌떡 일어나 큰 소리로 물었다. 몇 년 뒤 프랭클은 지그문트 프로이트와 편지를 주고받기 시작했고, 프로이트에게 직접 쓴 논문을 보냈다. 프로이트는 프랭클의 재능에 깊은 인상을 받고 '국제 정신분석학 저널International Journal of Psychoanalysis'에 그 논문을 보내 실리도록 해주었다("이견이 없었으면 하네." 프로이트는 당시 십 대였던 프랭클에게 이렇게 적어 보냈다).

프랭클은 의대를 다니는 동안, 그리고 졸업한 뒤에 더욱 두각을 나타냈다. 십 대들을 위한 자살방지센터를 설립했으며(나치 수용소에서 한 일과도 일맥상통한다), 로고테라피logotherapy(의미요법)라는 심리 치료법을 개발했다. 프랭클은 사람들이 '의미를 찾고자 하는 의지'를 가지고 있으며, 삶의 의미를 찾고자 하는 이 욕구가 '인간의 주된 원동력'이라고 믿었다. 당시 로고테라피의 목적은 사람들로 하여금 삶의 의미를 찾게 만들어 고통을 치료하는 것이었다. 1941년 프랭클의 이론은 전 세계에서 주목을 받았고, 프랭클은 빈에 있는 로트실트 병원에서 신경과 과장으로 근무 중이었다. 병원에서 프랭클은 정신질환 환자들이 나치에게 죽임을 당하지 않게 하려고 자기 목숨과 직업을 걸고 허위 진단을 했다.

바로 그해에 프랭클은 삶을 바꾼 결정을 했다. 직업적으로 승승장구하고 나치의 위협도 슬슬 다가오던 그 시기에 미국 비자를 신청해 허가를 받았다. 이미 나치는 유대인들을 강제수용소로 끌고 가기 시작했고, 노인들이 우선 대상이었다. 프랭클은 나치가 부모님을 끌고 가는 건 시간문제임을 알았다. 만일 그렇게 되면 자신도 따라가서 부모님을 도울 책임이 있다는 사실 역시 알고 있었다. 여전히 미국으로 가고 싶은 욕심이 있었다. 안전과 직업적 성공이 보장된 나라.

프랭클은 어떻게 해야 할지 몰라 머리를 식히려고 빈의 성 스테판 성당에 갔다. 오르간 음악을 들으며 계속 자문했다. "부모님을 남겨두고 가야 할까? 부모님께 작별을 고하고 부모님의 운명에 맡겨야 할까?" 자신의 책임은 어디에 있을까? 프랭클은 '하늘에 답을 구하고' 있었다.

프랭클은 집에 돌아와서 그 답을 찾았다. 대리석 조각 하나가 식탁 위에 놓여 있었다. 아버지는 나치가 파괴한 유대교 회당의 잔해라고 설명했다. 대리석에는 십계명 중 한 계명의 일부가 적혀 있었다. 다섯 번째 계명, '너희 부모를 공경하라'였다. 그걸 보고 프랭클은 미국에서 자신을 기다리는 안전과 직업적 성공의 기회가 무엇이든, 포기하고 빈에 남기로 했다. 안락한 삶을 포기하고 가족, 그리고 나중에는 수용소의 다른 수감자들을 위해 살기로 결심했다.

프랭클은 강제수용소에서 보낸 3년 동안 거의 매일 비슷한 아침을 맞았다. 해가 뜨기 전에 일어나서 우울한 작업장을 몇 킬로미터씩 행진했다. 그곳에서 프랭클과 동료 수감자들은 언 땅에 구덩이를 파야 했다. 나치 감시병들이 총과 채찍을 들고 다가왔다. 행진하는 동안 듬성듬성 올이 드러난 옷 틈으로 겨울바람이 파고들었다. 그들은 굶주리고 탈진했으며, 너무 지쳐 걸을 힘이 없는 사람들은 옆 사람의 팔에 의지해서 걸었다. 어둠 속에서 앞쪽 돌에 걸려 넘어지지 않으려 안간힘을 썼다. 감시병들이 개머리판으로 아무렇게나 널어놓은 돌들이었다. 열을 이탈하면 감시병들이 때리고 발로 찼다.

어느 날 프랭클은 아침 일과의 수모를 생각하지 않으려 애쓰고 있었다. 행진을 하는데 옆의 남자가 몸을 돌리더니 이렇게 속삭였다. "우리 마누라들이 지금 우리 꼴을 본다고 생각해봐요! 제발 마누라들이 수용소에서 잘 지내면서 우리가 당하고 있는 일을 몰랐으면 좋겠소." 그 말을 듣자 아내 틸리 생각이 났다. 틸리는 다른 수용소로 보내졌다. 프랭클은 아내가 어디 있는지, 심지어 살아 있는지조차 몰랐지만 그날 아침 머릿속으로 아내를 떠올리자 희망이 생겼다. "아내가 대답하는 목소리를 들었다. 웃는 모습을 봤다. 진솔하면서도 용기를 주는 듯한 표정으로. 실제든 아니든 아내의 모습은 이제 막 떠오르기 시작한 태양보다 더 밝게 빛났다." 프랭클은 책에 이렇게 썼다.

그때 한 가지 생각이 스쳤다. 그 춥고 우울한 3월, 아내 틸리에 대한 따뜻한 기억만이 위안을 주던 그날, 삶의 의미를 깨달았다. "내

생애 처음으로 진리를 마주했다. 그렇게 많은 시인이 자기 시를 통해 노래하고, 그렇게 많은 사상가가 최고의 지혜라고 외쳤던 하나의 진리." 그 진리란 바로 '사랑이야말로 인간이 추구해야 할 궁극적이고 가장 숭고한 목표'라는 것이었다. 그러자 인간의 시와 사상과 믿음이 설파하는 가장 숭고한 비밀의 의미를 간파했다. "인간의 구원은 사랑을 통해서, 사랑 안에서 실현된다."

머릿속으로 이런 생각을 하는데 추악한 장면이 눈앞에 펼쳐졌다. 수감자 하나가 발이 걸려 넘어지면서 뒤따라오던 다른 수감자들도 도미노처럼 줄줄이 넘어졌다. 감시병이 달려와서 채찍을 휘두르기 시작했다. 하지만 이 잔인한 광경조차, 그날까지 경험하고 자유의 몸이 될 때까지 경험하게 될 어떤 공포도 삶의 의미는 사랑 안에 있다는 신념을 흔들지 못했다.

"이 세상에 아무것도 가진 게 없는 사람일지라도, 아주 짧은 순간이나마 사랑하는 사람을 생각하면 여전히 더할 나위 없는 행복을 느낄 수 있음을 알았다. 극단적으로 소외된 상황에서 자기 자신을 적극적으로 표현할 수 없을 때, 주어진 고통을 올바르고 명예롭게 견디는 것만이 할 수 있는 전부일 때, 사람은 그가 간직하던 사랑하는 사람의 모습을 생각하는 것으로 충족감을 느낄 수 있다. 생애 처음으로 다음 말의 의미를 이해하게 되었다. '천사들은 한없는 영광 속에서 영원한 묵상에 잠겨 있나니.'" 프랭클은 책에 이렇게 썼다.

물론 사랑은 의미 있는 삶의 중심에 있다. 사랑은 의미의 모든 기둥을 관통해 흐르며 내가 쓴 이야기에 끊임없이 등장한다. 아픈 친구를 위해 돈을 모으던 SCA 회원들을 생각해보라. 디트로이트 동물원에서 기린들에게 더 나은 삶을 살게 해주려 노력하던 애슐리 리치몬드를 떠올려보라. 선수 생활을 그만둘 수밖에 없던 사고에서 회복해 다른 사람들을 위해 봉사하던 에메카 나카를 생각해보라. 아니면 평생을 바쳐 다른 사람들이 조망 효과를 경험할 수 있도록 돕는 제프 애시비를 떠올려보라. 또 고아원에 있는 아이들에게 자신보다 나은 삶을 살게 해주기로 결심한 시본을 생각해보라.

사랑의 행위는 의미를 제대로 정의하는 일에서 시작된다. 자기 밖으로 걸어 나와 더 큰 무언가와 관계를 맺고 거기에 기여하는 일에서 시작된다. "인간다운 삶은 늘 자기가 아닌 다른 것, 다른 사람을 향한다. 채워야 할 의미이자 언젠가 만나게 될 다른 사람. 자신을 잊을수록, 즉 다른 사람에게 봉사하고 다른 사람을 사랑할 명분을 얻음으로써 더 사람다운 삶을 살 수 있다."

그것이 의미의 힘이다.

머리말

1 행복에 대한 새로운 연구가 모두 긍정심리학의 영역 안에서 이루어지는 것은 아니다. 그중 일부는 더 넓은 범위의 심리학, 경제학 등 다른 분야에 속한다. 또 어떤 심리학자들은 긍정심리학이라는 개념이 등장하기 전부터 행복을 연구하고 있었으며, 그들 중 일부는 인문학을 연구의 지침으로 삼는다는 사실을 기억하라. 또 의미를 연구하는 대표적인 학자는 다음과 같다. Carol D. Ryff and Corey Lee M. Keyes, "The Structure of Psychological Well-Being Revisited," *Journal of Personality and Social Psychology* 69, no. 4 (1995): 719 – 27. Alan S. Waterman, "Two Conceptions of Happiness: Contrasts of Personal Expressiveness (Eudaimonia) and Hedonic Enjoyment," *Journal of Personality and Social Psychology* 64, no. 4 (1993): 678 – 91. Richard M. Ryan and Edward L. Deci, "Self-Determination Theory and the Facilitation of Intrinsic Motivation, Social Development, and Well-Being," *American Psychologist* 55, no. 1 (2000): 68 – 78. Roy Baumeister, Laura King, Brian Little, Dan McAdams, Paul Wong 과 같은 학자들도 있다.

2 행복에 대한 연구에 대해 자세히 알고 싶다면 소냐 류보머스키Sonja Lyubomirsky 의《행복도 연습이 필요하다*The How of Happiness: A New Approach to Getting the Life You Want*》(New York: Penguin Books, 2008),《행복의 신화*The Myths of Happiness: What Should Make You Happy, but Doesn't, What Shouldn't Make You Happy, but Does*》(New York: Penguin Books, 2014) 참조.

3 행복 연구의 선구자 에드 디너 Ed Diener가 행복 연구의 증가를 보여주는 그래프 (연구자들 사이에서는 '주관적 행복'으로 통하는)를 2014년 4월 16일에 이메일로

보내줬다.

4 긍정심리학의 개념과 발전 과정을 알고 싶다면 다음 책 참조. Martin E. P. Seligman, *Authentic Happiness: Using the New Positive Psychology to Realize Your Potential for Lasting Fulfillment*(New York: Free Press, 2002) and *Flourish: A Visionary New Understanding of Happiness and Well-Being*(New York: Free Press, 2011); and Seligman and Mihaly Csikszentmihalyi, "Positive Psychology: An Introduction," *American Psychologist* 55, no. 1 (2000): 5–14.

5 행복의 시대정신에 대한 논의를 더 자세히 알고 싶다면 존 슈메이커John f. Schumaker의 저서 《행복의 유혹*In Search of Happiness: Understanding an Endangered State of Mind*》(Westport, Connecticul: Praeger, 2007) 참조. 미국에서 행복이라는 개념과 행복 추구가 문화 현상으로 번진 과정을 간단하게 살펴보고 싶다면 아래 논문 참조. Shigehiro Oishi, Jesse Graham, Selin Kesebir, and Iolanda Costa Galinha, "Concepts of Happiness across Time and Cultures," *Personality and Social Psychology Bulletin* 39, no. 5 (2013): 559–77.

6 2013년 '구글 트렌드Google Trends'에서 발표한 자료를 나름대로 분석해 봤다.

7 Rhonda Byrne, *The Secret*(New York: Atria Books, 2006), 100. 한국어판은 론다 번, 《시크릿》, 2007, 살림Biz.

8 1장에서는 우울증과 자살률의 증가, 2장에서는 사회적 고립의 증가율과 그 결과를 다룬다.

9 Iris B. Mauss, Maya Tamir, Craig L. Anderson, and Nicole S. Savino, "Can Seeking Happiness Make People Unhappy? Paradoxical Effects of Valuing Happiness," *Emotion* 11, no. 4 (2011): 807–15. 또한 모스Mauss는 행복을 좇으면 불행해지는 과정에 대해서도 연구를 주도해 진행했다. Iris B. Mauss, Nicole S. Savino, Craig L. Anderson, Max Weisbuch, Maya Tamir, and Mark L. Laudenslager, "The Pursuit of Happiness Can Be Lonely," *Emotion* 12, no. 5 (2012): 908. 행복을 좇는 행동이 불행을 야기하는 이유를 더 자세히 알고 싶다면 다음 참조. Jonathan W. Schooler, Dan Ariely, and George Loewenstein, "The Pursuit and Assessment of Happiness Can Be Self-Defeating," in Isabelle Brocas and Juan D. Carrillo (editors), *The Psychology of Economic Decisions: Volume 1: Rationality and Well-Being*(Oxford: Oxford University

Press, 2003), 41 – 70. 행복의 이점과 행복을 최우선으로 두는 삶의 맹점을 함께 살펴보고 싶다면 다음 참조. June Gruber, Iris B. Mauss, and Maya Tamir, "A Dark Side of Happiness? How, When, and Why Happiness Is Not Always Good," *Perspectives on Psychological Science* 6, no. 3 (2011): 222 – 33. 다른 보고서를 작성한 사회 과학자들은 두 연구 결과에 대해 분석해 발표하면서 "행복 추구를 우선으로 하는 사회 만연에 자리 잡은 가치는 우울증 증상과 진단의 위험 인자라고 할 수 있다." 라고 지적했다. Brett Q. Ford, Amanda J. Shallcross, Iris B. Mauss, Victoria A. Floerke, and June Gruber, "Desperately Seeking Happiness: Valuing Happiness Is Associated with Symptoms and Diagnosis of Depression," *Journal of Social and Clinical Psychology* 33, no. 10 (2014): 890 – 905.

10 John Stuart Mill, *Utilitarianism*(Indianapolis: Hackett Publishing Company, 2001), 10. 한국어판은 존 스튜어트 밀, 《공리주의》, 2008, 책세상.

11 로버트 노직의 《무엇이 가치 있는 삶인가*The Examined Life: Philosophical Meditations*》 (New York, Touchstone, 1989), 100쪽에서 인용했다. '경험 기계'에 대한 나머지 정보는 《무엇이 가치 있는 삶인가》, 99-108, 《아나키에서 유토피아로 Anarchy, State, and Utopia》 (New York, Basic Books 2013), 43-45쪽에서 인용.

12 Ed Diener and Shigehiro Oishi, "Are Scandinavians Happier than Asians? Issues in Comparing Nations on Subjective Well-Being," in Frank Columbus (editor), *Asian Economic and Political Issues: Volume* 10(Hauppauge, New York: Nova Science, 2004), 1 – 25; Shigehiro Oishi, Ed Diener, and Richard E. Lucas, "The Optimum Level of Well-Being: Can People Be Too Happy?" *Perspectives on Psychological Science* 2, no. 4 (2007): 346 – 60; Schumaker, *In Search of Happiness*.

13 이 문단에 나오는 분석은 대부분 노직의 《무엇이 가치 있는 삶인가》를 참조했다. 책에서 노직은 이렇게 쓴다. "우리는 실제 현실을 신경 쓴다. 망상 속이 아니라 현실과 긴밀하게 연결되어 있기를 바란다."《아나키에서 유토피아로》에서는 경험 기계를 선택하지 않는 세 가지 이유를 제시한다. 첫째, "우리는 그때그때 원하는 것을 하고 싶어 하기 때문이다." 둘째, "원하는 방식으로 살고 싶어 하기 때문이다." 셋째, "경험 기

계에 연결되면 제한된 세계에서 살아가게 되기 때문이다. 현실의 세계보다 더 심오하지도, 더 중요하지도 않은 그런 세계."

14 Richard M. Ryan and Edward L. Deci, "On Happiness and Human Potentials: A Review of Research on Hedonic and Eudaimonic Well-Being," *Annual Review of Psychology* 52, no. 1 (2001): 141-66; Veronika Huta and Alan S. Waterman, "Eudaimonia and Its Distinction from Hedonia: Developing a Classification and Terminology for Understanding Conceptual and Operational Definitions," *Journal of Happiness Studies* 15, no. 6 (2014): 1425-56; and Corey L. M. Keyes and Julia Annas, "Feeling Good and Functioning Well: Distinctive Concepts in Ancient Philosophy and Contemporary Science," *The Journal of Positive Psychology* 4, no. 3 (2009): 197-201. 또 연구자들은 사람들의 동기가 각기 다르다는 점도 지적했다. 어떤 사람들은 행복을 좇고 또 어떤 사람들은 의미를 좇아 산다. 이 동기가 생각과 행동을 결정짓는다. 행복에 대한 다양한 성향을 더 알고 싶다면 아래 자료를 참조하라. Christopher Peterson, Nansook Park, and Martin E. P. Seligman, "Orientations to Happiness and Life Satisfaction: The Full Life Versus the Empty life," *Journal of Happiness Studies* 6, no. 1 (2005): 25-41; Veronika Huta, "The Complementary Roles of Eudaimonia and Hedonia and How They Can Be Pursued in Practice," in Stephen Joseph (editor), *Positive Psychology in Practice: Promoting Human Flourishing in Work, Health, Education and Everyday Life*, second edition(Hoboken, New Jersey: John Wiley & Sons, 2015), 159-68; Veronika Huta, "An Overview of Hedonic and Eudaimonic Well-Being Concepts," in Leonard Reinecke and Mary Beth Oliver (editors), *Handbook of Media Use and Well-Being*, chapter 2(New York: Routledge, 2015); and Veronika Huta, "Eudaimonic and Hedonic Orientations: Theoretical Considerations and Research Findings," in Joar Vitters ø (editor), *Handbook of Eudaimonic Well-Being*(Dordrecht, Netherlands: Springer, 2016).

15 이 문단에서 쓰인 자료는 대부분 아래 책을 참조했다. 대런 맥마흔Darrin M. McMahon, 《행복의 역사*Happiness: A History*》(New York: Grove Press, 2006).

또 저자 맥마흔과 인터뷰를 진행하고 2014~2016년 사이 이메일을 주고받았다.

16 지그문트 프로이트Sigmund Freud,《문명 속의 불안*Civilization and Its Discontents*》(New York: W. W. Norton & Company, 1989), 25쪽. 프로이트는 개인적으로는 행복이 삶의 목적이라고 믿지 않았지만 사람들 대부분이 그렇다고 생각했다.

17 Michael F. Steger, Todd B. Kashdan, and Shigehiro Oishi, "Being Good by Doing Good: Daily Eudaimonic Activity and Well- Being," *Journal of Research in Personality* 42, no. 1 (2008): 22–42.

18 Darrin M. McMahon, *Happiness: A History*(New York: Grove Press, 2006), 218.

19 사회과학자들이 행복을 측정하는 여러 가지 도구가 있다. 가장 일반적인 도구는 소위 '주관적 안녕감 척도Subjective Well-Being Scale'로, 연구자들이 쾌락적 행복을 측정할 때 사용한다. Ryan and Deci, "On Happiness and Human Potentials" and Todd B. Kashdan, Robert Biswas-Diener, and Laura A. King, "Reconsidering Happiness: The Costs of Distinguishing between Hedonics and Eudaimonia," *The Journal of Positive Psychology* 3, no. 4 (2008): 219–33. 주관적 안녕감 척도는 두 개의 부척도로 이루어진다. 긍정적 정서와 부정적 정서를 측정하는 소위 파나스(PANAS) 척도, 그리고 설문 참가자에게 "나의 생활상태는 훌륭하다", "지금까지 나는 살면서 하고 싶은 중요한 일을 해왔다" 같은 항목에 점수를 매기는 방식으로 측정하는 삶의 만족도 척도이다. 행복을 측정하는 다른 방법이 궁금하다면 아래 자료 참조. Sonja Lyubomirsky and Heidi S. Lepper, "A Measure of Subjective Happiness: Preliminary Reliability and Construct Validation," *Social Indicators Research* 46, no. 2 (1999): 137–55; Daniel Kahneman, Alan B. Krueger, David A. Schkade, Norbert Schwarz, and Arthur A. Stone, "A Survey Method for Characterizing Daily Life Experience: The Day Reconstruction Method," *Science* 306, no. 5702 (2004): 1776–80; Daniel Kahneman, "Objective Happiness," in Daniel Kahneman, Edward Diener, and Norbert Schwarz (editors), *Well-Being: The Foundations of Hedonic Psychology*(New York: Russell Sage Foundation, 1999), 3–25; and Mihaly Csikszentmihalyi and Jeremy Hunter, "Happiness in Everyday Life: The Uses of Experience Sampling," *Journal of Happiness Studies* 4, no. 2 (2003): 185–99. 이 같은 행

복 측정법은 쾌락적 행복을 측정하지만, 다른 연구자들은 행복을 더 광의의 개념으로 정의한다. 가령, 셀리그만은 《긍정심리학》에서 행복은 긍정적 감정 상태, 삶에 대한 열정, 의미 등 세 가지 기둥에서 생겨난다고 주장한다. 후에 셀리그만은 관계와 성취의 기둥을 추가했고, 이 새로운 모델을 '진정한 행복'보다는 '행복 이론' 또는 '번영'이라고 이름 붙였다(마틴 셀리그만의 《플로리시》 참조). 흥미롭게도 심리학자들이 행복을 긍정적 상태와 감정을 넘어선 더 큰 개념으로 정의할 때 행복 이외의 단어, 가령 번영 내지 심리적 안녕이라는 단어를 사용하는 경향이 있다.

20 어떤 사람들은 쾌락 중심의 행복, 헤도니아와 의미를 추구하면서 얻는 행복 에우다이모니아가 실제로 행복의 두 가지 다른 형태라고 말할지도 모른다. 하지만 사회 전체에서 이해하는 행복은 즐겁고 긍정적인 감정 상태인 반면 의미 있는 삶을 살면서 느끼는 행복은 스트레스가 따르며 부정적 감정으로 가득하기 때문에, 나는 두 가지 종류의 행복을 구분하기로 했다. 또한 '의미'와 에우다이모니아'를 번갈아 사용했는데, 내가 정의하는 의미가 본질적으로 이 장 곳곳에서 인용한 다양한 원문에서 정의된 에우다이모니아의 여러 측면을 아우르기 때문이다.

21 아리스토텔레스 관련 내용은 다음 자료를 참조했다. Aristotle, *The Nicomachean Ethics*, translated by David Ross(Oxford: Oxford University Press, 2009); *Stanford Encyclopedia of Philosophy* entry "Aristotle's Ethics," plato.stanford. edu/entries/aristotle-ethics/; author interview with philosopher Julia Annas on September 23, 2014, and subsequent email exchanges; and McMahon, *Happiness*.

22 줄리아 애너스가 인터뷰에서 지적한 것처럼 철학자들은 '행복'이라는 단어가 아리스토텔레스가 뜻한 '에우다이모니아'를 논의하기에 적절치 않다고 생각하는 경향이 있다. Rosalind Hursthouse, *On Virtue Ethics*(Oxford: Oxford University Press, 1999) 10.

23 Aristotle, *The Nicomachean Ethics*, 6.

24 또 아리스토텔레스는 번영하기 위해서는 우선 재산, 친구, 행운, 건강 같은 외적 조건이 최소한의 수준으로 충족되어야 한다고 믿었다.

25 다음 자료 참조. Ryan and Deci, "On Happiness and Human Potentials" Huta and Waterman, "Eudaimonia and Its Distinction from Hedonia" Carol D. Ryff, "Psychological Well-Being Revisited: Advances in the Science and Practice of Eudaimonia," *Psychotherapy and Psychosomatics* 83, no. 1 (2013): 10–28; and Steger et al., "Being Good by Doing Good."

26 특히 심리학자들은 헤도니아를 쾌락, 긍정적 감정, 편안함. 고통과 부정적 감성이 없는 상태, 즐거움 등으로 정의한다.

27 Steger et al., "Being Good by Doing Good."

28 Veronika Huta and Richard M. Ryan, "Pursuing Pleasure or Virtue: The Differential and Overlapping Well-Being Benefits of Hedonic and Eudaimonic Motives," *Journal of Happiness Studies* 11, no. 6 (2010): 735–62.

29 Michael F. Steger, "Meaning in Life: A Unified Model," in Shane J. Lopez and Charles R. Snyder (editors), *The Oxford Handbook of Positive Psychology*, third edition(Oxford: Oxford University Press, in press); and Roy Baumeister, *Meanings of Life*(New York: The Guilford Press, 1991).

30 Roy F. Baumeister, Kathleen D. Vohs, Jennifer L. Aaker, and Emily N. Garbinsky, "Some Key Differences between a Happy Life and a Meaningful Life," *The Journal of Positive Psychology* 8, no. 6 (2013): 505–16.

31 연구자들은 누가 삶의 의미를 많이 느끼고 행복도가 낮은지, 또 누가 행복도가 높고 삶의 의미를 적게 느끼는지 측정하지 않았다. 대신 각 개인이 스스로의 삶이 얼마나 의미 있고 행복하다고 말하는지, 또 이런 변수들이 각각 어떤 상관관계가 있는지 평가했다. 연구자들은 이렇게 기록했다. "의미 있는 삶과 행복은 긍정적 상관관계가 있으므로 공통점이 많다. 타인과의 유대감, 어떤 일을 해냈다는 성취감, 혼자가 아니며 외롭지 않다는 느낌 등의 많은 요인은 의미와 행복에 비슷하게 영향을 준다. 하지만 두 가지는 구분되며, 이 연구의 목적은 행복과 의미 있는 삶의 관련 요인 간 주요한 차이를 밝히는 것이다.

32 약 3000명으로 이루어진 다섯 개의 데이터 집합을 분석한 결과, 베로니카 후타는 응답자의 33퍼센트가 행복도는 높고 삶의 의미는 낮았고, 26퍼센트가 삶의 의미는 높고 행복도는 낮았으며, 20퍼센트는 둘 다 높고, 20퍼센트는 둘 다 낮았다. 즉 의미와 행복은 실제로 다르다는 사실을 알 수 있다. 2014년 10월 28일 저자에게 이메일 문의한 내용이다.

33 독자들은 데르비시(dervish)라는 철자에 더 익숙할 것이다. '빙글빙글 도는 데르비시'에서처럼. '다르비시(darvish)'는 페르시아어를 음역한 철자이다.

34 찰스 테일러Charles Taylor는 《*A Secular Age*》(Cambridge: Belknap Press, 2007)에서 서구 역사에서 종교의 절대적 권위는 결국 세속화에 밀려났고, 의미 있는 삶을 사는 한 가지 방법인 종교 활동 역시 선택의 문제가 되었다고 말한다.

35 Tobin Grant, "Graphs: 5 Signs of the 'Great Decline' of Religion in America," Religion News Service, August 1, 2014. 그랜트는 책에서 이렇게 말했다. "미국에서 신앙심은 이른바 '엄청난 쇠퇴기'를 겪고 있다. 이전의 쇠퇴는 그에 비하면 아무것도 아닐 정도다. 지난 50년 동안 신앙인은 1960년대와 1970년대와 비교해 2배 이상 줄었으며, 2013년에는 역대 최저치를 기록했다." Tobin Grant, "The Great Decline: 61 Years of Religiosity in One Graph, 2013 Hits a New Low," Religion News Service, August 5, 2014. 종교의 약화에 대한 더 심층적인 학계의 논의가 궁금하다면 다음 참조. Tobin J. Grant, "Measuring Aggregate Religiosity in the United States, 1952‒2005," *Sociological Spectrum* 28, no. 5 (2008): 460‒76.

36 찰스 테일러는 《*A Secular Age*》에서 이렇게 썼다. "우리 사회 전반에는 초월적 존재의 영향이 퇴색하면서 무언가를 잃어 버렸을지도 모른다는 생각이 퍼져 있다." 107쪽.

37 내가 대학을 다닐 때도 그랬지만 오늘날 많은 대학의 철학과에서도 여전한 현실이다. 지난 10년 사이 의미, 좋은 삶, 강단 철학의 장점에 대한 연구가 늘어나기 시작했다. 대표적인 작가로는 Julia Annas, Susan Wolf, Kristján Kristjánsson, Nancy Snow, Franco Trivigno 등이 있다. 의미에 대한 질문을 멈춘 철학계의 이야기(더 넓게는 인문학)는 아래 책 참조. 철학과 심리학에 대한 책 《*The Happiness Hypothesis*》(New York: Basic Books, 2006)의 저자인 사회 과학자 조너선 하이트Jonathan Haidt는 다른 책에서 이렇게 쓴다. 대학에 가서 "삶의 의미를 탐구하는 데 집중하면서 철학 공부가 도움이 되겠다고 생각했다. 실망스러웠다. 철학은 존재와 깨달음에 대한 많은 근본적인 질문에 답을 줬지만, '삶의 의미는 무엇인가?'라는 질문은 결코 나오지 않았다." 수전 울프Susan Wolf 《삶이란 무엇인가*Meaning in Life and Why It Matters*》(Princeton: Princeton University Press, 2010) 93쪽에서 인용함.

38 이어지는 몇 문단은 대부분 크론먼Kronman의 《*Education's End*》를 참고했다. 크론먼은 책 46쪽에서 삶의 의미라는 주제는 "연구 목표와 정치적 정당성의 요구라는 압력에 부딪혀 대학에서 추방당했다."고 말한다. 일부 자료는 Alex Beam,

A Great Idea at the Time: The Rise, Fall, and Curious Afterlife of the Great Books(New York: PublicAffairs, 2008)를 참조했다.

39 크론먼과 빔에 의하면 정치적 정당성, 다문화주의, 도덕적 상대주의 등이 의미 탐구가 학계에서 추방된 이유였다.

40 물론 예외적인 경우도 있다. 일부 학교는 지금도 학생들에게 인문학 교육을 한다. 컬럼비아 대학교의 '코어 커리큘럼Core Curriculum', 예일 대학교의 '지도 연구 프로그램Directed Studies program', 세인트존스 칼리지의 커리큘럼이 대표적이다. 교육 개혁가들이 연구 중심 교육이 인문학 중심 교육을 약화시키는 현실에 어떻게 저항하는지 궁금하다면 빔과 크론먼의 책을 참조하라.

41 Dan Berrett, "A Curriculum for the Selfie Generation," *The Chronicle of Higher Education*, June 6, 2014. 예일신앙과문화연구소 소장이자 연구소의 '살 만한 삶Life Worth Living' 프로그램 개발자인 미로슬라브 볼프Miroslav Volf와 인터뷰를 통해 대학에서 의미에 다시 집중하는 현상에 대해 이야기를 나눴다(2014년 9월 24일). 좋은 삶에 대한 질문은 철학계와 문학계에서도 다시 집중하는 주제다. James O. Pawelski and D. J. Moores (editors), *The Eudaimonic Turn: Well-Being in Literary Studies*(Madison, New Jersey: Fairleigh Dickinson University Press, 2013).

42 저자 키스Keyes는 연구 결과, 의미가 행복보다 정신 질환 예방에 더 효과적이라는 사실을 확인할 수 있었다. 2016년 3월 31일 보낸 이메일에서 설명했다. 또한 에우다이모니아가 헤도니아보다 죽음의 더 강한 보호 장치 역할을 해준다고 말했다. Barbara L. Fredrickson, Karen M. Grewen, Kimberly A. Coffey, Sara B. Algoe, Ann M. Firestine, Jesusa M. G. Arevalo, Jeffrey Ma, and Steven W. Cole, "A Functional Genomic Perspective on Human Well-Being," *Proceedings of the National Academy of Sciences* 110, no. 33 (2013): 13684–89. 또 앞서 말했다시피 행복을 좇는 삶은 사람을 불행하게 만들 수 있다. 반면 친절한 행동을 하거나 감사를 표하거나 중요한 목표를 정하거나 대인관계를 돈독히 하는 등 의미를 추구하는 행동은 행복도를 높인다는 사실을 증명하는 연구가 있다. 그 연구를 살펴보고 싶다면 다음 자료 참조. Lyubomirsky, *The How of Happiness*.

1 듀런트의 전기 자료는 듀런트의 아래 책을 참조했다. Will Durant, *Fallen Leaves: Last Words on Life, Love, War, and God*(New York: Simon & Schuster, 2014, 한국어판은 윌 듀런트, 《노년에 대하여》, 2008, 민음사); *On the Meaning of Life*(Dallas, Texas: Promethean Press, 2005); *Transition: A Mental Autobiography*(New York: Touchstone, 1955); and Will and Ariel Durant, *A Dual Autobiography*(New York: Simon & Schuster, 1977).

2 Martin E. P. Seligman, *The Optimistic Child: A Proven Program to Safeguard Children Against Depression and Build Lifelong Resilience*(Boston: Houghton Mifflin, 2007). 한국어판은 마틴 셀리그만, 《자녀에게 줄 최상의 선물은 낙관적인 인생관이다》, 2000, 오리진.

3 Laura A. Pratt, Debra J. Brody, and Qiuping Gu, "Antidepressant Use in Persons Aged 12 and Over: United States, 2005–2008," National Center for Health Statistics Data Brief No. 76, October 2011.

4 Cited in T. M. Luhrmann, "Is the World More Depressed?" *New York Times*, March 24, 2014.

5 David M. Cutler, Edward L. Glaeser, and Karen E. Norberg, "Explaining the Rise in Youth Suicide," in Jonathan Gruber (editor), *Risky Behavior Among Youths: An Economic Analysis*(Chicago: University of Chicago Press, 2001), 219–70.

6 Sabrina Tavernise, "U.S. Suicide Rate Surges to a 30-Year High," *New York Times*, April 22, 2016. 오늘날 자살률은 10만 명당 13명꼴이다. 참고로 미국에서는 대공황 시기였던 1931년 자살률이 최고치를 기록했으며(10만 명당 22.1명), 2000년에 가장 낮았다(10만 명당 10.4명). Sabrina Tavernise, "CDC: US Suicide Rate Hits 25-Year High," Associated Press, October 8, 2014; Feijun Luo, Curtis S. Florence, Myriam Quispe-Agnoli, Lijing Ouyang, and Alexander E. Crosby, "Impact of Business Cycles on US Suicide Rates, 1928–2007," *American Journal of Public Health* 101, no. 6 (2011): 1139–46; and Tony Dokoupil, "Why Suicide Has Become an Epidemic—And What We Can Do to Help,"

Newsweek, May 23, 2013.

7 "Suicide: Facts at a Glance," Centers for Disease Control, cdc.gov/
violenceprevention/pdf/suicide_factsheet-a.pdf.

8 세계보건기구는 약 매년 80만 명 이상이 스스로 목숨을 끊는다고 추정한다. "Suicide
Data," who.int/mental_health/prevention/suicide/suicideprevent/en/.

9 Shigehiro Oishi and Ed Diener, "Residents of Poor Nations Have a Greater
Sense of Meaning in Life than Residents of Wealthy Nations," *Psychological
Science* 25, no. 2 (2014): 422 – 30.

10 세계보건기구의 자살률 통계, "Suicide Rates Data by Country," http://apps.who.
int/gho/data/node.main.MHSUICIDE?lang=en.

11 Maia Szalavitz, "Why the Happiest States Have the Highest Suicide Rates,"
Time, April 25, 2011.

12 이 결과는 미국을 대표하는 성인 표본 집단을 대상으로 한 질병관리본부의 연구를
바탕으로 한 것이다. 연구자들은 미국인의 4분의 1이 "나는 무엇이 내 삶을 의미 있
게 만드는지 잘 알고 있다"라는 서술에 강하게 또는 적당히 부정하거나 중립적으로
답했음을 확인했다. 또 40퍼센트가 "나는 만족스러운 삶의 목적을 찾았다"라는 서
술에 강하게 또는 적당히 부정하거나 중립적으로 답했음을 확인했다. Rosemarie
Kobau, Joseph Sniezek, Matthew M. Zack, Richard E. Lucas, and Adam Burns,
"Well-Being Assessment: An Evaluation of Well-Being Scales for Public
Health and Population Estimates of Well-Being among US Adults," *Applied
Psychology: Health and Well-Being* 2, no. 3 (2010): 272 – 97.

13 Huston Smith, *The World's Religions* (New York: HarperCollins, 1991), 276.

14 톨스토이의 생애에 대한 자료는 다음 자료를 참조했다. Leo Tolstoy, *A Confession*,
as translated by David Patterson (New York: W. W. Norton & Company,
1983); Rosamund Bartlett, *Tolstoy: A Russian Life* (New York: Houghton
Mifflin Harcourt, 2011); A. N. Wilson, *Tolstoy* (New York: W. W. Norton &
Company, 1988); and Gary Saul Morson, "Leo Tolstoy," Britannica.com.

15 톨스토이 전기에서 윌슨Wilson은 톨스토이가 《참회록*A Confession*》에서 한 자신
의 생애에 대한 반성적 평가를 에누리해서 들어야 한다고 지적한다. 분명 톨스토이
는 정신적 위기를 겪기 전에 의미와 도덕성의 문제를 놓고 씨름했다. 하지만 이 시기

쯤 의미의 위기를 겪은 것 또한 사실이다.

16 카뮈의 생애와 생각에 대한 이야기는 다음 책을 참조했다. Robert Zaretsky, *A Life Worth Living: Albert Camus and the Quest for Meaning*(Cambridge, Massachusetts: Belknap Press, 2013); Olivier Todd, *Albert Camus: A Life*(New York: Carroll & Graf, 2000); and Albert Camus, *The Myth of Sisyphus and Other Essays*(New York: Vintage International, 1991).

17 Terry Eagleton이 지적한 말로 Zaretsky, *A Life Worth Living*에 인용되었다.

18 John-Paul Sartre, *Existentialism and Human Emotions*(New York: Citadel, 1987), 49.

19 이 부분 인용이 다소 두서없이 되어 있다. 우선 왕자가 여우와 만나고, 왕자가 여우를 길들이고 여우는 왕자에게 왜 길들인 대상을 영원히 책임져야 하는지 가르쳐 준다. 그후 여우는 왕자에게 장미 정원으로 돌아가면 왕자가 살았던 별에 있던 장미가 왜 특별한지 이유를 알 수 있을 것이라고 말한다. 왕자가 돌아오자 여우는 왕자에게 자신이 길들인 대상을 영원히 책임져야 한다고 말한다. 하지만 사실 왕자가 장미 정원의 장미를 보았을 때 이미 그 사실을 깨달았다.

20 Michael I. Norton, Daniel Mochon, and Dan Ariely, "The 'IKEA Effect': When Labor Leads to Love," *Journal of Consumer Psychology* 22, no. 3 (2012): 453–60.

21 Gene Smiley, "Great Depression," from *the Concise Encyclopedia of Economics*, econlib.org/library/Enc/GreatDepression.html.

22 Luo et al., "Impact of Business Cycles on US Suicide Rates, 1928–2007."

23 실직율과 자살률 사이 상관관계는 충분히 증명되었다. 이 주제에 대한 몇 가지 연구 사례를 보고 싶다면 다음 논문 참조. Glyn Lewis and Andy Sloggett, "Suicide, Deprivation, and Unemployment: Record Linkage Study," *British Medical Journal* 317, no. 7168 (1998): 1283–86; Stephen Platt, "Unemployment and Suicidal Behaviour: A Review of the Literature," *Social Science & Medicine* 19, no. 2 (1984): 93–115; and A. Milner, A. Page, and A. D. Lamontagne, "Cause and Effect in Studies on Unemployment, Mental Health and Suicide: A Meta-analytic and Conceptual Review," *Psychological Medicine* 44, no. 5 (2014): 909–17.

24 David Friend and the Editors of Life, *The Meaning of Life: Reflections in Words and Pictures on Why We Are Here*(Boston: Little, Brown and Company, 1991).

2장

1 나는 2013년 5월 27일, 그리고 그해 11월 15~16일에 탕헤르 섬을 찾았다. 그 두 번의 방문에서 한 경험을 하나의 이야기로 쓴 것이다. 2015년 9월 8일에는 에드 워드 프로이트와 인터뷰를 했다. 또 탕헤르 섬에 대한 이야기를 쓰기 위해 다음 자 료들을 참조했다. Kirk Mariner, *God's Island: The History of Tangier*(New Church, Virginia: Miona Publications, 1999); Kate Kilpatrick, "Treasured Island," *Aljazeera America*, May 11, 2014; "As Bones of Tangier Island's Past Resurface, Chesapeake Bay Islanders Fret about Their Future," Associated Press, April 23, 2013; and Harold G. Wheatley, "This Is My Island, Tangier," *National Geographic*, November 1973.

2 Nathaniel M. Lambert, Tyler F. Stillman, Joshua A. Hicks, Shanmukh Kamble, Roy F. Baumeister, and Frank D. Fincham, "To Belong Is to Matter: Sense of Belonging Enhances Meaning in Life," *Personality and Social Psychology Bulletin* 39, no. 11 (2013): 1418–27.

3 Roy F. Baumeister and Mark R. Leary, "The Need to Belong: Desire for Interpersonal Attachments as a Fundamental Human Motivation," *Psychological Bulletin* 117, no. 3 (1995): 497–529.

4 이 부분의 자료는 아래 책과 자료를 참조했다. Deborah Blum, *Love at Goon Park: Harry Harlow and the Science of Affection*(New York: Basic Books, 2011), 31–60; Robert Karen, *Becoming Attached: First Relationships and How They Shape Our Capacity to Love*(Oxford: Oxford University Press, 1998), 13–25; and RenéSpitz, *Grief: A Peril in Infancy*, a 1947 video, canal-u.tv/video/cerimes/absence_maternelle_et_traumatisme_de_l_enfance.10347. 존 왓슨 의 *Psychological Care of Infant and Child*에 대한 자세한 내용은 다음 자료 참 조. Ann Hulbert, "He Was an Author Only a Mother Could Love," *Los Angeles*

Times, May 11, 2003.

5 몇몇 의사와 심리학자들은 아이들에게 정서적 돌봄이 필요하다고 생각했다. 그중 한 명이 1930년대에 뉴욕의 벨뷰종합병원Bellevue Hospital에서 소아과 과장을 지낸 소아과 의사 해리 보킨Harry Bawkin이었다. 보킨은 자신의 환자였던 유아들의 건강에 지대한 영향을 미친 몇 가지 변화를 도입했다. 우선 아이들을 애정으로 돌보라는 다음과 같은 표지판을 부착했다. "이 병실에 들어가면 반드시 아기를 즐겁게 해줄 것." 보킨의 지도하에 "간호사들은 아이들을 어머니처럼 돌보고 안아주며 즐겁게 놀아줘야 했고, 부모도 아이의 병실을 방문하게 했다. 이 같은 정책 변화의 효과는 상당했다. 감염 가능성이 올라갔음에도 1세 이하 유아의 사망률은 30~35퍼센트에서 10퍼센트 이하로 감소했다." 보킨의 이런 생각은 한참이 지나서야 학계에서 타당한 이론으로 인정을 받았다. 이는 상당 부분 레네 슈피츠 덕분이다.

6 René A. Spitz, "Hospitalism: An Inquiry into the Genesis of Psychiatric Conditions in Early Childhood," *The Psychoanalytic Study of the Child* 1 (1944): 53-74; and René A. Spitz, "Hospitalism: A Follow-up Report," *The Psychoanalytic Study of the Child* 2 (1946), 113-17. 로버트 캐런Robert Karen이 *Becoming Attached*에서 설명하는 것처럼 슈피츠의 방법론은 당시 심리학 연구 대부분의 방법론이 그랬던 것처럼 이 연구에서 결함이 있었다. 하지만 후에 존 볼비John Bowlby, 해리 할로우Harry Harlow 같은 학자들이 영유아에게 보살핌과 애정이 부족할 때 생기는 부정적 결과를 연구를 통해 확인했다.

7 이 가슴 아픈 영상은 다음 링크에서 볼 수 있다. canal- u.tv/video/cerimes/absence_maternelle_et_ traumatisme_de_l_enfance.10347.

8 John T. Cacioppo and William Patrick, *Loneliness: Human Nature and the Need for Social Connection*(New York: W. W. Norton & Company, 2008).

9 Cacioppo and Patrick, *Loneliness*, 5.

10 "Loneliness among Older Adults: A National Survey of Adults 45+," a report prepared by Knowledge Networks and Insight Policy Research for *AARP: The Magazine*, September 2010.

11 덧붙이자면, 조사에서 응답자들에게 지난 6개월간 중요한 문제를 상의한 사람이 몇 명이었느냐고 질문했다. Miller McPherson, Lynn Smith- Lovin, and Matthew E. Brashears, "Social Isolation in America: Changes in Core Discussion

Networks over Two Decades," *American Sociological Review* 71, no. 3 (2006): 353-75. 연구자들은 해당 조사 결과에서 사회적 고립의 상승세가 실제보다 높게 나왔다고 믿지만, 1985년에서 2004년까지 사회적 고립률이 70퍼센트까지 증가했다는 사실을 확인했다. McPherson, Smith-Lovin, and Brashears, "Models and Marginals: Using Survey Evidence to Study Social Networks," *American Sociological Review* 74, no. 4 (2009): 670-81에 인용된 내용이다. 일부 연구자들은 맥퍼슨과 동료들이 발견한 사회적 고립의 정도에 이의를 제기했지만, 관련 자료들은 대부분 사회적 유대가 악화되고 있다는 사실을 뒷받침한다. Robert D. Putnam, *Bowling Alone: The Collapse and Revival of American Community*(New York: Simon & Schuster, 2000).

12 Nathaniel M. Lambert, Tyler F. Stillman, Roy F. Baumeister, Frank D. Fincham, Joshua A. Hicks, and Steven M. Graham, "Family as a Salient Source of Meaning in Young Adulthood," *The Journal of Positive Psychology* 5, no. 5 (2010): 367-76; Peter Ebersole, "Types and Depth of Written Life Meanings," in Paul T. P. Wong and Prem S. Fry (editors), *The Human Quest for Meaning: A Handbook of Psychological Research and Clinical Applications*(Mahwah, New Jersey: Lawrence Erlbaum Associates, Publishers, 1998); and Dominique Louis Debats, "Sources of Meaning: An Investigation of Significant Commitments in Life," *Journal of Humanistic Psychology* 39, no. 4 (1999): 30-57.

13 Tyler F. Stillman, Roy F. Baumeister, Nathaniel M. Lambert, A. Will Crescioni, C. Nathan DeWall, and Frank D. Fincham, "Alone and Without Purpose: Life Loses Meaning Following Social Exclusion," *Journal of Experimental Social Psychology* 45, no. 4 (2009): 686-94.

14 Émile Durkheim, *Suicide: A Study in Sociology*(New York: Free Press, 1971). 한국어판은 에밀 뒤르켐, 《에밀 뒤르켐의 자살론》, 2008, 청아출판사.

15 Oishi and Diener, "Residents of Poor Nations Have a Greater Sense of Meaning in Life than Residents of Wealthy Nations."

16 종교가 의미에 미치는 영향은 대단히 강했으며, 몇몇 나라에서는 이 연구의 일반적 경향, 즉 더 부유한 나라가 삶의 의미가 더 적다고 느끼는 경향이 반대였다. 아랍에미

리트 같은 부유한 나라에서는 비교적 삶을 더 의미 있다고 느낀다는 결과가 나왔고, 아이티 같은 일부 가난한 나라에서는 주민들 중 종교인의 비율을 근거로 했을 때 비교적 삶의 의미가 적다고 생각한다는 결과가 나왔다. 하지만 종교인의 비율이 같은 두 나라를 비교하면 더 가난한 나라의 국민들이 부유한 나라의 국민들보다 삶의 의미를 더 크게 느끼며 그 반대도 마찬가지다. 앞에서 언급한 다른 사회적 요인들 때문이다.

17 Jean M. Twenge, Brittany Gentile, C. Nathan DeWall, Debbie Ma, Katharine Lacefield, and David R. Schurtz, "Birth Cohort Increases in Psychopathology among Young Americans, 1938–2007: A Cross-Temporal Meta-analysis of the MMPI," *Clinical Psychology Review* 30, no. 2 (2010): 145–54.

18 Richard Eckersley and Keith Dear, "Cultural Correlates of Youth Suicide," *Social Science & Medicine* 55, no. 11 (2002): 1891–1904. 개인주의와 청소년 자살의 연관성은 남성들 사이에서 강하고 여성들에게서는 더 약하다.

19 Putnam, *Bowling Alone*, 283.

20 Mona Chalabi, "How Many Times Does the Average Person Move?" FiveThirtyEight, January 29, 2015.

21 Carl Bialik, "Seven Careers in a Lifetime? Think Twice, Researchers Say," *Wall Street Journal*, September 4, 2010.

22 2015년 9월 26일.

23 이 부분의 정보는 하워드 페인Howard Fein, 이름 등의 정보를 밝히지 말라고 부탁한 제임스James라는 이름의 남성을 비롯해 클리블랜드의 행사 참여자들과 한 인터뷰에서 따왔다. 또 2015년 가을 앤아버의 SCA 회원들 몇 명과도 인터뷰를 진행했다. 대표적으로 2015년 9월 11일에 만난 케이 재럴Kay Jarrell, 9월 21일에 만난 캐럴과 맷 레이지먼Carol and Matt Lagemann이 있다. 또 9월 16일에는 시카고에 거주하는 캐트 다이어Kat Dyer와 전화 인터뷰를, 9월 23일에는 SCA 창단자 중 한 명인 다이애나 팩슨Diana Paxson과 인터뷰를 진행했다.

24 Roy F. Baumeister and Brad J. Bushman, *Social Psychology and Human Nature: Brief Version*(Belmont, California: Thomson Wadsworth, 2008), chapter 10.

25 Baumeister and Bushman, *Psychology and Human Nature*, in particular

chapter 10; and Angela J. Bahns, Kate M. Pickett, and Christian S. Crandall, "Social Ecology of Similarity: Big Schools, Small Schools and Social Relationships," *Group Processes & Intergroup Relations* 15, no. 1 (2012): 119 – 31. There are also other determinants of friendship formation, such as opening up to another person. See Karen Karbo, "Friendship: The Laws of Attraction," *Psychology Today*, November 1, 2006.

26 어쨌든 회원들 대부분이 그랬다. SCA 회원 하나는 모임 안에서 다른 회원들에게 계속해서 무례하게 군 회원의 이야기를 해줬다. 결국 그 회원에서 모임에서 퇴출됐다.

27 양질의 관계 맺기에 대한 자료는 다음 책을 참조했다. Jane E. Dutton, *Energize Your Workplace: How to Create and Sustain High-Quality Connections at Work*(San Francisco: Jossey-Bass, 2003); Jane E. Dutton and Emily D. Heaphy, "The Power of High-Quality Connections," in Kim S. Cameron, Jane E. Dutton, and Robert E. Quinn (editors), *Positive Organizational Scholarship: Foundations of a New Discipline*(San Francisco: Berrett-Koehler, 2003), 263 – 78. 또한 2014년 4월 2일 제인 더턴과 저자 인터뷰를 진행했다. 더턴의 책은 직장에서 관계 맺기를 중점적으로 다루지만 그런 관계 맺기는 직장 밖에서도 일어난다.

28 조너선은 펜실베이니아 대학교 긍정심리학 프로그램을 함께 수강한 나의 동기이자 친구로, 2013년 수업에서 이 이야기를 해줬다. 그 후 2015년 10월 18일에 조너선과 추가 인터뷰를 진행했다.

29 Stillman et al., "Alone and Without Purpose" and Jean M. Twenge, Kathleen R. Catanese, and Roy F. Baumeister, "Social Exclusion and the Deconstructed State: Time Perception, Meaninglessness, Lethargy, Lack of Emotion, and Self-Awareness," *Journal of Personality and Social Psychology* 85, no. 3 (2003): 409 – 423; and Kristin L. Sommer, Kipling D. Williams, Natalie J. Ciarocco, and Roy F. Baumeister, "When Silence Speaks Louder than Words: Explorations into the Intrapsychic and Interpersonal Consequences of Social Ostracism," *Basic and Applied Social Psychology* 23, no. 4 (2001): 225 – 43.

30 Twenge et al., "Social Exclusion and the Deconstructed State."

31 Stillman et al., "Alone and Without Purpose."

32 Kipling D. Williams, *Ostracism: The Power of Silence* (New York, The Guilford Press, 2001). 다만 윌리엄스는 2016년 4월 1일 나에게 보낸 이메일에서 사람들이 다른 사람을 따돌리는 일에서 의욕을 얻고 이런 일이 정당하고 느낄 경우에 따돌리는 당사자가 실제로 힘을 얻을지도 모른다고 지적했다.

33 Jane E. Dutton, Gelaye Debebe, and Amy Wrzesniewski, "Being Valued and Devalued at Work: A Social Valuing Perspective," in Beth A. Bechky and Kimberly D. Elsbach (editors), *Qualitative Organizational Research: Best Papers from the Davis Conference on Qualitative Research*, volume 3 (Charlotte, North Carolina: Information Age Publishing, 2016).

34 이 연구에서는 구체적으로 '사회적 인정'을 측정했다. 더턴은 유대감과 사회적 인정을 구분하는데, 유대감은 한 집단의 일원이라는 느낌이고 사회적 인정은 가치 있는 사람이라고 대우받는 느낌이라고 주장한다. 나는 유대감을 두 가지 개념으로 정의하고 싶은데, 한 집단이나 관계의 일부라고 느낄 뿐 아니라 사람들이 중요하고 가치 있는 사람이라고 대우해 줄 때 비로소 유대감을 느낄 수 있다.

35 Amy Wrzesniewski and Jane E. Dutton, "Crafting a Job: Revisioning Employees as Active Crafters of Their Work," *Academy of Management Review* 26, no. 2 (2001): 179 – 201.

36 이 정보는 2010년 4월 8일 PBS에서 방영한 데이빗 그루빈 감독의 다큐멘터리 영화 〈붓다The Buddha〉와 Sister Vajirā and Francis Story, Last days of the Buddha: Mahāāparinibbāna Sutta(Kandy, Sri Lanka:Buddhist Publication Society, 2007)을 참조했다. 인용문에서 'Nibhana'를 'Nirvana'로 수정했다.

3장

1 2015년 10월 8일 저자와 인터뷰한 내용.

2 애슐리와 인터뷰한 내용 외에 이 부분에 나오는 정보는 2015년 10월 8일 디트로이트 동물원 생명과학 책임자 스콧 카터와 인터뷰, 10월 7일 디트로이트 동물원의 최고 경영자 론 케이건과 인터뷰한 내용을 바탕으로 한 것이다. 또한 다음 책도 참조하였다. Vicki Croke, *The Modern Ark: The Story of Zoos: Past, Present, and Future* (New York: Simon & Schuster, 2014).

3   Stuart J. Bunderson and Jeffery A. Thompson, "The Call of the Wild: Zookeepers, Callings, and the Double- Edged Sword of Deeply Meaningful Work," *Administrative Science Quarterly* 54, no. 1 (2009): 32 – 57.

4   William Damon, Jenni Menon, and Kendall Cotton Bronk, "The Development of Purpose during Adolescence," *Applied Developmental Science* 7, no. 3 (2003): 119 – 28. 책의 세 저자는 세 번째 차원도 언급한다. "의미와는 달리(그 의미가 특정한 목표를 향할 수도 아닐 수도 있지만) 목적은 언제나 그 사람이 이룰 수 있는 성취를 향해 있다." (121). 내가 보기에 목적이 첫 번째 차원, 즉 장기 목표는 이 세 번째 차원을 수반한다.

5   Eva H. Telzer, Kim M. Tsai, Nancy Gonzales, and Andrew J. Fuligni, "Mexican American Adolescents' Family Obligation Values and Behaviors: Links to Internalizing Symptoms across Time and Context," *Developmental Psychology* 51, no. 1 (2015): 75 – 86.

6   이 논문은 목표와 목적, 의미 있는 삶의 상호관계를 조사한다: Robert A. Emmons, "Personal Goals, Life Meaning, and Virtue: Well-springs of a Positive Life," in Cory L. M. Keyes and Jonathan Haidt (editors), *Flourishing: Positive Psychology and the Life Well- Lived*(Washington, DC: American Psychological Association), 105 – 28; David S. Yeager and Matthew J. Bundick, "The Role of Purposeful Work Goals in Promoting Meaning in Life and in Schoolwork during Adolescence," *Journal of Adolescent Research* 24, no. 4 (2009): 423 – 52.

7   이 연구에서 의미 있는 삶을 사는 것을 삶의 만족도와 결부했다. 연구자들은 참가자들에게 목적과 관련한 다음과 같은 질문을 던짐으로써 의미를 측정했다: "나는 삶의 숭고한 목적을 지니고 있다." "나는 이 세상을 더 나아지게 만들 책임이 있다."

8   Todd B. Kashdan and Patrick E. McKnight, "Origins of Purpose in Life: Refining Our Understanding of a Life Well Lived," *Psychological Topics* 18, no. 2 (2009): 303 – 13.

9   William Damon, *The Path to Purpose: How Young People Find Their Calling in Life*(New York: Simon & Schuster, 2009).

10 David S. Yeager, Marlone D. Henderson, David Paunesku, Gregory M. Walton,

Sidney D'Mello, Brian J. Spitzer, and Angela Lee Duckworth, "Boring but Important: A Self-Transcendent Purpose for Learning Fosters Academic Self- Regulation," *Journal of Personality and Social Psychology* 107, no. 4 (2014): 559 – 80.

11 Martha L. Sayles, "Adolescents' Purpose in Life and Engagement in Risky Behaviors: Differences by Gender and Ethnicity," PhD dissertation, ProQuest Information & Learning, 1995, cited in Damon et al., "The Development of Purpose During Adolescence."

12 Damon, *The Path to Purpose*, 60. 2006년 초반에 나온 데이터를 분석한 결과 데이먼과 동료들은 인터뷰에 응한 청소년 20퍼센트만이 목적의식을 가지고 있다는 사실을 발견했다. 25퍼센트는 전혀 아무런 목적이 없다고 이야기했으며, 남은 참가자들은 목적은 있지만 그 목적을 어떻게 이뤄야 할지 모르는 '몽상가'이거나 몇 가지 목적을 정하고 노력해 봤지만 자신이 왜 일을 하는지 확실히 알지 못하는 '작심삼일파'였다.

13 Damon, *The Path to Purpose*, 60.

14 2014년 12월 10일, 2015년 1월 15일 저자 인터뷰 내용.

15 다음 논문에서는 1980년대부터 1990년대 중반 사이 범죄의 지표 대부분이 상승했음을 보여준다. Patrick A. Langan and Matthew R. Durose, "The Remarkable Drop in Crime in New York City," paper presented at the 2003 International Con-ference on Crime (December 3 – 5), Rome, Italy. Retrieved March 10, 2016, from scribd.com/doc/322928/Langan- rel.

16 전 뉴욕시 경찰청장 호워드 사피르는 이렇게 말했다. "예전부터 로어이스트사이드는 마약 범죄 조직의 온상지였다." John Sullivan, "Once More, Lower East Side Is the Focus of Drug Arrests," *New York Times*, August 7, 1997.

17 When I asked Coss about how much violence he experienced or participated in, he said: "I never brought up any violence, but violence came with it. People robbed me, tied me up, broke into my houses."

18 뉴욕시 정부 웹사이트에 따르면 2009년 '중대 사건'이었다.

19 디파이 벤처스 웹사이트: defyventures.org.

20 가령 '자기 일치적 목표'나 자신의 가치와 정체성에 부합하는 목표에 대해 다음 자

료를 참조하라. Kennon M. Sheldon and Andrew J. Elliot, "Goal Striving, Need Satisfaction, and Longitudinal Well-Being: The Self-Concordance Model," *Journal of Personality and Social Psychology* 76, no. 3 (1999): 482–97; and Kennon M. Sheldon and Linda Houser-Marko, "Self-Concordance, Goal Attainment, and the Pursuit of Happiness: Can There Be an Upward Spiral?" *Journal of Personality and Social Psychology* 80, no. 1 (2001): 152–65.

21 Erik H. Erikson, *Childhood and Society*(New York: W. W. Norton & Company, 1993); and *Identity: Youth and Crisis*(New York: W. W. Norton & Company, 1968). 정체성에 대한 에릭슨의 생각을 이해할 수 있도록 도움을 준 윌리엄 데이먼William Damon과 댄 맥애덤스Dan McAdams에게 감사를 전한다.

22 Erikson, *Childhood and Society*, 268.

23 이 장의 내용은 2015년 2월 17일 조슈아 힉스, 2015년 10월 9일 리베카 슐레겔과 진행한 저자 인터뷰를 토대로 했다.

24 Rebecca J. Schlegel, Joshua A. Hicks, Jamie Arndt, and Laura A. King, "Thine Own Self: True Self-Concept Accessibility and Meaning in Life," *Journal of Personality and Social Psychology* 96, no. 2 (2009): 473–90, study 3. 자기 이해와 삶의 의미 사이 상관관계를 이해하고 싶다면 다음 자료를 참조하라. Rebecca J. Schlegel, Joshua A. Hicks, Laura A. King, and Jamie Arndt, "Feeling Like You Know Who You Are: Perceived True Self-Knowledge and Meaning in Life," *Personality and Social Psychology Bulletin* 37, no. 6 (2011): 745–56.

25 연구자들은 진정한 자신은 "자신이 사람들에게 내보이고 싶은 특징으로 정의되지만 어떤 이유든 자신과 가장 가까운 사람에게 내보이고 싶은 그런 특징을 늘 보여줄 수 있는 것은 아니다"라고 말했다. 심리학의 관습에 따라 그들은 가짜 자신을 약간 혼란스럽게도 '진짜 자기'라고 이야기하며 '자신이 가지고 있으며 종종 사회적 환경에서 드러낼 수 있는 특징들'이라고 정의한다. 또 이를 '공적 자기'라고 부르기도 한다. 즉 "사람들은 가까운 사람들 사이에서 자신을 드러낼 때만 편안함을 느끼며 일상생활에서는 거의 내내 자신의 진짜 모습을 숨긴다." Schlegel et al., "Thine Own Self," 475.

26 통제 조건에서 학생들은 그전에 자신의 '진짜 모습'이라고 적은 특징들을 떠올렸다. 진짜 자신이 아닌 실제 자기 모습, 즉 평소의 모습을 떠올린 학생들은 연구에 참여한

뒤 자신의 삶을 더 의미 있다고 평가하지 않았다.

27 개인이 자신의 강점을 파악할 수 있는 여러 가지 평가 도구가 있다. 갤럽 스트렝스
파인더StrengthsFinder와 비아VIA의 성격 강점 검사인 서베이 오브 캐릭터스트렝
스Survey of Character Strengths가 대표적이다. 각 도구에 대해 자세히 알고 싶다
면 아래 책 참조. Tom Rath, *StrengthsFinder 2.0*(New York: Simon & Schuster,
2007), and Peterson and Seligman, *Character Strengths and Virtues: A
Handbook and Classification*.

28 비아 성격 연구소VIA Institute of Character의 라이언 니믹Ryan Niemiec에 따르
면 개인의 강점으로 그 사람의 직업을 판단할 수는 없다. 강점과 관련해 가장 중요한
사실은 다양한 근무 환경(또 그 이외의 환경)에서 활용할 수 있다는 것이다.

29 Claudia Harzer and Willibald Ruch, "When the Job Is a Calling: The Role
of Applying One's Signature Strengths at Work," *The Journal of Positive
Psychology* 7, no. 5 (2012): 362–37; and Philippe Dubreuil, Jacques Forest,
and Françis Courcy, "From Strengths Use to Work Performance: The Role of
Harmonious Passion, Subjective Vitality, and Concentration," *The Journal of
Positive Psychology* 9, no. 4 (2014): 335–49.

30 Sheldon and Elliot, "Goal Striving, Need Satisfaction, and Longitudinal Well-
Being: The Self-Concordance Model." See also Sheldon and Houser-Marko,
"Self-Concordance, Goal Attainment, and the Pursuit of Happiness."

31 2013년 3월 6일, 2015년 10월 16일 저자 인터뷰

32 Immanuel Kant, *Groundwork of the Metaphysics of Morals*, edited and
translated by Mary Gregor and Jens Timmermann (Cambridge: Cambridge
University Press, 2012), 35. 나는 다음 기사를 읽고 칸트의 이 같은 생각을 언급
해야겠다고 마음먹었다: Gordon Marino, "A Life Beyond 'Do What You Love,'"
New York Times, May 17, 2014.

33 Frederick Buechner, *Wishful Thinking: A Seeker's ABC*(New York:
HarperCollins, 1993), 119. 한국어판은 프레드릭 비크너, 《통쾌한 희망사전》,
2005, 복있는사람. 신학자였던 비크너는 천직과 소명을 유신론적으로 이해한다. 비
크너는 이렇게 썼다. "하느님이 보통 곁에 주는 소명, 즉 천직은 가장 우선적으로 해
야 하는 일이며 세상이 가장 우선적으로 해야 하는 일이다. 하느님이 정해 주는 자리

는 우리 내면 깊숙한 기쁨과 세계의 절실한 갈망이 만나는 지점이다." 실제로 소명이라는 개념은 번더슨Bunderson과 톰슨Thompson이 《The Call of the Wild》에서 말했듯 종교에 기원을 두고 있다. 오늘날 소명을 연구하는 연구자들은 이 사실을 인정하지만 이를 세속적으로 정의한다. Amy Wrzesniewski, Clark McCauley, Paul Rozin, and Barry Schwartz, "Jobs, Careers, and Callings: People's Relations to Their Work," *Journal of Research in Personality* 31, no. 1 (1997): 21–33.

34 2015년 3월 미국 노동통계국이 낸 보도자료 내용. bls.gov/news.release/pdf/ocwage.pdf.

35 2014년 4월 18일 저자 인터뷰.

36 이 내용은 다음 자료에 인용되었다. Ryan D. Duffy and Bryan J. Dik, "Research on Calling: What Have We Learned and Where Are We Going?" *Journal of Vocational Behavior* 83, no. 3 (2013): 428–36.

37 Adam Grant, "Three Lies About Meaningful Work," *Huffington Post,* May 6, 2015. See also Stephen E. Humphrey, Jennifer D. Nahrgang, and Frederick P. Morgeson, "Integrating Motivational, Social, and Contextual Work Design Features: A Meta-analytic Summary and Theoretical Extension of the Work Design Literature," *Journal of Applied Psychology* 92, no. 5 (2007): 1332–56.

38 설문은 2013년 보수 비교 및 조사 기관 페이스케일PayScale이 실시했으며, 조사 결과로 나온 가장 의미 있는 직업 목록은 다음 링크에서 확인할 수 있다. payscale.com/data-packages/most-and-least-meaningful-jobs/full-list.

39 Adam M. Grant, Elizabeth M. Campbell, Grace Chen, Keenan Cottone, David Lapedis, and Karen Lee, "Impact and the Art of Motivation Maintenance: The Effects of Contact with Beneficiaries on Persistence Behavior," *Organizational Behavior and Human Decision Processes* 103, no. 1 (2007): 53–67.

40 Jochen I. Menges, Danielle V. Tussing, Andreas Wihler, and Adam Grant, "When Job Performance Is All Relative: How Family Motivation Energizes Effort and Compensates for Intrinsic Motivation," *Academy of Management Journal*(published online, February 25, 2016).

41 S. Katherine Nelson, Kostadin Kushlev, Tammy English, Elizabeth W. Dunn, and Sonja Lyubomirsky, "In Defense of Parenthood: Children Are Associated with More Joy than Misery," *Psychological Science* 24, no. 1 (2013): 3-10.

42 육아와 불행에 관한 연구 결과를 보고 싶다면 다음 자료 참조. Lyubomirsky, *The Myths of Happiness*, 85. 증거는 엇갈리지만 류보머스키Lyubormirsky는 이렇게 말한다. "다양한 연령대와 생활 환경의 자녀가 있는 사람과 없는 사람의 행복도와 만족도를 단순 비교한 결과 자녀가 있는 사람이 덜 행복하다는 결과가 나왔다." 육아와 행복 사이 복잡한 상관관계를 살펴보고 싶다면 다음 논문 참조. S. Katherine Nelson, Kostadin Kushlev, and Sonja Lyubomirsky, "The Pains and Pleasures of Parenting: When, Why, and How Is Parenthood Associated with More or Less Well-Being?" *Psychological Bulletin* 140, no. 3 (2014): 846-95.

43 Nelson et al., "In Defense of Parenthood: Children Are Associated with More Joy than Misery" and Debra Umberson and Walter R. Gove, "Parenthood and Psychological Well-Being Theory, Measurement, and Stage in the Family Life Course," *Journal of Family Issues* 10, no. 4 (1989): 440-62.

44 2015년 9월 30일 저자와 엘리너 브레너의 인터뷰.

45 George Eliot, *Middlemarch*(Hertfordshire, United Kingdom: Wordsworth Editions Ltd., 1998), 688.

46 이 이야기의 출처는 다음과 같다. Carolyn Tate, *Conscious Marketing: How to Create an Awesome Business with a New Approach to Marketing*(Milton, Australia: Wrightbooks, 2015), 44.

47 Bryan J. Dik and Ryan D. Duffy, *Make Your Job a Calling: How the Psychology of Vocation Can Change Your Life at Work*(Conshohocken, Pennsylvania: Templeton Foundation Press, 2012), 4.

48 이 이야기를 해준 친구 루이스 피네다에게 감사를 전한다.

4장

1 2014년 12월 9일 에릭이 모스의 클럽 '더 플레이어스'에서 자신의 이야기를 들려줬다. 이 정보는 그때 들은 이야기와 2015년 8월 26일 인터뷰 내용을 토대로 했다.

2 모스의 창립 과정과 이야기를 찾아서 무대에 올리는 과정 등의 정보는 2015년 8월

26일 그린Green과 인터뷰, 2014년 11월 18일 캐서린 번스와 인터뷰, 모스 웹사이트(themoth.org), 그리고 캐서린 번스(편집자), The Moth(New York: Hyperion, 2013)을 바탕으로 했다.

3   제프리의 이야기는 The Moth, themoth.org/stories/under-the-influence에서 확인할 수 있다. 제프리에 대한 자세한 이야기는 이 온라인 녹음 파일과 2013년, 2014년 나에게 보낸 여러 통의 이메일 내용을 바탕으로 했다.

4   Mary Catherine Bateson, *Composing a Life*(New York: Grove Press, 2001), 1.

5   머리말에서 의미를 정의할 때 일관성이 포함되어 있었음을 기억할 것. Michael F. Steger, "Meaning in Life: A Unified Model," and Roy F. Baumeister, *Meanings of Life*. 바우마이스터는 한 사람의 삶의 의미를 하나의 문장에 비유한다. 즉 더 일관성이 있어야 더 의미 있어진다는 것이다. Aaron Antonovsky, "The Structure and Properties of the Sense of Coherence Scale," *Social Science & Medicine* 36, no. 6 (1993): 725–33.

6   우리의 강한 이해 욕구와 그 욕구와 의미의 관계를 더 자세히 알고 싶다면 아래 자료 참조. Steven J. Heine, Travis Proulx, and Kathleen D. Vohs, "The Meaning Maintenance Model: On the Coherence of Social Motivations," *Personality and Social Psychology Review* 10, no. 2 (2006): 88–110; Jerome S. Bruner and Leo Postman, "On the Perception of Incongruity: A Paradigm," *Journal of Personality* 18, no. 2 (1949): 206–23; and Samantha J. Heintzelman, Jason Trent, and Laura A. King, "Encounters with Objective Coherence and the Experience of Meaning in Life," *Psychological Science*(published online, April 25, 2013).

7   Bateson, *Composing a Life*, 34.

8   Dan P. McAdams, "The Psychology of Life Stories," *Review of General Psychology* 5, no. 2 (2001): 100–22.

9   2015년 9월 14일 저자 인터뷰.

10 내러티브 정체성, 극복 스토리, 의미 등 맥애덤스의 연구에 대한 정보는 다음 자료를 참조했다. Dan P. McAdams, "The Psychology of Life Stories" *The Redemptive Self: Stories Americans Live*(New York: Oxford University Press, 2005); "The Redemptive Self: Generativity and the Stories Americans Live By," *Research*

in Human Development 3, no. 2 – 3 (2006): 81 – 100; Jack J. Bauer, Dan P. McAdams, and Jennifer L. Pals, "Narrative Identity and Eudaimonic Well-Being," *Journal of Happiness Studies* 9, no. 1 (2008): 81 – 104; 그리고 2014년 5월 20일 저자 인터뷰, 2014년과 2015년 주고받은 이메일 내용을 바탕으로 했다.

11 조너선 갓셜Jonathan Gottschall이 저서 《스토리텔링 애니멀*The Storytelling Animal: How Stories Make Us Human*》(New York: Marine Books, 2012), 161쪽에서 이야기한 내용.

12 조너선 갓셜이 《스토리텔링 애니멀》에서 지적한 내용.

13 Michele Crossley, *Introducing Narrative Psychology*(Buckingham, United Kingdom: Open University Press, 2000), 57; 조너선 갓셜이 저서 《스토리텔링 애니멀》 175쪽에 인용한 내용.

14 조너선 갓셜이 《스토리텔링 애니멀》에서 지적한 내용. 다음 자료도 함께 참조. Jonathan Shedler, "The Efficacy of Psychodynamic Psychotherapy," *American Psychologist* 65, no. 2 (2010): 98 – 109.

15 버지니아 대학교 심리학과 교수 티머시 윌슨Timothy Wilson이 이름 붙인 '스토리 편집'에 대해 자세히 알고 싶다면 다음 책 참조. Timothy Wilson, *Redirect: Changing the Stories We Live By*(New York: Back Bay Books, 2015).

16 Adam Grant and Jane Dutton, "Beneficiary or Benefactor: Are People More Prosocial When They Reflect on Receiving or Giving?" *Psychological Science* 23, no. 9 (2012): 1033 – 39.

17 2016년 1월 28일 제인 더턴에게 받은 이메일 내용.

18 Laura J. Kray, Linda G. George, Katie A. Liljenquist, Adam D. Galinsky, Philip E. Tetlock, and Neal J. Roese, "From What Might Have Been to What Must Have Been: Counterfactual Thinking Creates Meaning," *Journal of Personality and Social Psychology* 98, no. 1 (2010): 106 – 18. 나는 이 연구 결과를 언급하면서 긍정적 사건과 관련한 반사실적 추론에 중점을 둔 반면, 연구자들은 부정적 사건들까지 면밀히 조사했다.

19 카를로스 이야기에 대한 정보는 Carlos Eire, *Waiting for Snow in Havana: Confessions of a Cuban Boy*(New York: Simon & Schuster, 2004)와 2015년 10월 9일 저자 인터뷰 내용을 바탕으로 했다.

20 킹의 연구에 대한 정보는 다음 자료와 2014년 4월 2일 저자 인터뷰 내용을 참조했
다. Laura A. King and Joshua A. Hicks, "Whatever Happened to 'What Might
Have Been'? Regrets, Happiness, and Maturity," *American Psychologist* 62,
no. 7 (2007): 625–36; Laura A. King, "The Hard Road to the Good Life: The
Happy, Mature Person," *Journal of Humanistic Psychology* 41, no. 1 (2001):
51–72.

21 킹은 이렇게 기록했다. 이혼한 여성은 "이혼 이후의 시간을 돌아보는 문제에서 현
재 자아 발달과 관련한 자기 정교화 기능을 상실했다." King and Hicks, "Whatever
Happened to 'What Might Have Been'" 630.

22 Yann Martel, *Life of Pi*(Orlando, Florida: Harcourt, 2001).

23 Don Kuiken and Ruby Sharma, "Effects of Loss and Trauma on Sublime
Disquietude during Literary Reading," *Scientific Study of Literature* 3, no. 2
(2013): 240–65.

24 Burns, *The Moth*, xiii.

5장

1 이 내용의 취재를 위해 맥도널드 천문대를 두 번 방문했다. 천문대 방문 초반 이야기
와 윌리엄 코크런 인터뷰는 2013년 3월 18~19일 취재한 내용을 바탕으로 했으며,
천문대 책임자 톰 반스와도 인터뷰를 진행했다. 별 관측에 대한 이야기는 2014년 7
월 29일 두 번째로 방문해 취재한 내용이다.

2 "The Oligocene Period," University of California Museum of Paleontology,
retrieved online: ucmp.berkeley.edu/tertiary/oligocene.php.

3 이 프로젝트에 기여하고 싶은 사람은 누구나 행성 이동의 증거가 되는 항성 광 데이
터를 조사해 볼 수 있다. 지원자들은 시민 과학 웹사이트planethunters.org에서 케
플러 우주 망원경에서 촬영한 외계 행성의 증거가 되는 자료를 살펴볼 수 있다.

4 Mircea Eliade, *The Sacred and the Profane: The Nature of Religion*(Orlando,
Florida: Harcourt, 1987), 175–76.

5 George H. Gallup Jr., "Religious Awakenings Bolster Americans' Faith,"
January 14, 2003, gallup.com/poll/7582/religious-awakenings-bolster-

americans-faith.aspx.

6   Roland R. Griffiths, William A. Richards, Una McCann, and Robert Jesse, "Psilocybin Can Occasion Mystical-Type Experiences Having Substantial and Sustained Personal Meaning and Spiritual Significance," *Psychopharmacology* 187, no. 3 (2006): 268–83; Roland R. Griffiths, William A. Richards, Matthew W. Johnson, Una D. McCann, and Robert Jesse, "Mystical-Type Experiences Occasioned by Psilocybin Mediate the Attribution of Personal Meaning and Spiritual Significance 14 Months Later," *Journal of Psychopharmacology* 22, no. 6 (2008): 621–32; and Rick Doblin, "Pahnke's 'Good Friday Experiment': A Long-Term Follow-Up and Methodological Critique," *The Journal of Transpersonal Psychology* 23, no. 1 (1991): 1–28.

7   William James, *The Varieties of Religious Experience* (London: Longmans, Green, and Co, 1905), retrieved online from Google Books; and Dmitri Tymoczko, "The Nitrous Oxide Philosopher," *The Atlantic*, May 1996. Though James claims in *Varieties* that his "constitution shuts" him out from enjoying mystical states "almost entirely," and that he "can speak of them only at second hand" (379), the experiences on nitrous oxide seem to be an exception. A few paragraphs later, he ascribes to them a "metaphysical significance" (388).

8   Doblin, "Pahnke's 'Good Friday Experiment.'"

9   David B. Yaden, Jonathan Haidt, Ralph W. Hood, David R. Vago, and Andrew B. Newberg (under review), "The Varieties of Self-Transcendent Experience."

10 Dacher Keltner and Jonathan Haidt, "Approaching Awe, a Moral, Spiritual, and Aesthetic Emotion," *Cognition and Emotion* 17, no. 2 (2003): 297–314.

11 Jesse Prinz, "How Wonder Works," *Aeon*, June 21, 2013.

12 Michelle N. Shiota, Dacher Keltner, and Amanda Mossman, "The Nature of Awe: Elicitors, Appraisals, and Effects on Self-Concept," *Cognition and Emotion* 21, no. 5 (2007): 944–63.

13 Andrew Newberg and Eugene d'Aquili, *Why God Won't Go Away: Brain Science and the Biology of Belief* (New York: Ballantine Books, 2002), 2.

14 Newberg and d'Aquili, *Why God Won't Go Away*, 7.

15 2015년 9월 2일 저자 인터뷰.

16 Jon Kabat-Zinn, *Wherever You Go, There You Are*(New York: Hyperion, 1994), 4.

17 Andrew Newberg, Abass Alavi, Michael Baime, Michael Pourdehnad, Jill Santanna, and Eugene d'Aquili, "The Measurement of Regional Cerebral Blood Flow during the Complex Cognitive Task of Meditation: A Preliminary SPECT Study," *Psychiatry Research: Neuroimaging* 106, no. 2 (2001): 113–22. Andrew Newberg, Michael Pourdehnad, Abass Alavi, and Eugene d'Aquili, "Cerebral Blood Flow during Meditative Prayer: Preliminary Findings and Methodological Issues," *Perceptual and Motor Skills* 97, no. 2 (2003): 625–30. 또한 이 부분 자료는 2013년 4월 25일 저자 인터뷰를 바탕으로 했다.

18 Andrew Newberg and Mark Robert Waldman, *How Enlightenment Changes Your Brain: The New Science of Transformation*(New York: Avery, 2016).

19 2014년 7월 17일 저자 인터뷰.

20 우주 탐사의 초기 역사에 대한 정보는 나사의 웹사이트와 애시비와 나눈 대화를 바탕으로 했다.

21 James H. Billington (preface), *Respectfully Quoted: A Dictionary of Quotations: Compiled by the Library of Congress*(New York: Dover Publications, 2010), 328.

22 Peter Suedfeld, Katya Legkaia, and Jelena Brcic, "Changes in the Hierarchy of Value References Associated with Flying in Space," *Journal of Personality* 78, no. 5 (2010): 1411–36. See also David B. Yaden, Jonathan Iwry, Kelley J. Slack, Johannes C. Eiechstaedt, Yukun Zhao, George E. Vaillant, and Andrew Newberg, "The Overview Effect: Awe and Self-Transcendent Experience in Space Flight," *Psychology of Consciousness*(in press).

23 "Edgar Mitchell's Strange Voyage," *People*, vol. 1, no. 6, April 8, 1974.

24 Ron Garan, *The Orbital Perspective: Lessons in Seeing the Big Picture from a Journey of 71 Million Miles*(Oakland, California: Berrett-Koehler, 2015).

25 "Edgar Mitchell's Strange Voyage."

26 이 인용문은 모자이크 리뉴어블스Mosaic Renewables 웹사이트에 실린 그의 약력에 나오는 내용이다.

27 뮤어의 약력 정보는 다음 책에 나오는 내용이다. Donald Worster, *A Passion for Nature: The Life of John Muir*(New York: Oxford University Press, 2008); John Muir, *The Story of My Boyhood and Youth*(Boston: Houghton Mifflin, 1913), 구글 북스에서 검색.

28 James Brannon, "Radical Transcendentalism: Emerson, Muir and the Experience of Nature," *John Muir Newsletter*, vol. 16, no. 1 (Winter 2006), 시에라 클럽Sierra Club 웹사이트에서 검색.

29 David Mikics (editor), *The Annotated Emerson*(Cambridge, Massachusetts: Belknap Press, 2012).

30 Ralph Waldo Emerson and Waldo Emerson Forbes (editors), *Journals of Ralph Waldo Emerson with Annotations: 1824–1832*(Boston: Houghton Mifflin, 1909), 381.

31 Robert D. Richardson, *Emerson: The Mind on Fire*(Berkeley: University of California Press, 1995), 228.

32 Paul Piff, Pia Dietze, Matthew Feinberg, Daniel M. Stancato, and Dacher Keltner, "Awe, the Small Self, and Prosocial Behavior," *Journal of Personality and Social Psychology* 108, no. 6 (2015): 883 – 99, study 5.

33 Mark Leary, *The Curse of the Self: Self-Awareness, Egotism, and the Quality of Human Life*(New York: Oxford University Press, 2004), 86.

34 2014년 6월 18일 저자 인터뷰.

35 Peter T. Furst, *Flesh of the Gods: The Ritual Use of Hallucinogens*(Prospect Heights, Illinois: Waveland Press, 1990).

36 이어지는 문단에 나오는 내용들은 대부분 2013년 2월 28일 그리피스와 인터뷰한 내용을 바탕으로 했다. Roland R. Griffiths and Charles S. Grob, "Hallucinogens as Medicine," *Scientific American* 303, no. 6 (2010): 76 – 79.

37 환각 체험만 불쾌감을 일으킬 수 있는 초월 경험이 아니다. 명상 역시 사람들을 공포에 빠뜨릴 수 있다. Tomas Rocha, "The Dark Knight of the Soul," *The Atlantic*, June 25, 2014.

38 리어리에 대한 정보는 다음 자료를 참조했다. Timothy Leary, *Flashbacks: A Personal and Cultural History of an Era*(New York: G. P. Putnam's Sons, 1990); and Robert Greenfield, *Timothy Leary: A Biography*(Orlando, Florida: Harcourt, 2006).

39 Laura Mansnerus, "Timothy Leary, Pied Piper of Psychedelic 60's, Dies at 75," *New York Times*, June 1, 1996.

40 종교 지도자를 대상으로 한 연구 결과는 아직 발표하지 않았지만, 다른 세 집단에 대한 결과를 보고 싶다면 다음 자료를 참조할 것. Griffiths et al., "Psilocybin Can Occasion Mystical-Type Experiences Having Substantial and Sustained Personal Meaning and Spiritual Significance" Charles S. Grob, Alicia L. Danforth, Gurpreet S. Chopra, Marycie Hagerty, Charles R. McKay, Adam L. Halberstadt, and George R. Greer, "Pilot Study of Psilocybin Treatment for Anxiety in Patients with Advanced-Stage Cancer," *Archives of General Psychiatry* 68, no. 1 (2011): 71–78; and Matthew W. Johnson, Albert Garcia-Romeu, Mary P. Cosimano, and Roland R. Griffiths, "Pilot Study of the 5-HT2AR Agonist Psilocybin in the Treatment of Tobacco Addiction," *Journal of Psychopharmacology* 28, no. 11 (2014): 983–92.

41 이 책 집필 시점에 그리피스와 동료들은 제닌이 참여한 연구를 학술지에 제출해 발표할 준비를 하고 있었다. 연구팀은 이미 실로시빈이 유발하는 신비 체험이 말기 암 환자에게 미치는 영향을 조사해 그런 체험이 불안감을 유발한다고 증명한 한 연구는 이미 발표한 상황이었다: Grob et al., "Pilot Study of Psilocybin Treatment for Anxiety in Patients with Advanced-Stage Cancer."

42 Thich Nhat Hanh, *No Death, No Fear: Comforting Wisdom for Life*(New York: Riverhead Books, 2002), 25. 한국어판은 틱낫한, 《죽음도 없이 두려움도 없이》, 2003, 나무심는사람.

6장

1 2014년 10월 9일 세라, 라울, 크리스틴, 샌디와 함께 디너파티에 참석했다. 운영자들은 가명을 사용해 익명을 유지하고, 필요한 경우에는 신상 정보도 바꾸라고 했다. 하

나의 운동이자 단체인 디너파티와 디너파티의 창립 과정에 대한 정보는 2014년 5월 7일 레넌 플라워스와 다라 코스버그와 인터뷰한 내용을 토대로 했다.

2 이에 대한 연구를 더 살펴보고 싶다면 다음 책 참조. Rendon, *Upside*; and Stephen Joseph, *What Doesn't Kill Us: The New Psychology of Posttraumatic Growth* (New York: Basic Books, 2011).

3 Matthew J. Friedman, "PTSD History and Overview" at the Veterans Administration website, ptsd.va.gov/professional/PTSD-overview/ptsd-overview.asp.

4 2014년 5월 30일과 2015년 1월 27일 저자 인터뷰.

5 Robert Jay Lifton, "Americans as Survivors," *New England Journal of Medicine* 352, no. 22 (2005): 2263-65.

6 이런 경향은 '고통에서 비롯한 이타심'이라고 부르기도 한다. 다음 자료도 참조. Kelly McGonigal, *The Upside of Stress: Why Stress Is Good for You, and How to Get Good at It* (New York: Avery, 2015). 한국어판은 켈리 맥고니걸, 《스트레스의 힘》, 2015, 21세기북스.

7 다음 자료에 등장하는 생존자 사명의 사례 참조. Lifton, "Americans as Survivors," and Lauren Eskreis-Winkler, Elizabeth P. Shulman, and Angela L. Duckworth, "Survivor Mission: Do Those Who Survive Have a Drive to Thrive at Work?" *The Journal of Positive Psychology* 9, no. 3 (2014): 209-18.

8 켈리 맥고니걸은 《스트레스의 힘》 5장에서 이 연구를 소개한다.

9 Rendon, *Upside*.

10 자신의 연구 결과와 이 분야에 대한 지식을 바탕으로 심리학자 리처드 테데스키가 2015년 1월 25일 이메일로 이 수치를 보내줬다.

11 미국심리학회에 따르면 "미국 성인의 거의 8퍼센트가 인생의 어느 단계에서 PTSD를 앓게 된다." apa.org/research/action/ptsd.aspx.

12 외상 후 성장에 대한 정보는 대부분 2015년 1월 28일 리처드 테데스키와 진행한 저자 인터뷰 내용을 바탕으로 했다. 다음 자료도 함께 참조. Richard G. Tedeschi and Lawrence G. Calhoun, "Posttraumatic Growth: Conceptual Foundations and Empirical Evidence," *Psychological Inquiry* 15, no. 1 (2004): 1-18.

13 Shelley Levitt, "The Science of Post-Traumatic Growth," *Live Happy*,

February 24, 2014.

14 Shelley E. Taylor, "Adjustment to Threatening Events: A Theory of Cognitive Adaptation," *American Psychologist* 38, no. 11 (1983): 1161–73.

15 Tedeschi and Calhoun, "Posttraumatic Growth: Conceptual Foundations and Empirical Evidence," 6.

16 Lawrence G. Calhoun and Richard G. Tedeschi, *The Handbook of Posttraumatic Growth: Research and Practice*(New York: Psychology Press, 2006).

17 앞의 책, 5쪽.

18 Janoff-Bulman, *Shattered Assumptions*.

19 앞의 책.

20 앞의 책.

21 Suzanne Danhauer of Wake Forest School of Medicine, quoted in Rendon, *Upside*, 77.

22 표현적 글쓰기와 페니베이커의 연구에 대한 정보는 2014년 12월 22일 진행한 저자 인터뷰를 토대로 했다. Anna Graybeal, Janel D. Sexton, and James W. Pennebaker, "The Role of Story-Making in Disclosure Writing: The Psychometrics of Narrative," *Psychology and Health* 17, no. 5 (2002): 571–81

23 Vicki S. Helgeson, Kerry A. Reynolds, and Patricia L. Tomich, "A Meta-analytic Review of Benefit Finding and Growth," *Journal of Consulting and Clinical Psychology* 74, no. 5 (2006): 797.

24 Viktor Frankl, *Man's Search for Meaning*(Boston: Beacon Press, 2006), 113.

25 Anne M. Krantz and James W. Pennebaker, "Expressive Dance, Writing, Trauma, and Health: When Words Have a Body," in Ilene Serlin (editor), *Whole Person Healthcare, Volume 3*(Westport, Connecticut: Praeger, 2007), 201–29.

26 시본의 이야기와 인용문은 모두 지나 오코널 히긴스Gina O'Connell Higgins의 《Resilient Adults: Overcoming a Cruel Past》(San Francisco: Jossey-Bass, 1994) 25~43쪽에 나오는 내용이다. 히긴스는 그녀의 개인 정보 보호를 위해 시본이라는 가명을 사용하고 책에 등장하는 사람들의 세부 정보를 바꿨다. 이야기의 다

른 부분들은 사실을 바탕으로 가공했다고 히긴스는 설명한다.

27 어린 시절 겪는 상처가 신체와 정신에 미치는 영향을 다루는 연구를 살펴보고 싶다면 다음 자료 참조. Donna Jackson Nakazawa, *Childhood Disrupted: How Your Biography Becomes Your Biology, and How You Can Heal*(New York: Atria Books, 2015).

28 이 분야의 연구 결과를 요약한 자료는 다음 링크에서 볼 수 있다. cdc.gov/violenceprevention/childmaltreatment/consequences.html.

29 이 문단에 대한 정보는 다음 자료와 2016년 3월 매스턴과 주고받은 이메일을 토대로 했다. Ann S. Masten, "Ordinary Magic: Resilience Processes in Development," *American Psychologist* 56, no. 3 (2001): 227–38.

30 회복탄력성을 설명하는 요소들에 대한 이어지는 문단과 전쟁 포로들의 인터뷰 내용이 궁금하다면 다음 자료 참조. Steven M. Southwick and Dennis S. Charney, *Resilience: The Science of Mastering Life's Greatest Challenges*(Cambridge: Cambridge University Press, 2012).

31 "Toxic Stress," Harvard University's Center for the Developing Child, developingchild.harvard.edu/science/key-concepts/toxic-stress/.

32 이 포로 수용소에서 존 매케인이 설교를 했다. Jill Zuckman, "John McCain and the POW Church Riot," *Chicago Tribune*, August 15, 2008; and Karl Rove, "Getting to Know John McCain," *Wall Street Journal*, April 30, 2008.

33 McGonigal, *The Upside of Stress*.

34 어린 시절 경험이 스트레스 반응에 미치는 영향은 맥고니걸이 《스트레스의 힘》에서 간단히 언급했다. Linda L. Carpenter, Cyrena E. Gawuga, Audrey R. Tyrka, Janet K. Lee, George M. Anderson, and Lawrence H. Price, "Association Between Plasma IL-6 Response to Acute Stress and Early-Life Adversity in Healthy Adults," *Neuropsychopharmacology* 35, no. 13 (2010): 2617–23.

35 "The Science of Resilience and How It Can Be Learned," *The Diane Rehm Show*, National Public Radio, August 24, 2015.

36 Michele M. Tugade and Barbara L. Fredrickson, "Resilient Individuals Use Positive Emotions to Bounce Back from Negative Emotional Experiences," *Journal of Personality and Social Psychology* 86, no. 2 (2004): 320–33.

37 이 연구에 대한 설명은 다음 자료와 2016년 3월 월턴과 주고받은 이메일을 참조
했다. Gregory M. Walton and Geoffrey L. Cohen, "A Brief Social-Belonging
Intervention Improves Academic and Health Outcomes of Minority
Students," *Science* 331, no. 6023 (2011): 1447-51; and email exchanges
with Walton in March of 2016.

38 James L. Abelson, Thane M. Erickson, Stefanie E. Mayer, Jennifer Crocker,
Hedieh Briggs, Nestor L. Lopez-Duran, and Israel Liberzon, "Brief Cognitive
Intervention Can Modulate Neuroendocrine Stress Responses to the Trier
Social Stress Test: Buffering Effects of a Compassionate Goal Orientation,"
Psychoneuroendocrinology 44 (2014): 60-70. 또한 2016년 3월 16~18일 사이
이 연구에 대해 아벨슨 교수와 이메일을 주고받았다.

39 Yeager et al., "Boring but Important: A Self-Transcendent Purpose for
Learning Fosters Academic Self-Regulation."

40 McGonigal, *The Upside of Stress*, 219.

41 Harold Kushner, *When Bad Things Happen to Good People*(New York:
Anchor Books, 2004), 147.

42 미시간 대학교 심리학 교수였던 故 크리스토퍼 피터슨은 회복탄력성은 '고통을 잘
견디는' 능력이라고 말하곤 했다고 한다.

7장

1 2015년 10월 4일 성당에 들러 미사와 저녁 기도에 참석했다. 성당과 종과기도
에 대한 추가 정보는 2015년 10월 제이슨 앤더슨과 저자 인터뷰, 그리고 다음 자
료를 참조했다. Kenneth V. Peterson, *Prayer as Night Falls: Experiencing
Compline*(Brewster, Massachusetts: Paraclete Press, 2013). 앤더슨은 종과기도
단장을 맡고 있으며, 피터슨은 성가대원이다. 성가대의 영상을 보고 싶다면 웹사이트
complinechoir.org를 참조할 것.

2 종과기도를 하는 대표적인 성당으로는 미시간주 앤아버에 있는 세인트앤드루스 미
국성공회성당, 코네티컷주 뉴헤이븐에 있는 크라이스트 처치, 뉴욕 트리니티 성당 등
이 있다.

3 Peterson, *Prayer as Night Falls*, 9.

4 Paul Piff and Dacher Keltner, "Why Do We Experience Awe?" *New York Times*, May 22, 2015.

5 Gene Weingarten, "Pearls Before Breakfast: Can One of the Nation's Great Musicians Cut through the Fog of a D.C. Rush Hour? Let's Find Out," *Washington Post Magazine*, April 8, 2007.

6 Gregg Easterbrook, *The Progress Paradox: How Life Gets Better While People Feel Worse*, 250.

7 Easterbrook, *The Progress Paradox*, 211.

8 Ronald Inglehart, *Culture Shift in Advanced Industrial Society* (Princeton: Princeton University Press, 1990).

9 Robert William Fogel, *The Fourth Great Awakening and the Future of Egalitarianism*(Chicago: University of Chicago Press, 2000).

10 Damon, *The Path to Purpose: How Young People Find Their Calling in Life*.

11 2014년 12월 13일 드림콘에 참석해 칸야 발라리시나를 포함해 그곳에 참석한 고등학생 몇 명과 인터뷰를 했다. 퓨처 프로젝트에 대한 정보는 그들과의 인터뷰, 그리고 그 이후에 발라리시나를 비롯, 단체의 다른 사람들과 주고받은 이메일 내용을 토대로 했다. 이 프로그램에 대한 연구 결과는 퓨처 프로젝트 홈페이지 thefutureproject.com에서 확인할 수 있다.

12 Gabriel Bauchat Grant, "Exploring the Possibility of an Age of Purpose," papers.ssrn.com/sol3/papers .cfm?abstract_id=2618863.

13 Author interview with John Jacobs on June 12, 2014; and Bert and John Jacobs, *Life Is Good: How to Live with Purpose and Enjoy the Ride*(Washington, DC: National Geographic Society, 2015).

14 2016년 3월 2일 라이프이즈굿 키즈 재단의 최고 경영 낙관주의자 찰스 베이세이 Charles Veysey와 나눈 대화 내용 참조.

15 2015년 11월 3일 각각 진행한 인터뷰 내용 참조.

16 2014년 6월 3일 진행한 허스트와의 인터뷰와 다음 자료를 참조했다. Aaron Hurst, *The Purpose Economy: How Your Desire for Impact, Personal Growth and Community Is Changing the World*(Boise, Idaho: Elevate, 2014), 28 – 29.

17 John Mackey and Raj Sisodia, *Conscious Capitalism: Liberating the Heroic Spirit of Business*(Boston: Harvard Business Review Press, 2014); see appendix A for the "business case for conscious capitalism," 275–89.

18 Rajendra S. Sisodia, David B. Wolfe, and Jagdish N. Sheth, *Firms of Endearment: How World-Class Companies Profit from Passion and Purpose*(Upper Saddle River, New Jersey: Wharton School Publishing, 2007), 4.

19 Amy Adkins, "Majority of U.S. Employees Not Engaged Despite Gains in 2014," Gallup, January 28, 2015.

20 Julianne Pepitone, "U.S. Job Satisfac-tion Hits 22- Year Low," CNNMoney, January 5, 2010.

21 Adam M. Grant, "The Significance of Task Significance: Job Performance Effects, Relational Mechanisms, and Boundary Conditions," *Journal of Applied Psychology* 93, no. 1 (2008): 108–24.

22 Teresa Amabile and Steven Kramer, "How Leaders Kill Meaning at Work," *McKinsey Quarterly*, January 2012.

23 이 문단에서 인용한 연구는 장기 요양 기관에서 일어나는 노인 학대에 대한 다음 연구 보고서에 요약되어 있다. Hawes, "Elder Abuse in Residential Long-Term Care Settings."

24 Ellen Langer and Judith Rodin, "The Effects of Choice and Enhanced Personal Responsibility for the Aged: A Field Experiment in an Institutional Setting," *Journal of Personality and Social Psychology* 34 (1976): 191–98.

25 Patricia A. Boyle, Lisa L. Barnes, Aron S. Buchman, and David A. Bennett, "Purpose in Life Is Associated with Mortality among Community- Dwelling Older Persons," *Psychosomatic Medicine* 71, no. 5 (2009): 574–79.

26 Gary J. Lewis, Ryota Kanai, Geraint Rees, and Timothy C. Bates, "Neural Correlates of the 'Good Life': Eudaimonic Well-Being Is Associated with Insular Cortex Volume," *Social Cognitive and Affective Neuroscience* 9, no. 5 (2014): 615–18.

27 Patricia A. Boyle, Aron S. Buchman, Lisa L. Barnes, and David A. Bennett, "Effect of a Purpose in Life on Risk of Incident Alzheimer Disease and Mild

Cognitive Impairment in Community-Dwelling Older Persons," *Archives of General Psychiatry* 67, no. 3 (2010): 304 – 10.

28 Eric S. Kim, Jennifer K. Sun, Nansook Park, and Christopher Peterson, "Purpose in Life and Reduced Incidence of Stroke in Older Adults: 'The Health and Retirement Study,'" *Journal of Psychosomatic Research* 74, no. 5 (2013): 427 – 32.

29 Eric S. Kim, Jennifer K. Sun, Nansook Park, Laura D. Kubzansky, and Christopher Peterson, "Purpose in Life and Reduced Risk of Myocardial Infarction Among Older US Adults with Coronary Heart Disease: A Two-Year Follow-Up," *Journal of Behavioral Medicine* 36, no. 2 (2013): 124 – 33.

30 Toshimasa Sone, Naoki Nakaya, Kaori Ohmori, Taichi Shimazu, Mizuka Higashiguchi, Masako Kakizaki, Nobutaka Kikuchi, Shinichi Kuriyama, and Ichiro Tsuji, "Sense of Life Worth Living (Ikigai) and Mortality in Japan: Ohsaki Study," *Psychosomatic Medicine* 70, no. 6 (2008): 709 – 15.

31 2014년 7월 밴쿠버의 학회에서 진행한 강연에서 마이클 스티거가 말했다.

32 Eric S. Kim, Victor J. Strecher, and Carol D. Ryff, "Purpose in Life and Use of Preventive Health Care Services," *Proceedings of the National Academy of Sciences* 111, no. 46 (2014): 16331 – 36.

33 2015년 5월 함께 들은 수업에서 스티커가 한 말이다.

34 "Ageing and Health," World Health Organization, who.int/mediacentre/factsheets/fs404/en/.

35 "Rising Demand for Long-Term Services and Supports for Elderly People," Congressional Budget Office, June 26, 2013.

36 Maclen Stanley, "The Pernicious Decline in Purpose in Life with Old Age," *Psychology Today*, April 15, 2014.

37 2014년 12월 10일 저자 인터뷰 내용 참조.

38 Blaise Pascal, *Pensés*, 프로젝트 구텐베르그에서 검색.

39 앙코르닷오르그 웹사이트 참조.

40 2007년 WHO 보고 자료 "Global Age-Friendly Cities: A Guide," who.int/ageing/publications/Global_age_friendly_cities_Guide_English.pdf.

41 고령친화 뉴욕시 정책에 대한 정보는 린지 골드만과 저자 인터뷰, 정책에 대한 보고 자료가 게재된 웹사이트 agefriendlynyc.com을 참조했다.

42 여러 도시에서 '익스피어리언스 코프스Experience Corps' 프로그램을 진행하고 있으며, 연구자들은 이 프로그램이 참여 학생과 노인들에게 미치는 영향을 연구해 왔다. "Research Studies," AARP Foundation, Experience Corps, aarp.org/experience-corps/our-impact/experience-corps-research-studies.html.

43 데이브 아이세이와 스토리코프스에 대한 정보는 2015년 10월 6일 데이브 아이세이와 진행한 인터뷰와 다음 책을 토대로 했다. Dave Isay (editor), *Listening Is an Act of Love: A Celebration of American Life from the StoryCorps Project*(New York: Penguin Books, 2007).

44 Greg J. Stephens, Lauren J. Silbert, and Uri Hasson, "Speaker-Listener Neural Coupling Underlies Successful Communication," *Proceedings of the National Academy of Sciences* 107, no. 32 (2010): 14425-30.

45 Kathleen D. Vohs, Nicole L. Mead, and Miranda R. Goode, "Merely Activating the Concept of Money Changes Personal and Interpersonal Behavior," *Current Directions in Psychological Science* 17, no. 3 (2008): 208-12; and Todd B. Kashdan and William E. Breen, "Materialism and Diminished Well-Being: Experiential Avoidance as a Mediating Mechanism," *Journal of Social and Clinical Psychology* 26, no. 5 (2007): 521-39.

46 2015년 10월 24일 부스 안, 그리고 밖에서 진행한 저자 인터뷰 내용 참조.

맺음말

1 2014년 5월 30일 저자 인터뷰 내용과 다음 자료 참조. William Breitbart, "It's Beautiful," *Palliative and Supportive Care* 9, no. 3 (2011): 331-33.

2 이 인용문을 포함한 다른 인용문은 멀린다 벡Melinda Beck의 기사를 참조했다. Melinda Beck, "A New View, After Diagnosis," *Wall Street Journal*, July 15, 2009.

3 Saskia Gauthier, Julian Mausbach, Thomas Reisch, and Christine Bartsch, "Suicide Tourism: A Pilot Study on the Swiss Phenomenon," *Journal of*

Medical Ethics 41, no. 8 (2015): 611–17.

4 각 단계에 대한 설명은 다음 책을 참조할 것. William Breitbart and Allison Applebaum, "Meaning- Centered Group Psychotherapy," in Maggie Watson and David W. Kissane (editors), *Handbook of Psychotherapy in Cancer Care*(Chichester, United Kingdom: John Wiley & Sons, 2011).

5 Beck, "A New View, after Diagnosis."

6 앞의 자료.

7 William Breitbart, Barry Rosenfeld, Christopher Gibson, Hayley Pessin, Shannon Poppito, Christian Nelson, Alexis Tomarken, et al., "Meaning- Centered Group Psychotherapy for Patients with Advanced Cancer: A Pilot Randomized Controlled Trial," *Psycho-Oncology* 19, no. 1 (2010): 21–28.

8 Beck, "A New View, after Diagnosis."

9 앞의 자료.

10 A version of the deathbed test appears in Peterson and Seligman, *Character Strengths and Virtues: A Handbook and Classification*.

11 Bronnie Ware, *The Top Five Regrets of the Dying: A Life Transformed by the Dearly Departing*(London: Hay House, 2012).

옮긴이 **김경영**

성균관대학교 번역대학원을 졸업하고 마포번역집단 '뉘앙스'에서 동료 번역가들과 함께 생활
하며 번역가로 활동 중이다. 옮긴 책으로 《거의 완벽에 가까운 사람들》《가장 높은 유리천장
깨기》《그들은 살아 돌아왔다》《커피이스트 매니페스토》 등이 있다.

어떻게 나답게 살 것인가

1판 1쇄 발행 2019년 1월 18일
1판 5쇄 발행 2020년 8월 10일

지은이 에밀리 에스파하니 스미스
옮긴이 김경영

발행인 양원석 **편집장** 최두은
영업마케팅 김용환, 신예은, 유수정

펴낸 곳 ㈜알에이치코리아
주소 서울시 금천구 가산디지털2로 53, 20층 (가산동, 한라시그마밸리)
편집문의 02-6443-8844 **도서문의** 02-6443-8800
홈페이지 http://rhk.co.kr
등록 2004년 1월 15일 제2-3726호

ISBN 978-89-255-6540-8 (03180)